21世纪经济管理新形态教材·工商管理系列

招聘管理
数智化时代的招聘理论与实践

万 玺 张 勇 ◎ 主 编
陈 强 吕文菲 ◎ 副主编

清華大学出版社
北京

内 容 简 介

本书立足于数智化时代国内外人力资源招聘理论与实践的最新发展，全面系统地介绍了招聘管理的相关理论与方法，强调理论与实践相结合，结构清晰完整。全书分为三篇共八章，涵盖了招聘的基础理论以及招聘、甄选、录用与评估等关键环节，具有很强的针对性和操作性。

本书可用作高校人力资源管理及相关专业"招聘管理""招聘与人才测评"等专业课程的教学用书，也适合作为企业管理者和人力资源从业人员的自学参考书，同时也欢迎对此领域感兴趣的读者阅读参考。

图书在版编目（CIP）数据

招聘管理：数智化时代的招聘理论与实践 / 万玺，张勇主编. -- 北京：清华大学出版社，2025. 7.
(21 世纪经济管理新形态教材). -- ISBN 978-7-302-69743-5

Ⅰ. F272.92

中国国家版本馆 CIP 数据核字第 2025LQ3115 号

责任编辑：付潭蛟
封面设计：汉风唐韵
责任校对：王荣静
责任印制：宋 林
出版发行：清华大学出版社
   网 址：https://www.tup.com.cn，https://www.wqxuetang.com
   地 址：北京清华大学学研大厦 A 座   邮 编：100084
   社 总 机：010-83470000   邮 购：010-62786544
   投稿与读者服务：010-62776969，c-service@tup.tsinghua.edu.cn
   质 量 反 馈：010-62772015，zhiliang@tup.tsinghua.edu.cn
   课 件 下 载：https://www.tup.com.cn，010-83470332
印 装 者：大厂回族自治县彩虹印刷有限公司
经 销：全国新华书店
开 本：185mm×260mm   印 张：15.75   字 数：371 千字
版 次：2025 年 8 月第 1 版   印 次：2025 年 8 月第 1 次印刷
定 价：49.00 元

产品编号：095456-01

前　言

招聘管理的核心目标在于确保企业能够吸引、选择和聘用符合其需求的优秀人才，从而推动企业的战略目标和业务发展。通过科学、高效的招聘管理，企业不仅能够吸引和留住优秀人才，还能够提升整体运营效率和市场竞争力，为企业的可持续发展提供有力支持。

在长期的教学实践中，我们发现现有的招聘管理教材已经不适应当前实际教学需求。在数智化时代，应聘者的特质与招聘手段正在发生深刻变革，人力资源招聘正经历着显著的变化。随着信息与智能技术的广泛应用，大数据分析、虚拟现实（VR）和增强现实（AR）等新技术工具的兴起，企业在实现精准、高效招聘方面面临新的机会和挑战。

为了跟上招聘管理理论与实践的最新发展，我们经过深入讨论，确定了本书编写的四大原则：

第一，系统性原则。本书旨在系统地介绍整个招聘管理流程的理论与技术，同时深入探讨人员甄选与测评的核心内容，以满足本学科专业课程改革的需求。根据教学实践的反馈，我们更新了学习目标，并增加了引导案例、思考题及案例讨论等内容。

第二，前瞻性原则。本书不仅满足现代传统企业一般招聘模式的需求，还特别关注头部企业在数字化、智能化技术应用下的招聘管理需求。我们整合了数智化时代招聘管理的最新理论与实践，包括智能化简历筛选、VR与AR虚拟面试、远程面试、人才地图、人才画像等内容。根据最新的理论进展，我们增加了新的知识点，并删除了过时的内容。

第三，立体化原则。为了适应信息化教学与学生个性化需求，本书的形式正逐步从传统模式向新兴模式转变。我们探索并创新多样化的教学方法，如案例分析和专题讨论。通过运用二维码技术，我们提供了拓展阅读、视频知识点和练习题的信息化呈现形式，直接关联了部分外延教学内容，以满足现代信息化教学的需要。

第四，立德树人原则。本书突出了课程思政的重要性，通过有机融合思想政治教育元素，实现立德树人的教育目标。在课程教学中，我们明确了立德树人的核心任务，将思想政治教育目标融入课程设计中。这样设计不仅强调了知识传授的功能，也具备了引导学生价值观的功能。

在本书的编写过程中，我们坚持并贯彻了以上四个原则，并将它们融合成为本书的特色。

编写本书期间，我作为中国国家留学基金管理委员会（CSC）资助的公派访问学者，在马来西亚马来亚大学进行学术访问。在中国国家留学基金管理委员会的大力支持下，以及前期大量准备工作的基础上，我们终于完成了这本书。在成书过程中，得到了重庆科技大学校企合作教材编写项目和中国国家留学基金的资助，同时也得到了清华大学出版社在出版方面的重要支持。许多专家对本书提出了中肯的意见和建议，编写组的老师也为本书的付梓付出了大量心血。在此，我表示深深的感谢！

本书纳入国内知名猎头公司南方新华提供的高级人才招聘案例，理论和最新实践联系紧密。本书由重庆科技大学万玺教授制定编写大纲、协调组织以及最后统稿；万玺教授编写第1、2、3、4章；重庆科技大学陈强副教授编写第7、8章；重庆科技大学吕文菲博士编写第5、6章；重庆商务职业学院教师张勇（兼任南方新华董事）编写并审定了本书的全部案例。

我们参考了许多国内外学者的论著以及相关的网络资料，并尽可能在书后的参考文献中一一列出。在此，向所有资料的提供者表示诚挚的感谢。同时，由于编者水平有限，难免存在错漏之处，恳请专家批评指正。

最后，赋诗一首，聊作结尾。

马来访学赋新章，石油双塔映眼前。

招聘管理书中觅，槟城帆影志更坚。

他乡灯火伴夜读，书山苦旅余心甘。

勤耕细作终成卷，桃李春风梦已圆。

万　玺

2024年8月于吉隆坡

目　录

Contents

第一篇　招聘管理的基础理论

第 1 章　招聘管理概述 ·· 3

1.1　招聘的概念与意义 ·· 4

1.2　招聘的理念与管理原则 ·· 6

1.3　招聘管理模式与一般流程 ·· 8

1.4　我国企业招聘存在的问题及原因 ······································ 11

1.5　数智化时代招聘的发展趋势与对策 ···································· 13

思考题 ·· 18

即测即练 ·· 18

案例讨论 ·· 18

第 2 章　招聘管理的基础理论 ·· 20

2.1　招聘的现实基础 ·· 21

2.2　招聘的理论基础 ·· 28

2.3　招聘的信息基础 ·· 34

2.4　招聘的影响因素分析 ·· 38

思考题 ·· 46

即测即练 ·· 46

案例讨论 ·· 46

第二篇　招聘与甄选

第 3 章　招聘准备 ·· 49

3.1　企业经营战略与人力资源战略 ·· 50

3.2　招聘计划 ·· 58

3.3　招聘策略的确定 ·· 70

思考题 ·· 76

即测即练 ·· 76

　　案例讨论 ……………………………………………………………………… 76

第 4 章　招聘渠道 ……………………………………………………………… 78

　　4.1　招聘渠道类型 …………………………………………………………… 79

　　4.2　招聘渠道选择 …………………………………………………………… 82

　　4.3　招聘广告的撰写 ………………………………………………………… 86

　　4.4　招聘广告的信息化发布 ………………………………………………… 90

　　4.5　新媒体招聘广告 ………………………………………………………… 93

　　4.6　创意招聘广告 …………………………………………………………… 94

　　思考题 ………………………………………………………………………… 96

　　即测即练 ……………………………………………………………………… 96

　　案例讨论 ……………………………………………………………………… 97

第 5 章　人员甄选概述 ………………………………………………………… 98

　　5.1　人员甄选 …………………………………………………………………… 99

　　5.2　人员甄选流程 …………………………………………………………… 103

　　5.3　常用的甄选方法 ………………………………………………………… 106

　　5.4　甄选方法评价 …………………………………………………………… 112

　　思考题 ………………………………………………………………………… 121

　　即测即练 ……………………………………………………………………… 122

　　案例讨论 ……………………………………………………………………… 122

第 6 章　人员甄选技术 ………………………………………………………… 123

　　6.1　人员初步甄选技术 ……………………………………………………… 124

　　6.2　甄选测试技术 …………………………………………………………… 139

　　思考题 ………………………………………………………………………… 192

　　即测即练 ……………………………………………………………………… 192

　　案例讨论 ……………………………………………………………………… 192

第三篇　录用与评估

第 7 章　人员录用 ……………………………………………………………… 197

　　7.1　人员录用概述 …………………………………………………………… 198

　　7.2　录用决策 ………………………………………………………………… 201

　　7.3　录用实施 ………………………………………………………………… 210

　　思考题 ………………………………………………………………………… 217

　　即测即练 ……………………………………………………………………… 218

　　案例讨论 ……………………………………………………………………… 218

第 8 章 招聘评估 ··· 219

  8.1 招聘评估概述 ··· 220

  8.2 招聘成本评估 ··· 224

  8.3 录用人员评估和招聘人员工作评估 ·· 232

  8.4 招聘总结 ·· 235

  思考题 ··· 238

  即测即练 ·· 238

  案例讨论 ·· 238

参考文献 ··· 240

第一篇　招聘管理的基础理论

第1章 招聘管理概述

本章学习目标

通过本章学习，学员应该能够：

1. 掌握招聘与招聘管理的概念
2. 理解招聘的理念与原则
3. 了解招聘管理模式
4. 熟悉招聘管理的一般流程
5. 理解我国企业招聘存在的问题与原因
6. 了解数智化时代招聘的趋势与特点

引导案例

华为的招聘流程

华为技术有限公司（Huawei Technologies Co., Ltd.）总部位于中国深圳，是全球领先的信息与通信技术（ICT）解决方案供应商。公司由任正非等人于1987年创立，作为世界500强企业，华为在全球170多个国家和地区开展电信网络、企业网络、消费者设备和云计算等业务。华为拥有超过30个研发中心和多个创新实验室，截至2022年，员工约有19.7万人，其中研发人员占比约为53%。

华为近期宣布计划扩展其人工智能（AI）研发团队，旨在招聘一批优秀的AI工程师和研究人员，以进一步巩固其在AI技术领域的领先地位。其招聘流程包括以下关键步骤：

首先，发布职位。华为通过公司官网、多个招聘网站以及重点高校的招聘平台发布AI工程师和研究人员的职位信息，详细描述职位职责、要求和福利待遇。

其次，简历筛选。该阶段分为自动筛选和人工筛选。公司利用AI简历筛选工具自动筛选简历，根据关键词和匹配度筛选出符合基本要求的候选人。接着通过人工筛选，招聘团队进一步评估候选人的教育背景、项目经验和技能。

再次，在线笔试。笔试涵盖数据结构、算法、编程能力和AI基础知识等内容。题目设计难度较高，旨在评估候选人的技术基础和创新思维能力。

从次，进入面试。包括技术面试和综合面试。技术面试由技术专家团队进行，重点考察候选人的专业知识、项目经验和解决问题的能力。综合面试则由人力资源部门和应聘部门主管参与，评估候选人的综合素质、团队合作能力和文化适应性。

最后，评估与决策。每轮面试结束后，面试官将反馈记录在招聘系统中进行综合评估。招聘团队召开评估会议，讨论和决定最终的录用名单，确保招聘过程的公平和透明。

经过严格的筛选和面试流程，华为成功招募了一批高素质的 AI 工程师和研究人员。这些新员工迅速融入团队，在多个关键项目中表现出色，为公司的 AI 技术研发贡献了重要力量。华为的招聘案例充分展示了其在人才选拔方面的严谨性和系统性，通过多层次、多环节的评估流程，高效地吸引并选拔符合公司需求的优秀人才，同时提高候选人对公司的信任度和认可度。

（根据华为公司相关资料整理）

在现代社会，选拔人才的人类似于古代寻找千里马的伯乐。招聘人员需要按照企业经营战略规划和人力资源要求，把优秀、合适的人员招聘到企业，为其安置合适的岗位，并让其安心工作。这一过程被视为企业在争夺人才尤其是高端人才时成功与否的关键。

拓展阅读 1.1　知人善任的 5 个标准

1.1　招聘的概念与意义

1.1.1　招聘与招聘管理的概念

招聘，也称员工招聘，是指组织或企业为了满足自身的发展需要，通过各种途径和方法，吸引、评估和选择合适的候选人加入组织中的过程。这个过程通常包括确定招聘需求、发布招聘信息、筛选简历、面试候选人、做出选拔决定，以及最终录用新员工并进行入职培训等流程。招聘的目的是确保组织招募到符合岗位要求、能够为组织创造价值的最佳人选。

总体而言，员工招聘包括员工招募、甄选、聘用（录用）与评估等过程。招聘至少包含以下 3 方面的含义。

（1）招聘的目的是满足企业自身的发展需要。招聘主要是对企业的人力资源供需矛盾进行调和，为企业战略目标的实现奠定人才基础。

（2）招聘的依据是企业的人力资源规划和招聘岗位分析说明书。只有将招聘纳入企业人力资源规划和岗位分析说明书的轨道中，才能保证企业招募的人员符合企业的发展需求，从而推动企业的发展、壮大。

（3）招聘的对象涵盖了组织内外部的人力资源，特别是那些既有能力又对企业有兴趣的人员。

从根本上说，招聘实际上是用人单位与应聘者互相博弈的过程。对应聘者而言，其对应聘企业的选择过程，实际上就是在内心对企业进行一次隐形的"面试"和"筛选"，在这一过程中会综合考虑企业形象、企业文化、岗位发展前景等多种因素。

从招聘方来讲，企业最后的录用决策也是在对应聘者的工作经历和发展潜力等多方面考虑之后而做出的。作为一个重要的管理职能，招聘与人力资源其他管理职能有密切的关系。简单地说，人力资源规划确定了招聘的目标，即招聘方所要吸引的人员数目和类型，而岗位分析既明确了企业对特殊人员的需求，也向招聘者提供了企业的相关工作描述。此外，能否向应聘人员提供高薪酬和福利在一定程度上决定了招聘的难易，即招聘效果与薪酬和福利有关。

招聘与人力资源其他管理职能之间的关系是相互依存的。招聘的质量和有效性直接影响后续人力资源管理活动的效果和成效，而人力资源其他管理职能则在招聘的基础上，通过提供必要的支持和管理措施，帮助组织最大限度地发挥员工的潜力和价值。

视频 1.1 招聘与招聘管理

对于招聘管理，我们可以定义如下：招聘管理就是对组织所需的人力资源展开招募、甄选、录用、评估等一系列管理活动，并加以计划、组织、指挥与控制，借以保证一定数量和质量的员工队伍，满足组织发展的需要。

拓展阅读 1.2 解读中兴通讯的人才招聘理念——选聘一流人才

1.1.2 招聘的意义

1. 招聘工作在企业的人力资源管理中处于首要地位

企业若要持续发展，就必须保持人力资源的供给，因为企业在发展的任何时期都会需要不同类型、不同数量的人才。而只有通过有效的人力资源招聘活动才能充分满足企业发展对人才的需求。此外，招聘工作的质量将直接关乎企业人才引进质量，作为人力资源管理的首要环节，招聘工作必须做好。

2. 人才招聘的结果影响企业今后的发展

招聘可以带来新的人才和思维，吸引具有新观点、创新思维和新技能的人才加入，企业才能发展和进步。新员工可能带来新的知识、经验和方法，促使组织在竞争激烈的市场中保持竞争优势。成功的招聘策略能够帮助企业吸引和留住优秀人才，从而增强企业在市场竞争中的地位和竞争力。

3. 招聘工作是一项树立企业形象的对外公关活动

招聘时，企业可以利用电视、报纸、广播、网站、微博、微信、抖音等传统媒体与新媒体开展招聘活动，这样不但可以使企业招到所需的人才，还可以在一定程度上起到宣传、树立企业良好形象的作用。

4. 招聘可以提升团队的多样性和包容性

招聘有助于提升团队的多样性和包容性。不同背景、经验和文化的员工能够为团队带来不同的视角和解决问题的能力，有助于团队更好地应对复杂的挑战和变化。

5. 招聘可以强化企业文化和价值观

通过招聘，企业能够选择那些与企业文化和价值观相契合的人才。这一举措不仅有助于构建一个具有共同目标和价值观的团队，还能提升员工的归属感和工作满意度。

综上所述，招聘不仅仅是填补职位空缺的过程，更是企业发展和战略实施中不可或

缺的一环，直接影响到企业的运作效率、创新能力和长期竞争力。

1.2 招聘的理念与管理原则

1.2.1 招聘的理念

招聘理念是指企业在招聘过程中所遵循的基本原则、指导思想和价值观。它反映了企业对人才的态度、招聘目标以及在选拔和吸引人才时所采用的方法和策略。招聘理念旨在确保企业吸引和选拔到最契合其需求和文化的优秀人才，从而推动企业的可持续发展。确立一个科学、适宜的招聘理念对设计和组织高效的招聘工作有着重要的作用。此外，企业的招聘理念也是不断变化的，在不同的历史阶段呈现出不同的特征。

1. 传统招聘理念

注重学历和经验：传统招聘理念主要关注候选人的学历背景和工作经验，认为这些是衡量候选人能力和是否符合岗位要求的主要标准。

职位匹配：招聘的主要目标是找到与职位描述匹配度最高的候选人，特别重视候选人技能与岗位需求的直接对应性。

2. 现代招聘理念

综合素质：随着工作环境和岗位需求的复杂化，现代招聘理念开始更加注重候选人的综合素质，包括软技能（如沟通能力、团队合作能力）和潜在的发展能力。

文化契合：企业文化的重要性日益突出，招聘时更加关注候选人是否与企业文化相契合，是否能够融入团队并长期发展。

多样性和包容性：现代企业强调团队的多样性和包容性，希望通过招聘不同背景和经验的候选人，增强创新能力和市场竞争力。

3. 数字化和智能化招聘理念

数据驱动：随着大数据和人工智能的发展，企业开始利用数据分析和 AI 技术进行招聘，通过数据驱动的决策机制，提高招聘效率和准确性。

主动招聘：企业不再只是被动等待候选人投递简历，而是通过社交媒体、人才库等主动寻找和吸引潜在人才。

候选人体验：越来越多的企业重视候选人在招聘过程中的体验，希望通过优化招聘流程和沟通方式，提升候选人对企业的好感和认可度。

4. 灵活性和远程招聘理念

远程办公趋势：随着远程办公的普及，招聘理念也在适应这一趋势，例如，企业开始更加关注候选人是否具备远程工作的能力和意愿。

拓展阅读 1.3 AI 助力人力资源管理

灵活用工：灵活用工模式，如兼职、合同工、自由职业者等，成为招聘理念的一部分，企业在招聘时更加关注用工方式的灵活性，以适应不同业务需求。

招聘理念的变化反映了社会、科技和企业管理实践的不断变化。从最初的学历和经验导向，到后来强调综合素质和企业文化的高度契合，再到数字化和智能化技术的应用，以及灵活用工和远程办公等新趋势的融入，招聘理念始终在不断适应和创新，以更好地满足企业和市场发展的需求。

1.2.2 招聘管理的原则

招聘管理是企业人力资源管理的重要组成部分，制定合理的招聘管理原则可以帮助企业有效地吸引、选拔和留住优秀人才。以下是一些常见的招聘管理原则（见图 1-1）

图 1-1 招聘管理的原则

1. 公平公正的原则

确保所有候选人在招聘过程中享有平等的机会，不因种族、性别、年龄等因素受到歧视。招聘流程公开透明，确保所有候选人了解招聘的标准和程序。

2. 科学系统的原则

通过数据分析和科学的方法进行人才评估和筛选，减少主观偏见，提高招聘决策的准确性。制订标准化的招聘流程，包括职位发布、简历筛选、面试评估等环节，确保招聘的一致性和规范性。

3. 战略匹配的原则

招聘目标要与企业的长期战略规划和业务需求相匹配，确保招聘的人才能够支持企业的未来发展。选拔符合职位要求的候选人，确保其能够胜任所应聘的工作岗位。

4. 以人为本的原则

在招聘过程中关注候选人的体验，提供良好的沟通和反馈，增强候选人对企业的好感。在招聘过程中尊重候选人的隐私，确保每个候选人都能感受到被尊重和重视。

5. 多样性和包容性的原则

鼓励并促进团队的多样性，吸引不同背景和经验的候选人，增强团队的创新力和适应力。在招聘过程中体现企业的包容文化，确保不同类型的候选人都能被公平对待。

6. 突出效率和效果的原则

提高招聘过程的响应速度，及时与候选人沟通，缩短招聘周期。注重招聘的效果，通过评估招聘的成功率和候选人的素质，提高招聘的投入产出比。

7. 持续改进的原则

建立招聘反馈机制，收集候选人和面试官的反馈，不断优化招聘流程。通过数据分析评估招聘的效果和效率，发现问题并持续改进招聘策略和方法。

8. 灵活适应的原则

根据市场和业务需求的变化，灵活调整招聘策略和计划，确保招聘活动的有效性。采用新的招聘技术和方法，如社交招聘、远程面试等，提高招聘的竞争力和吸引力。

招聘管理原则的制定和实施，有助于企业在竞争激烈的市场中吸引和选拔到优秀人才。通过遵循招聘管理的原则，企业可以构建一个高效、透明和具有竞争力的招聘体系，为企业的长远发展奠定坚实的人才基础。

1.3 招聘管理模式与一般流程

1.3.1 招聘管理模式

招聘管理模式是指企业在招聘过程中所采用的系统化方法和策略，这些模式可以帮助企业有效地吸引、评估和选拔合适的候选人。以下是几种常见的招聘管理模式。

1. 内部招聘模式

主要包括内部晋升与内部调动。内部晋升指优先考虑现有员工填补职位空缺，以此激励员工，增强员工的忠诚度和工作积极性。内部调动是指在公司内部进行员工调动，将合适的员工调到需要的岗位，从而提高整体组织的效率和协调性。

2. 外部招聘模式

主要包括公开招聘与猎头招聘。公开招聘是指通过各种公开渠道（如招聘网站、社交媒体、招聘会等）发布招聘信息，吸引外部候选人。猎头招聘则依托专业的猎头公司，专注于搜寻高层次人才，特别适用于高端职位和紧缺岗位的招聘。

3. 校园招聘模式

主要包括校企合作与校招季。校企合作是指企业与高校建立长期合作关系，通过校招会、实习项目等方式提前锁定优秀毕业生。校招季是指每年定期开展校园招聘活动，集中筛选和选拔毕业生。

4. 社交招聘模式

主要包括社交媒体和员工推荐。社交媒体招聘是指利用 BOSS 直聘、智联招聘等社交媒体平台发布招聘信息，吸引和挖掘潜在人才。员工推荐模式是指鼓励现有员工推荐合适的候选人，通过奖励机制提高员工推荐的积极性。

5. 灵活用工招聘模式

主要包括兼职招聘以及自由职业者的招聘。兼职招聘主要招聘兼职员工，适用于季节性、临时性或项目性工作需求。而自由职业者招聘则通过平台招募自由职业者，满足特定技能或短期项目的需求。

6. 智能化招聘模式

主要包括大数据分析与 AI 招聘。大数据分析是指利用大数据技术分析候选人背景和招聘趋势，提高招聘决策的科学性和准确性。AI 招聘是指运用人工智能技术进行简历筛选、在线测试和视频面试等，提高招聘效率和候选人匹配度。

7. 项目制招聘模式

主要包括项目团队模式与项目外包模式。项目团队模式是根据具体项目需求组建专门的招聘团队，集中资源和精力进行专项招聘。而项目外包则是将部分或全部招聘工作外包给专业的招聘服务公司，适用于需要快速扩充人力资源的情况。

视频 1.2　大数据与人工智能

8. 基于能力的招聘模式

主要通过专业的能力评估工具和方法，全面评估候选人的职业素养、技能水平和发展潜力，根据岗位要求建立胜任力模型，确保招聘到的候选人符合岗位的核心能力需求。

9. 混合招聘模式

综合利用内部招聘、外部招聘、社交招聘等多种渠道，确保招聘渠道的多样化和覆盖面。根据招聘效果和市场变化，灵活调整和优化招聘策略和渠道。

不同的招聘管理模式适用于不同的企业需求和市场环境。企业应根据自身的实际情况，灵活选择和综合运用多种招聘管理模式，以确保招聘活动的高效性和有效性，吸引和选拔到最合适的人才，为企业的持续发展和竞争力提升提供有力支持。

1.3.2　招聘管理流程

一个系统化的招聘管理流程能够确保企业在招聘过程中高效、有序地吸引和选拔到符合岗位需求和企业文化的优秀人才，为企业的发展提供有力的人才支持。招聘管理流程如图 1-2 所示。需要说明的是，对于招聘一般人才，测试只需要做到一般甄选测试（Ⅰ）即可，对于中高级人才，需要在一般甄选测试的基础上进一步做特殊甄选测试（Ⅱ）。

招聘管理的流程通常包括以下几个关键节点，这些节点确保企业能够系统化和高效地吸引、评估和选拔合适的候选人。

1. 制订招聘计划

与各部门沟通，确认招聘需求和职位空缺，根据岗位分析明确招聘的岗位职责和要求。根据企业的战略目标和人力资源规划，制订详细的招聘计划，包括招聘时间表、预算和资源分配。

2. 职位发布

编写详细的职位描述，明确岗位职责、任职要求和薪酬福利等信息。选择合适的内外部招聘渠道发布职位信息，如公司官网、招聘网站、社交媒体、招聘会和内部公告等。

3. 简历筛选

收集并整理应聘者的简历和相关申请材料，根据职位要求和简历信息进行初步筛选，淘汰不符合基本要求的简历。

4. 背景调查

联系候选人提供的推荐人或前雇主，进行背景调查，了解候选人的工作表现、职业道德和团队合作情况。对候选人的教育背景、工作经历等进行核实，确保信息的真实性。

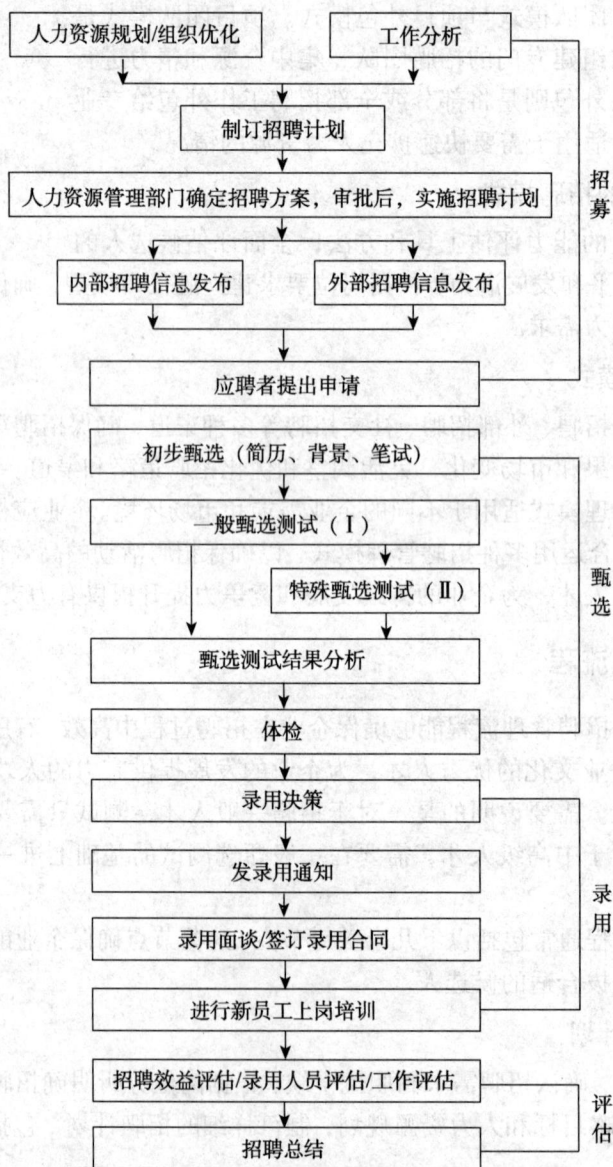

图 1-2　招聘管理流程

5. 笔试与技术性甄选测试

根据职位要求，安排技术测试、笔试或专业评估，考察候选人的专业技能和能力。

6. 面试评估

对通过初次面试和测试的候选人进行深入面试，由用人部门主管和相关团队成员进行面试，重点评估候选人的岗位适应性和团队融合度。

7. 录用决策

根据面试和背景调查结果，综合评估候选人的各项指标，做出录用决策。将录用决策提交相关负责人或管理层审批，确保决策的透明和公正。

8. 录用面谈与发放录用通知

与候选人进行薪资和福利待遇的谈判，确保双方达成一致。向最终选定的候选人发放正式的录用通知书（Offer），明确工作条件、入职日期和其他相关信息。

9. 入职准备

协助新员工办理入职手续，包括签署劳动合同、准备入职材料和进行体检等。安排新员工参加入职培训，介绍企业文化、规章制度和岗位要求，帮助其快速适应新环境。

10. 入职跟踪

对新员工进行试用期管理，定期跟踪其工作表现和适应情况，及时提供反馈和支持。在试用期结束后，进行转正评估，确认新员工是否达到转正标准，办理正式入职手续。

11. 招聘评估与总结

对整个招聘流程和结果进行评估，分析招聘的效果和成本效益，识别问题和改进机会。根据评估结果，总结优化招聘策略和流程，不断提高招聘的效率和质量。

1.4　我国企业招聘存在的问题及原因

1.4.1　企业招聘存在的问题

随着人才争夺竞争的日益激烈，企业对人才招聘工作的重视程度越来越高，但在实施招聘的过程中却存在不少问题，以下是招聘中常见的一些问题。

1. 招聘渠道单一

许多企业主要依赖招聘网站、招聘会等传统渠道，忽略了新兴的社交媒体和专业网络平台。这种单一的招聘渠道，导致覆盖面不足，可能会使企业无法触及更多的潜在优秀人才。

2. 人才供需错配

在技术、研发和高层管理岗位上，企业常常面临高端人才短缺的问题。企业需要的技能与市场上求职者具备的技能存在较大差距，导致招聘难度增加。

3. 招聘流程不完善

一些企业的招聘流程过于烦琐，审批环节多，导致招聘周期长，错失优秀候选人。一些企业招聘流程缺乏标准化和系统化，评估标准不统一，影响了招聘决策的公平性和科学性。

4. 企业品牌认知度低

许多中小企业在招聘过程中未能有效推广企业品牌，导致吸引力不足。企业未能清晰传达企业文化和价值观，使得候选人难以对企业产生认同感。

5. 候选人体验不足

在招聘过程中，企业未能及时与候选人沟通和反馈，导致候选人体验差，影响企业形象。企业对新员工的入职引导和培训不足，影响新员工的适应和融入。

6. 招聘成本高、效率低

招聘费用投入大，但效果不佳，导致招聘效率低下。招聘过程中资源分配不合理，导致人力和物力的浪费。

7. 缺乏数据分析

很多企业缺乏对招聘数据的有效分析和利用，无法从数据中获取有价值的招聘决策支持；缺乏科学的招聘效果评估机制，难以进行持续改进。

8. 招聘人员专业能力不足

招聘人员缺乏系统的培训，专业能力和招聘技巧不足，影响招聘质量。招聘团队经验不足，对市场变化和候选人的需求把握不准确。

9. 招聘策略不清晰

招聘策略缺乏长远规划，常常是临时应付，无法满足企业长期发展的人才需求。对目标候选人的定位不准确，导致招聘定位与实际需求不符。

1.4.2　产生问题的原因

1. 社会经济发展条件的限制

改革开放 40 多年来，我国企业在各个领域取得了长足发展。企业在人力资源管理与开发方面，从事务型、被动式的人事管理向开发型、主动式的人力资源管理转变，然而，与现代规范化管理仍存在显著差距。一方面，受时间短、资金少、人员综合素质相对较低、生产经营技术程度较低等客观条件的限制，我国许多企业在招聘工作方面仍需不断探索和提高；另一方面，当前很多企业的招聘人员缺乏系统专业的人力资源管理知识和技能培训，主要依赖个人经验。此外，人力资源管理观念和体系在 20 世纪 70 年代逐渐形成，距今时间不长，而其真正的引进和广泛推广则仅始于最近几年。我国企业在吸收和运用西方现代招聘理念与技术时，受观念、技术、资金、历史、体制和环境等条件的制约，往往难以真正理解和熟练掌握，更多地表现为机械应用。因此，各种不适应情况频现，例如在人才测评等招聘技术应用中表现出的机械性和盲目性。以上情况表明，我国企业对现代招聘理念的接受和对现代招聘技术的掌握需要一个认知、研究、消化、吸收及应用的持续发展过程。

2. 传统观念、文化背景的影响

在我国企业的招聘过程中,经常出现唯学历论、唯职称论、唯海归论以及性别、年龄和地域歧视等现象,甚至出现一些违法乱纪行为,这在很大程度上与我们长期形成的思想观念和文化背景密切相关。在招聘过程中,计划经济时期机械化的招聘模式产生的负面影响仍在,使得一些管理者或招聘人员仍采用居高临下的工作方式。这种传统思想观念对现代招聘理念与技术的顺利推广和积极运用产生了显著的负面影响,值得高度重视。

3. 落后的现代企业管理制度建设

市场经济背景下,现代企业管理制度是人力资源开发与管理的基础,要求与现代企业管理相适应。然而,我国许多企业仍以经验管理为主。尽管许多企业已认识到人才与管理的重要性,但观念、资金、技术等方面的限制使得大多数企业(尤其是中小企业)未能建立规范的现代企业管理制度。尽管一些企业在制度方面相对完善,但由于对这些制度缺乏真正的理解和掌握,导致在实际操作时难以有效实施。企业决策层面虽强调共同参与管理,但实际上以总经理负责制为主,现代管理仍处于表面化阶段。市场经济的建立与发展要求我们按照市场规律和要求办事,并配备相应的管理制度。现代企业管理制度是市场经济对现代企业的必然要求,涵盖了管理模式、工作方法、人员配置和组织协调等各方面活动。作为现代企业管理制度建设的一部分,招聘工作是复杂的管理工作,

视频 1.3　数字化转型

其有效运作需要企业各个方面的支持与配合。建立规范的现代企业管理制度将为招聘工作提供一个良好的平台。所以,加强现代企业管理制度建设,规范和理顺企业管理是做好招聘工作的必要前提之一。

1.5　数智化时代招聘的发展趋势与对策

数字化、智能化时代的到来对企业的招聘模式与求职者的求职方式带来深远的影响,因此,企业招聘管理需要及时地做出适当的反应和变革。

1.5.1　未来招聘的主要发展趋势

未来的招聘管理面临诸多新趋势,这些变化将深刻影响企业的招聘策略和实践。

1. 数字化转型

自动化和人工智能技术将越来越多地应用于招聘流程,如简历筛选、候选人评估和面试安排等。招聘管理系统(ATS)的应用将帮助企业高效管理招聘流程,提升招聘效率和精准度。企业更强调数据驱动决策,利用大数据分析可以更好地理解招聘市场和候选人行为,优化招聘策略,提升人才获取的精准性。利用 BOSS 直聘、智联招聘等社交媒体平台,企业可以更加便捷地接触和吸引潜在候选人。

2. 远程招聘

远程工作使得企业可以在全球范围内寻找和招聘人才,突破地域限制,获得更广泛

的人才资源。随着远程办公的普及,企业将更加依赖远程招聘工具和方法,如视频面试、在线评估等。

3. 注重员工发展和职业规划

高端人才和专业人才的稀缺性将进一步加剧。企业需要更具吸引力的薪酬和福利方案,以及更有吸引力的企业文化。随着人才争夺的激烈,保留现有人才变得更加重要,企业需要注重员工发展和职业规划。

4. 多样性和包容性

企业将更加重视多样性和包容性,通过多样化招聘策略吸引不同背景的候选人,增强团队创新力和竞争力。

5. 注重候选人体验

企业招聘将更多地关注应聘者,招聘方式由等待应聘者上门变为主动挖掘潜在的应聘者。企业通过提供个性化的应聘体验以及快速反馈、透明沟通和人性化服务,提升候选人对企业的好感度和认同感。企业要建立和维护良好的候选人关系,注重与潜在人才的长期互动,打造积极的企业雇主品牌。

6. 灵活性强

随着人工成本的增加,项目制工作和自由职业者的增多,企业需要适应灵活用工模式,确保用工方式的灵活性和效率。例如增加对短期和兼职岗位的招聘,以应对临时性和季节性的人力需求。

7. 注重与企业文化匹配

企业在招聘过程中更加强调企业文化和价值观的宣传,吸引与企业文化契合的候选人。在招聘过程中增加对候选人与企业文化契合度的评估,确保新员工能够迅速融入团队并长期发展。

8. 注重员工培训与发展

招聘不仅仅是引入人才,更需要重视后续的培训和发展,提升员工的技能和适应性。企业需要提供清晰的职业发展路径和机会,吸引并留住优秀人才。

9. 强调社会责任感

企业将推行绿色招聘政策,减少招聘过程中的资源浪费和环境破坏。强调企业的社会责任感和对社会的积极影响,吸引认同企业价值观的候选人。

未来的人力资源招聘将受到以上新发展趋势的影响。企业需要不断创新和优化招聘策略,适应不断变化的环境和需求,以吸引和留住最优秀的人才,保持竞争优势。

1.5.2　智能化招聘工具的广泛应用

智能化招聘工具是指利用人工智能技术(如机器学习、自然语言处理、数据分析等)来优化招聘流程中的各个环节,以提升效率、降低成本,并提高招聘质量,提升候选人体验感。这些工具可以根据其功能和应用领域进行分类,主要包括以下几种类型。

1. 智能筛选简历工具

这类工具利用机器学习算法和自然语言处理技术，可以快速分析和筛选大量的求职者简历。它们能够自动识别关键技能、工作经验和教育背景，以及与职位要求的匹配程度，从而帮助人力资源部门高效筛选出最符合条件的候选人。

2. 自动化面试平台

自动化面试平台能够通过语音识别和情感分析技术，模拟和记录面试过程。这种工具可以基于预设的面试问题和标准化评分体系，自动评估候选人的回答质量和表现，减少人工面试过程中的主观评估失误和时间成本。

3. 人才分析和预测工具

这类工具利用数据挖掘和预测分析技术，分析企业内外部的人才市场信息，帮助企业预测未来的人力需求和人才流动趋势。它们可以基于历史数据和趋势分析，提供战略性的人才管理建议和决策支持。

4. 招聘数据管理和优化工具

这些工具专注于优化和管理招聘流程中的大数据，包括简历存储、分析报告生成、招聘活动跟踪和效果评估等。它们能够帮助企业实时监控招聘指标，并提供可视化的数据分析和报告，支持决策制定和流程优化。

1.5.3 国内外智能化招聘工具应用现状

智能化招聘工具在国内外的应用呈现出多样化和快速发展的趋势。以下是国内外智能化招聘工具的应用现状。

1. 国内应用现状

1）智能筛选简历工具

许多国内企业采用智能筛选简历工具，如智能匹配系统和自然语言处理技术，快速筛选符合条件的候选人。例如，智联招聘、猎聘网和 BOSS 直聘等平台提供了各种智能化的简历筛选和匹配功能。

2）自动化面试平台

一些企业开始采用自动化面试平台，通过语音识别和情感分析技术，对候选人进行虚拟面试和评估。这些平台不仅减少了面试官的时间成本，还实现了面试过程的标准化，提高了公平性。

3）候选人匹配算法

多家招聘平台和大型企业自建系统采用候选人匹配算法，通过大数据分析和机器学习技术，精准匹配招聘需求和候选人特征。这种个性化匹配能够提高招聘成功率和候选人满意度。

4）人才分析和预测工具

企业利用人才分析和预测工具，进行人才市场趋势分析和未来人力需求预测。这些工具能够帮助企业优化招聘策略和人才储备管理，提前应对市场变化和人才流动挑战。

5）招聘数据管理和优化工具

招聘数据管理系统和数据优化工具广泛应用于企业招聘流程中，帮助企业实时监控招聘数据、生成分析报告，并提供流程优化和决策支持。

2. 国外应用现状

1）AI 驱动的招聘平台

在国外，像 LinkedIn、Indeed 和 ZipRecruiter 等大型招聘平台利用机器学习和大数据分析技术，提供智能化的招聘解决方案。这些平台通过推荐系统和智能搜索功能，帮助企业和求职者更快速地匹配需求。

2）虚拟面试和评估工具

一些国外公司开发了高度自动化的虚拟面试平台，如 HireVue 和 Spark Hire，这些平台结合了语音识别、情感分析和视频分析技术，支持全球范围内的面试和评估流程。

3）AI 在招聘决策中的应用

许多国际企业开始将人工智能应用于招聘决策中，利用算法分析候选人的数据和行为模式，预测最佳招聘策略和人才发展方向。

4）招聘数据管理和分析工具

国际上的招聘数据管理和分析工具，如 Jobvite、Taleo 和 Workday Recruiting 等，帮助企业实现招聘数据的集中管理和智能化分析，支持企业在全球范围内的招聘活动。

1.5.4　智能化招聘工具对招聘效果的影响

智能化招聘工具对招聘效果具有重大影响，主要体现在以下几个方面：

1. 招聘效率提升

智能化招聘工具能够大幅提升招聘各流程的效率。比如，通过自动化的简历筛选和候选人匹配算法，可以快速识别和筛选符合条件的候选人，减少了人力资源部门在初始筛选阶段的时间和成本投入。

2. 招聘质量提升

运用智能化招聘工具，如智能筛选简历工具和自动化面试平台，可以更准确地匹配职位需求和候选人技能，降低误选和漏选的可能性，从而提高招聘的质量和成功率。

3. 候选人体验优化

通过虚拟面试平台和个性化交互技术，智能化招聘工具改善了候选人的招聘体验。候选人可以更便捷地参与面试过程，并及时获取反馈，提升了整体招聘流程的透明度和效率。

4. 提高成本效益

智能化招聘工具能够降低招聘过程中的人力成本和资源投入，尤其是在大规模招聘或多个职位同时招聘时，节约的各类成本显著，同时提高了招聘活动的效率和响应速度。

尽管智能化招聘工具具有诸多优势，如减少主观因素和提高决策准确性，但面临数据隐私保护、算法公平性和人工智能伦理等方面的挑战。企业需要不断改进技术应用，确保招聘过程中的公正性和合规性。

1.5.5　智能化招聘的发展对策

在数字化、智能化时代，企业需要进行招聘管理的变革与创新，以提升招聘效率、精准度和候选人体验。以下是一些关键策略：

1. 雇主品牌建设和文化传播

在互联网时代，一个显著的现象就是个体"社交化"的呈现，每个人都是一个自媒体，都是一个移动的宣传平台。而这些平台最显而易见的应用就是雇主品牌的传播。现在，我们可以看到在微博、朋友圈经常有招聘信息的出现，有市场宣传的呼应，有个性化福利的展示，有员工文体活动的呈现，这些都在潜移默化地影响着企业的雇主文化。未来，企业人力资源管理者将在社交监控、回应、传播和引导等环节进行管理与干预，最大限度地提升企业雇主品牌价值、员工存在感和企业荣誉感；通过品牌宣传、企业文化展示等方式提升企业的雇主品牌，吸引更多优秀人才；在招聘过程中突出企业文化和价值观的传播，吸引与企业文化契合的候选人。

2. 运用招聘技术工具

充分利用大数据和人工智能工具，通过大数据分析了解招聘市场趋势、候选人行为和需求，优化招聘策略和渠道选择。使用先进的招聘管理系统，提升招聘流程的管理效率。开发和使用招聘的移动端应用，方便候选人随时随地投递简历和跟进招聘进展。使用人工智能技术进行简历筛选和匹配，快速筛选出符合岗位要求的候选人，提高筛选效率和精准度。采用 AI 驱动的在线评估工具，对候选人的技能、能力和文化契合度进行智能评估，减少主观偏见。实现招聘流程的自动化，如简历筛选、面试安排、候选人跟踪等，提高效率并减少人为错误。制订标准化的招聘流程和评估标准，确保招聘过程的公平性和一致性。数据驱动决策，通过招聘管理系统收集和分析招聘数据，了解招聘效果和成本，优化招聘策略。对招聘团队和招聘渠道进行绩效评估，确保资源的高效利用和最佳效果。

视频 1.4　雇主品牌

拓展阅读 1.4　谷歌：基于数据分析的人力资源管理

3. 招聘渠道与方式

利用 BOSS 直聘、智联招聘等招聘平台发布招聘信息，扩大招聘覆盖面和影响力。鼓励员工推荐合适的候选人，通过奖励机制提高员工推荐的积极性。结合线上招聘和线下招聘活动，如线上招聘会、直播招聘、线下宣讲会等，提升招聘效果。适应远程工作的趋势，采用视频面试、在线评估等方式进行远程招聘，扩大人才来源。根据业务需求灵活调整用工模式，如兼职、合同工、自由职业者等，满足不同的用工需求。组织创新的招聘活动，如招聘挑战赛等，吸引具有创新能力和潜力的候选人。

拓展阅读 1.5　招聘是否进入网络时代？

根据候选人的特点和需求，提供个性化的招聘服务和体验，提高候选人的满意度和认可度。

在数字化、智能化时代，企业需要通过上述策略，进行招聘管理的变革与创新。这些措施将帮助企业在竞争激烈的人才市场中吸引和留住优秀人才，提升招聘效率和质量，支持企业的可持续发展。

思考题

1. 招聘与招聘管理的概念是否一致？
2. 招聘理念的含义是什么？招聘理念经历了哪几个发展阶段？
3. 招聘原则有哪些？
4. 招聘模式有哪些？
5. 我国企业招聘存在哪些问题？原因是什么？
6. 数智化时代企业招聘的发展趋势与对策是什么？

即测即练

自学自测  扫描此码

案例讨论

N 化学有限公司是一家跨国企业，专注于研制、生产和销售医药和农药产品。B 公司是 N 化学有限公司在中国的子公司，主要从事医疗药品的生产和销售。随着生产业务的扩展，为了更有效地管理和开发生产部门的人力资源，2000 年初，B 公司总经理召集生产部经理李欣和人力资源部经理马宇到办公室，商讨在生产部门设立一个新的人力资源主管职位的建议。该职位主要负责协调生产部门与人力资源部门之间的工作，并计划通过外部招聘引进合适的人才。

离开总经理办公室后，人力资源部经理马宇立即着手开展一系列工作。在招聘渠道的选择上，他设计了两个方案。第一个方案是利用本行业专业媒体发布招聘信息，费用为 3500 元。这一方案的优势在于可以吸引到更符合要求的人才，并且招聘成本较低，不利之处则在于企业的宣传力度较小。另一个方案是在大众媒体上发布招聘广告，费用为 8500 元。这一方案的优势在于能够提升企业的影响力，缺点是非专业人才的比例较高，需要投入大量前期筛选工作，招聘成本较高。经过比较，马宇初步决定采用第一种方案。

总经理审阅招聘计划后认为，公司在中国正处于初期发展阶段，不能错过任何一次提升企业知名度的机会。因此，最终选择了第二种方案，并确定了招聘广告的具体内容。

招聘广告

您的就业机会在 N 化学有限公司下属的 B 公司

1 个职位：发展迅速的新行业的生产部人力资源主管

主管生产部和人力资源部两个部门的协调工作

抓住机会！充满信心！

请把简历寄到 B 公司人力资源部

在一周的时间里，人力资源部收到超过 800 份简历。马宇和他的团队经过筛选，从中选出了 70 份有效简历，经进一步筛选后确定了 5 位候选人。随后，马宇将这 5 份简历交给了生产部经理李欣，并安排他直接与候选人约面试。李欣经过全面考虑后，确定了两位候选人，分别是李龙和赵明。李欣开始对比这两位候选人的资料。

李龙，男，企业管理学士学位，32 岁，拥有 8 年的人事管理和生产经验，前两份工作表现良好，符合录用条件。

赵明，男，企业管理学士学位，32 岁，有 7 年的人事管理和生产经验。在前两份工作中，第一家公司的主管对他的评价很好，但缺乏第二家公司主管对他的评价资料。尽管如此，李欣认为他也符合录用条件。

在经过初步筛选后，李龙和赵明的基本资料相似。然而，赵明缺乏第二家公司主管的详细评价资料。赵明对这份工作非常期待，多次联系人力资源部经理马宇表达了他的热情和愿望。

经过反复考虑，李欣向人力资源部经理马宇汇报了候选人的情况。马宇则表示："两位候选人看起来似乎都不错，你认为哪一位更合适呢？"

李欣答道："虽然赵明的第二家公司主管评价资料不够充分，但我并未发现他有任何不良背景。你有何建议？"

马宇回应道："李经理，我同样对赵明的面谈印象深刻，尽管他有点圆滑，但我觉得我们可以无障碍共事。最终的决定应由你来做。"

最终，李欣决定录用赵明。

赵明进入公司工作 6 个月后，管理层发现他的工作表现不尽如人意。他经常不能按时完成指定的工作，有时甚至表现出不能胜任的迹象，这引起了管理层的担忧。赵明的表现显示，他可能不太符合当前的职位要求。

然而，赵明也感到不满。他入职后发现，公司描述的工作环境和情况与实际有所出入。原先商定的薪酬待遇在入职后进行了调整，工作性质和面试时的描述也有所不同，并没有提供正式的工作说明书作为岗位工作的依据。

这一切引发了一个问题：到底是谁的责任？

案例讨论

1. 在上述案例中，你觉得 B 公司招聘的主要问题有哪些？

2. 你对该公司的招聘有哪些更好、更具体的建议？

第 2 章　招聘管理的基础理论

本章学习目标

通过本章学习，学员应该能够：
1. 理解企业招聘的理论基础、现实基础和信息基础
2. 了解组织优化、人力资源规划及岗位分析对招聘的基础作用
3. 理解岗位胜任特征模型
4. 掌握基于岗位胜任特征模型的招聘原理
5. 了解大数据对招聘的影响
6. 掌握影响企业招聘的外部因素、内部因素及应聘者的个人因素

引导案例

谷歌基于胜任特征模型的招聘

谷歌（Google）是一家全球知名的科技公司，由拉里·佩奇（Larry Page）和谢尔盖·布林（Sergey Brin）于 1998 年 9 月 4 日在美国加利福尼亚州的山景城成立。截至 2022 年，公司员工超过 15 万人。作为世界 500 强企业，谷歌以其强大的创新能力和高额研发投入享誉全球。公司在人工智能、机器学习、自动驾驶技术、量子计算等领域取得了重大进展，并不断推动科技进步和技术革新。

谷歌作为全球领先的科技公司，其招聘流程非常严谨和科学。为了确保招聘到最契合公司文化、满足岗位需求的人才，谷歌开发了自己的岗位胜任特征模型，并在招聘过程中严格应用。谷歌的岗位胜任特征模型包括以下几个关键特征。

领导能力（Leadership）：不仅体现在正式的领导职位上，还包括在关键时刻主动承担责任并有效带领团队的能力。

问题解决能力（Problem-Solving Ability）：通过数据驱动的方法解决复杂问题的能力。

团队合作能力（Collaborative Skills）：在团队中有效合作，与他人共同解决问题的能力。

学习能力（Ability to Learn and Adapt）：快速学习新知识并适应变化的能力。

文化契合度（Cultural Fit）：与谷歌的企业文化和核心价值观契合的程度。

在发布职位后，人力资源团队和招聘经理首先筛选简历，挑选出符合岗位要求并可能具备上述胜任特征的候选人。候选人需要完成在线评估测试，测试内容包括逻辑推

理、编程技能（针对技术岗位）以及解决问题的能力等。

在随后的面试过程中，谷歌采用基于胜任特征的行为面试问题，例如：

领导能力：请描述一次你在项目中主动承担领导角色的经历。

问题解决能力：请举例说明你是如何通过数据分析解决一个复杂问题的。

团队合作能力：请分享一次你在团队中共同解决问题的经历。

学习能力：请谈谈你最近学习的一项新技能，以及它是如何应用到你的工作中的。

文化契合度：请描述你认为自己的哪些价值观与谷歌的企业文化相契合。

候选人可能会参加情境模拟测试，模拟在谷歌实际工作环境中可能遇到的问题和挑战，由面试官评估其在这些情境中的表现。

谷歌还采用面试委员会的评审制度，将每位候选人的面试结果提交给由不同部门的高管和专家组成的委员会进行综合评估，确保招聘决策的客观性和科学性。候选人可能还会经历未来直属经理或团队成员参与的最终面试，以进一步确认其胜任特征和岗位匹配度。

通过这种基于岗位胜任特征的严格招聘流程，谷歌成功地招聘到一批具有高领导能力、强问题解决能力、良好团队合作能力和快速学习能力的优秀人才。这些人才不仅能够胜任其岗位，还与谷歌的企业文化高度契合，为公司的创新和发展做出了重要贡献。

（根据谷歌公司相关资料改编）

2.1　招聘的现实基础

招聘的现实基础主要源于组织优化、人力资源规划和工作分析的需求。随着企业的战略调整和结构优化，岗位职责和人员配置会发生变化，进而产生招聘需求。同时，为了实现业务增长和未来发展目标，企业通过人力资源规划来确保关键岗位具备人才储备。此外，深入的工作分析能够明确各职位的具体职责和能力要求，识别技能差距，从而推动招聘以优化人员匹配度。这些因素共同构成了招聘的现实基础，为企业持续发展提供了重要的人才支持。

2.1.1　组织优化的含义和作用

1. 组织结构

组织结构（organization structure）指组织内部分工协作的基本形式或框架。它作为企业资源和权力分配的载体，在人的能动行为下，通过信息传递，承载着企业的业务流动，推动或者阻碍企业使命的进程。由于组织结构在企业中的基础地位和关键作用，企业所有战略意义上的变革，都不得不首先在组织结构上做出变动。组织结构对组织行为具有长期性和关键性影响，它反映了以下几种重要的关系。

（1）关于个人和部门的一系列正式的任务安排，即工作在各个部门与组织成员之间是如何分配的。

（2）正式的报告关系，即谁对谁负责，包括权力链、决策责任、权力分层的数量（管理层次）以及管理人员的控制范围（管理幅度）。

（3）组织的内部协调机制。组织结构为保证跨部门合作提供了一种体系设计，一个企业的组织结构反映了企业通常是如何解决信息和协调问题的。在这个意义上，可以说组织结构是一个企业组织任务、安排人员完成任务，以及促使企业信息流动的一般的和持久的方式。在优化组织结构和功能时，从最直观、最形象地反映组织结构的组织结构图入手，是一个很好的突破。组织结构图描述了组织结构的关键特征，虽然组织结构图只是组织结构的简化模式，并不代表真正的组织结构，但在对组织进行优化时，组织结构图中透露出来的一系列正式的任务安排和正式的报告关系为组织的优化奠定了基础。组织结构图直接说明了该组织的分工（任务安排）、上下级关系、工作的性质、部门设置及其依据、管理层次等信息，从而使得组织结构的优化更加简便、直观和高效。

2. 组织优化

组织优化（organizational optimization）是指通过改进和调整组织的结构、流程、资源配置和文化等方面，以达到更高效、更灵活和更具竞争力的状态。这种优化通常旨在提高组织的绩效、响应能力和员工满意度，以更好地适应市场变化，实现战略目标。

通过组织优化工作，企业首先明确的是需要什么样的部门，部门里需要设置什么样的岗位。通过了解设置该职位的目的，明确该职位是通过什么方式或什么途径来实施公司的战略规划，以保证公司的未来发展。组织优化的关键方面有以下几个。

（1）结构优化：重新设计组织架构和层级关系，以提高决策效率、降低沟通成本，并促进跨部门协作和信息流动。

（2）流程优化：优化业务流程和工作流程，消除烦琐的步骤和低效率的环节，提升工作效率和服务质量。

（3）资源配置：有效管理和分配组织的人力、财务和物质资源，以支持战略目标的实现和成本效益的提升。

（4）文化转型：通过引入新的价值观和行为准则，促进组织文化的变革，提升员工参与度、创新能力和团队协作精神。

（5）技术和工具应用：引入和优化信息技术系统和工具，支持业务运作的自动化和数字化转型。

（6）绩效管理：建立有效的绩效评估和激励机制，激励员工达成个人和组织目标，提高工作动力和员工满意度。

组织优化是一个持续进行的过程，需要不断地监测和调整，以应对外部环境的变化和内部需求的变化。成功的组织优化能够使组织更加灵活，更有效地利用资源和机会，从而保持长期的竞争优势和可持续发展。

3. 组织优化与招聘的关系

招聘工作只有建立在组织优化的基础上，才能保证效果。招聘在组织优化过程中扮演了关键角色，具体体现在以下几个方面。

（1）人才补充和更新：组织优化通常涉及重新评估当前的人力资源需求，可能需要填补新职位或替代已有职位。需要通过招聘活动吸引、筛选和选择合适的人才，确保组织有足够的能力和资源来支持新的组织结构和目标。

（2）支持新战略和目标：组织优化时，可能会引入新的战略或业务模式，这通常需要拥有特定技能和经验的人才。招聘的任务是寻找这些符合新需求的人才，并为其提供支持。

（3）提高员工工作效率和满意度：优化组织结构和流程可能会影响到员工的工作方式和职责。招聘适合的人才不仅能填补空缺，还可以提高员工的工作效率和满意度，从而促进整体组织效能的提升。

2.1.2　人力资源规划的含义和作用

1. 人力资源规划对招聘的基础作用

人力资源规划旨在确保组织拥有足够数量和合适质量的员工，以满足当前和未来的业务需求，同时提高员工的效能和满意度。通过人力资源规划，招聘时可以明确企业哪些岗位缺人，所缺人员的数量等问题。通过人力资源规划，企业可以实现以下目标。

视频 2.1　什么是人力资源规划

（1）确保组织和部门在需的时间和岗位上获得所需要的合格人员，并使组织和个人得到长期的益处。

（2）在组织和员工目标达成一致的情况下，人力资源的供给和需求达到平衡。

（3）分析组织在环境变化中的人力资源需求状况，并制定必要的政策和措施以满足这些需求。

一个组织或企业要维持生存和发展，就必须进行人力资源规划。一是确保人力资源供需平衡。规划可以帮助组织预测未来的人力资源需求，确保在适当的时间和地点拥有适量的人才，避免人力短缺或过剩的问题。二是支持战略目标的实现。有效的人力资源规划将人力资源战略与组织的战略目标对接，确保有足够的能力来推动组织的长远发展。三是提升人力资源的效率和效能。通过规划，企业可以优化人力资源的配置，确保每位员工都能最大化地贡献价值，从而提高整体的效率和效能。四是应对市场变化和挑战。规划能够使组织更加灵活地应对外部环境的变化，包括经济周期波动、技术进步和市场竞争的变化。五是降低成本和风险。通过规划，可以避免因人力不足或过剩而导致的成本增加，也能减少在人员调整和培训方面的风险。人力资源规划不仅有助于提升组织的运营效率和灵活性，还能够有效支持组织在竞争激烈的市场中取得持续的竞争优势。

在人力资源所有的管理职能中，人力资源规划最具战略性和主动性。科学技术瞬息万变，竞争环境也变幻莫测。这使得人力资源预测不仅变得越来越困难，也更加紧迫。人力资源管理部门必须对组织未来的人力资源供给和需求做出科学预测，以保证在需要时能及时获得各种人才，进而保证实现组织的战略目标。

2. 人力资源规划的内容

人力资源规划（Human Resource Planning，HRP）是指组织为了实现战略目标和长期发展，对人力资源需求进行系统分析和预测，并制定相应的战略和措施的过程。

人力资源规划涵盖了多个方面，主要内容包括以下几个关键要素：

1）人力资源需求分析

业务目标和战略分析：了解组织的长期和短期业务目标，以及如何通过人力资源支持实现这些目标。工作量分析：评估不同部门和职能领域的工作量，确定各个岗位和职位的数量和类型。

2）人力资源供应评估

现有人力资源评估：分析当前员工的技能、经验和能力，了解现有人力资源的优势和短板。外部劳动力市场分析：评估外部劳动力市场的情况，包括可用的人才池、竞争情况和薪酬水平。

3）人力资源预测

未来需求预测：基于业务增长、市场趋势和技术发展等因素，预测未来一段时间内组织对人力资源的需求。未来供应预测：预测未来可能的人力资源供应，包括现有员工的晋升和流动、外部招聘等。

4）制订招聘策略以及培训和发展计划

招聘策略：确定招聘的策略和途径，包括招聘渠道、招聘时间表和目标人才群体。培训和发展计划：制订培训和发展计划，以提升现有员工的技能和能力，满足未来的职位需求。

5）执行和监控

实施计划：将制订的招聘策略以及培训和发展计划落实到实际操作中，包括招聘、培训和人才管理。监控和调整：定期监控人力资源计划的执行情况，根据实际情况调整策略和计划，确保其与组织目标的一致性和有效性。

6）合法性

劳动法和人力资源法规：确保人力资源规划与实施过程符合国家和地区的劳动法律法规，避免潜在的法律风险。

人力资源规划的内容涵盖了从需求分析到供应评估、预测和制订策略计划的全过程管理，旨在确保组织拥有适量和高质量的人力资源，以支持其战略和长期发展目标的实现。

3. 人力资源规划的原则

为了保证企业招聘的质量，企业人力资源规划的制订需要遵循以下原则：

1）整合性原则

确保人力资源规划与组织的战略和业务目标保持一致。规划过程应与组织的长期规划和发展战略紧密结合，确保人力资源的配置和发展支持组织的整体目标。

2）前瞻性原则

人力资源规划需要具有预见性，能够预测未来可能的人力资源需求和供给情况。这包括考虑市场变化、技术进步和组织扩展等因素，以便及时采取适当的措施。

3）灵活性原则

人力资源规划应具备灵活性，以快速调整和适应变化的需求。灵活性使得规划过程能够有效应对外部环境和内部变化。

4）全员参与原则

人力资源规划应该是全员参与的过程，各个部门与职能领域的意见和需求应该被充分考虑。通过广泛参与，可以增强规划的合法性和可操作性，提升员工对规划的接受度和支持度。

5）综合性原则

人力资源规划需要综合考虑各种因素，包括组织内外的经济、社会、技术和法律环境等。综合性原则能确保规划的全面性和有效性，避免单一因素导致的局限性和偏差。

6）持续性原则

人力资源规划是一个持续的过程，而不是一次性的活动。规划应定期评估和更新，以反映组织发展和外部环境的变化，确保人力资源策略和实践的持续适应性。

7）合规性原则

人力资源规划必须符合相关的法律法规和伦理标准。合规性原则确保规划过程和实施策略在法律框架内操作，避免可能的负面影响和法律风险。

这些原则共同确保了人力资源规划的科学性、合理性和可操作性，有助于组织在人力资源管理方面取得较好成效，增强竞争优势。

2.1.3　工作分析的含义和作用

工作分析是对企业各类岗位的性质、任务、职责、劳动条件和环境，以及员工承担本岗位任务应具备的资格条件所进行的系统分析与研究，并由此制订岗位规范、工作说明书等人力资源管理文件的过程。其中，岗位规范、工作说明书都是企业进行规范化管理的基础性文件。在企业中，每一个工作岗位都有它的名称、工作地点、劳动对象和劳动资料。

1. 工作分析对招聘的基础作用

招聘工作是企业人力资源管理中一项经常性的工作。一个企业想要永远留住自己所需要的人才是不现实的，也不是人力资源管理手段所能控制的。要使招聘有效地发挥招纳企业所需人才的作用，就必须有一个基础平台支持其运转，这个平台就是工作分析。

工作分析在招聘过程中扮演着至关重要的作用，主要体现在以下几个方面：

（1）通过工作分析，招聘团队能够明确每个职位的职责、任务和所需技能，以准确确定职位需求。

（2）在明确职位需求后，招聘团队可以制定有针对性的招聘广告和策略，以吸引符合职位要求的候选人。

（3）工作分析可为面试和评估环节提供重要参考，面试官可以据此提出相关问题并评估候选人的技能和经验，以确保其具备胜任该职位的能力。

（4）员工适应和发展。对工作进行深入分析可以帮助新员工更快地理解和适应其工作。此外，这也为员工未来的发展提供了方向，帮助他们了解如何在职位中进一步成长和发展。

工作分析可以明确界定职位的职责和权限，消除职位在职责上的相互重叠或真空，从而尽可能地避免部门间的推诿，使公司的每一项工作都能够落实；工作分析可以理顺职位之间的关系，明确职位在流程中的角色与权限，从而提高工作效率；工作分析可以根据职位的职责来确定或者调整组织的分权体系，实现权责对等；工作分析可以确保部门在人员配置上做到"为事择人、任人唯贤、专业对口、事得其人"。

2. 工作分析的内容

工作分析是通过系统和详细地分析工作职责、任务和工作环境等要素，以获取关于特定工作角色的详尽理解。以下是工作分析通常包括的主要内容：

1）工作描述（job description）

职位标题：明确标识职位的名称。

职位摘要：简要概述该职位的主要目的和职责。

职位职责：详细描述每项工作任务和职能，包括日常任务、项目负责、决策权和责任范围等。

职位要求：列出所需的技能、学历、经验和其他条件。

2）工作规范（job specification）

技能要求：明确需要的专业技能（如编程能力、沟通能力等）。

教育背景：列出所需的学历和专业资格。

工作经验：具体要求的工作经验和领域知识。

其他要求：可能包括对人格特质、行为特征或其他非技术性要求的描述。

3）工作内容分析

任务分解：将整体工作职责细分为具体的任务和活动。

任务优先级：确定各项任务的重要性和优先级。

工作流程：描述工作流程和步骤，包括与其他部门或团队的协作方式。

4）工作环境和条件

工作场所：描述工作场所的物理环境，如办公室、实验室或现场等。

工作时间：工作时间安排，包括常规工作时长、轮班制度或需要加班的情况。

工作条件：描述可能影响工作的条件，如需要长时间站立、在户外工作等。

5）工作评估

工作价值：评估工作对组织目标和效率的贡献。

工作风险：评估工作所涉及的潜在风险和安全问题。

工作分析主要是要解决工作内容与特征、工作责任与权力、工作目的与结果、工作标准与要求、工作时间与地点、工作岗位与条件、工作流程与规范等问题。这些详细的分析能够为组织提供确切的信息，帮助组织制订有效的招聘策略、培训计划和员工评估标准。

3. 工作分析的过程

工作分析是一个系统和有序的过程，通常包括以下几个主要步骤（见图2-1）。

1）确定分析的目的和范围

确定进行工作分析的具体目的，例如招聘、培训、绩效评估等。明确分析的范围，包括哪些职位或部门需要进行分析。

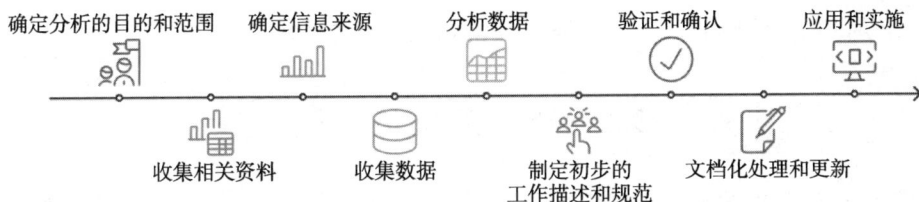

图 2-1 工作分析的步骤

2）收集相关资料

收集与职位相关的现有文件和资料，如职位描述、工作流程图、绩效评估标准等。这些资料可以作为工作分析的起点和参考依据。

3）确定信息来源

确定信息来源的方式包括直接观察、与员工和管理层访谈、问卷调查等。不同的信息来源可以提供不同角度和深度的工作内容理解。

拓展阅读 2.1 HR 别再抱怨招人难，你的招聘规划做好了吗？

4）收集数据

通过选定的方法收集工作分析所需的数据和信息。这可能包括观察员工的日常工作、与员工和管理层的访谈、分发问卷以收集员工的反馈等。

5）分析数据

对收集到的数据进行系统化和详细的分析。这包括整理和分析任务、职责和技能要求，以及分析工作环境和条件。具体进行分析时可从以下四个方面进行。

第一，职务名称分析：要求职务名称标准化，以求通过名称就能了解职务的性质和内容。

第二，工作规范分析：包括工作任务分析、工作关系分析、工作责任分析和劳动强度分析。

第三，工作环境分析：包括工作的物理环境分析、工作的安全环境分析和社会环境分析。

第四，工作执行人员必备条件分析：包括必备知识分析、必备经验分析、必备操作能力分析和必备心理素质分析。

6）制订初步的工作描述和规范

基于分析的结果，制订初步的工作描述和工作规范。工作描述要详细描述职位的职责和任务，工作规范则列出所需的技能、教育背景和工作经验等要求。

7）验证和确认

将初步的工作描述和规范与相关部门和管理层进行验证及确认。确保描述准确反映实际工作内容和要求，并获得相关人员的认可。

8）文档化处理和更新

将最终确认的工作描述和规范进行文档化处理，并定期更新和审查。工作分析是一个持续的过程，需要随着组织和职位的变化进行调整和更新。

9）应用和实施

将工作分析的结果应用到组织的各项管理活动中，如招聘、培训、绩效管理等，确

保工作分析的成果能够有效支持组织的运营和人力资源管理。

2.2 招聘的理论基础

招聘的理论基础主要基于胜任特征模型。通过确定与职位高度相关的胜任特征，招聘团队可以更加精准地识别适合的候选人，以确保他们具备达到绩效目标的潜力和能力。这种基于胜任特征的招聘不仅有助于提高招聘的有效性和成功率，还能帮助组织培养与职位需求和企业文化相契合的高质量人才，从而为长期的人才发展和绩效提升奠定基础。

2.2.1 胜任特征模型的概念及应用

1. 胜任特征的概念

胜任特征（competency）来自拉丁语 competere，含义是"适当的"。而 competency 在英语中的意思是能力、技能。《美国词源》大辞典对"胜任特征"的描述是"具备或完全具有某种资格的状态或品质"。胜任特征研究的代表性人物、美国心理学家戴维·麦克莱兰（David McClelland）提出了成就动机理论，强调个体内在的动机对工作表现的影响，并研究了成就动机与胜任特征的关系。管理学家罗伯特·卡茨（Robert Katz）提出了管理技能模型，将胜任特征分为技术技能、人际交往技能和概念能力，对领导者成功的胜任特征进行了系统分类和分析。丹尼尔·戈尔曼（Daniel Goleman）提出了情绪智能理论，强调情绪智能在个体成功和组织绩效中的关键作用，对胜任特征研究有重要影响。麦克莱兰的同事理查德·博亚齐斯（Richard Boyatzis，1982）认为，"competency"是"导致有效操作或卓越工作的员工的内在特征（characteristic），诸如动机、特质、技能、自我意象、社会角色和知识等"。戴维·杜波依斯（David Dubois，1993）认为，胜任特征是"员工在组织内、外部条件的限制下表现出高绩效时需要满足或超越工作要求的内在潜力（capacity）"。

美国心理学家莱尔·M. 斯宾塞（Lyle M. Spencer，1993）等人将其定义为："个体所具备的某种或某些潜在特质，这些特质与高绩效员工的工作表现具有因果关系，其中，潜在特质就是在个体人格中扮演着深层次、持久性角色的特质，因果关系就是指胜任特征能够在实际工作中带来高绩效或者是可以用来预测任职者未来的相应行为表现。"1994 年，麦克莱兰和斯宾塞对胜任特征做出了一个全面的定义，即明确区分优秀绩效者和一般绩效者，或者说能够区分卓越成就者和表现平平者的可准确测量的个体特征，这些特征可以是动机、特质、自我概念、态度或价值观、具体知识、认知和行为技能等。

时勘、王继承等人的《企业高层管理者胜任特征模型评价的研究》（2002）采用 BEI 行为事件访谈技术探讨了我国通信业高层管理者的胜任特征模型。其研究表明，胜任特征虽为国外兴起的人员测评技术工具和方法，对于中国企业同样是适用的，它具有较高的信度、效度和可行性。

2. 胜任特征模型

胜任特征模型是指担任某一特定的任务角色所需要具备的胜任特征的总和（时勘，2001）。而这些胜任特征就是能够区分那些高绩效者与绩效平平或者低绩效者之间存在差异的特征的集合。胜任特征模型主要回答两个问题：完成工作所需要的技能、知识和个性特征是什么，以及哪些行为对于工作绩效和获取工作成功来说是具有最直接的影响的（桑切斯，2000）。

斯宾塞关于胜任特征模型构成的论述较为权威，得到较多学者的认同。他认为胜任特征模型的构成应包括 3 个方面的概念：深层次特征、因果关系和效标参考。"深层次特征"是指个体潜在的特征能保持相当长一段时间，并能预示个体在不同情况和工作任务中的行为或思考方式，其基本层面为深层的动机、特质、自我形象、态度或价值观，浅层的知识和技能。"因果关系"指胜任特征能引起或预测行为或绩效。一般来说，动机、特质、自我概念和社会角色等胜任特征能够预测行为反应方式，而行为反应方式又会影响工作绩效，可表述为意图—行为—结果。"效标参考"是指胜任特征能够按照某一标准，预测效标群体的工作优劣。

斯宾塞根据他的理论建立了胜任特征模型的理论模型——冰山模型。冰山模型（iceberg model）是一种用来解释人类行为及其动机的模型，源于心理学和管理学领域，也被广泛运用于组织行为和领导研究中。该模型认为人类行为和情感就像冰山，表面上只能看到一小部分，而深藏在水面以下的是更深层次的动机、信念和价值观等因素。具体来说，冰山模型通常被分为以下两个主要部分：①显性部分（above-the-waterline）。显性部分包括我们可以直接观察到的行为、动作、外在表现和可见的结果。这些是显而易见的，通常是他人能够轻易察觉到的部分，例如一个人的言语、行为方式、外表等。②潜在部分（below-the-waterline）。潜在部分是隐藏在显性行为背后的更深层次的动机、信念、价值观、情感和个人经历等内在因素。这些因素通常是个体自身意识或他人需要深入挖掘才能了解的，对于理解和预测个体行为有着深远的影响。

冰山模型理论的关键观点在于，虽然显性部分容易被观察和评估，但真正驱动个体行为的是潜在部分。因此，要全面理解和有效管理个体或组织的行为，需要深入挖掘和理解这些潜在的内在因素。在胜任特征的冰山模型中，各种胜任特征被描述为在水中漂浮的一座冰山。冰山水面下的部分，就是我们通常所指的"潜能"，即属于"看不见"的部分，而在冰山上面的"技能"和"知识"就是我们传统人力资源管理中最常考查的部分。冰山模型既包括冰山水面下的潜能部分，还包括水面上的知识和技能。从上而下的深度不同，则表示被挖掘和感知的难易程度不同，在水下越深，通常越不容易被挖掘和感知，而水面上的部分则更容易通过后天的努力和培训形成。冰山水面下的部分才是深层的胜任特征，是决定人们行为及表现的关键因素。

3. 胜任特征模型与招聘的相关研究

胜任特征模型在招聘领域中的应用和相关研究非常广泛，主要体现在以下几个方面。

（1）招聘标准的制订。胜任特征模型可以帮助组织确定适合特定岗位的理想候选人所需的胜任特征。通过分析岗位要求和工作环境，制订明确的招聘标准，以确保招聘流程能够有效地筛选和评估候选人。

（2）面试和评估工具的开发。基于胜任特征模型，可以设计面试问题、评估工具和行为描述性面试（behavioral interview）的指导原则。这些工具有助于评估候选人是否具备所需的技能、特质和行为，以预测其在特定岗位中的表现。

（3）候选人筛选和匹配。招聘过程中，胜任特征模型被用来筛选和匹配最符合岗位要求的候选人。通过对胜任特征的匹配度评估，招聘团队可以更有效地选择合适的候选人，从而降低错配风险。

（4）人才发展和绩效管理。胜任特征模型不仅在招聘阶段有应用，还在员工发展和绩效管理中起到重要作用。通过了解员工的胜任特征，组织可以为其提供个性化的培训和发展机会，促进其在岗位上的持续成长和成功。

（5）跨文化适应性。胜任特征模型的研究也在全球化背景下探讨如何适应不同文化和地区的招聘实践。这包括研究不同文化背景下胜任特征的重要性及其在跨文化团队中的应用。

4. 基于岗位胜任特征模型招聘的优点

基于岗位胜任特征模型的招聘具有以下显著优点。

（1）精准匹配岗位需求。通过胜任特征模型，招聘团队可以详细分析和确定特定岗位所需的关键能力、技能和特质。这有助于确保招聘的候选人具备岗位所需的必要条件，从而提高员工的工作积极性和满意度。

（2）减少错配风险。采用胜任特征模型进行招聘可以有效减少候选人与岗位不匹配的情况发生。通过系统化的评估和匹配过程，员工流失率和重新招聘的成本能够显著降低。

（3）提升员工绩效。合适的招聘选择可以显著提高员工的绩效和工作效率。胜任特征模型帮助确保员工具备成功完成工作所需的能力和素质，从而推动整体组织绩效的提升。

（4）支持组织战略目标。招聘过程中使用胜任特征模型有助于将招聘策略与组织的战略目标对接。选择具备适当胜任特征的候选人，有利于组织在长期发展中保持竞争优势。

（5）增强员工满意度和忠诚度。招聘到的与岗位要求高度匹配的员工，通常会更快速地适应工作环境并表现出更高的工作满意度和组织忠诚度。

2.2.2 胜任特征模型的构建方法

目前，用来建立胜任特征模型的工具主要有：行为事件访谈法、专家小组讨论法（头脑风暴法）、问卷调查法、关键事件技术、职务分析（岗位分析）等方法。

1. 行为事件访谈法

美国学者约翰·弗拉纳根（John Flanagan）研究了 1941—1946 年美国飞行员的绩效问题，于 1954 年创建了关键事件技术（Critical Incident Technique，CIT）。麦克莱兰和查尔斯·戴利（Charles Dailey）于 1974 年将关键事件技术和主题统觉测验（Thematic

Apperception Test，TAT）方法结合，形成行为事件访谈法。目前行为事件访谈法已经成为构建胜任特征模型最为常用的一种方法。其主要内容包括以下几个方面：①行为描述。面试官会要求候选人描述过去具体的工作或学习经历，特别是与目标岗位相关的事件或项目。候选人需要详细描述他们的行为、做出的决策以及参与的具体活动。②情境背景。在描述具体事件或项目时，候选人需要提供相关的背景信息，这包括事件发生的时间、地点、参与者以及事件的背景情况和重要的上下文信息。③行为动机。面试官关注候选人在面对挑战或困难时的决策过程和动机。候选人需要解释他们为什么采取了特定的行动，背后的考虑是什么。④结果和影响。候选人需要详细描述他们的行为和决策的结果及其对团队、项目或组织的影响，这包括积极的结果、学习经验、面临的挑战以及从中得到的教训。

2. 专家小组讨论法

专家小组讨论法（头脑风暴法）可以帮助团队在开放的环境中收集和整合各种想法和观点。以下是使用头脑风暴法确定胜任特征的一般步骤。①确定目标和焦点。确定要讨论的具体胜任特征主题或目标。例如，可以选择一个岗位或角色，或者一组通用的领导力特征。②组织团队。召集一个多样化的团队，包括相关岗位的员工、管理者、人力资源专家等，确保参与者有足够的知识和经验来提供有价值的观点。③设定规则和准则。在开始头脑风暴之前，确保所有参与者了解和遵守头脑风暴的规则。这可能包括鼓励自由表达、不评判或批评他人的想法、允许想法的迅速涌现等。④思维发散。在这一阶段，团队成员尽可能地提出所有可能的胜任特征。这些特征可以是技能、经验、个人特质、领导风格等方面的描述。关键是团队要在这个阶段接受各种观点，不作任何评判。⑤整合和分类。将头脑风暴产生的所有想法和特征分类整理，并尝试将相似的特征进行归类，这有助于识别重复出现的特征和确定最相关的胜任特征。⑥筛选和按优先级排序。在整理和分类后，团队可以对得到的胜任特征进行筛选，并根据其在目标岗位或角色中的重要性和优先级进行排序。⑦确定最终列表。最终，形成一个经过讨论和筛选的胜任特征列表。这些特征应该能够有效地预测和评估候选人在特定岗位或角色中的成功表现。⑧反馈和调整。将最终的胜任特征列表提供给利益相关者进行反馈和审查。根据反馈意见进行必要的调整和修订，以确保胜任特征模型的准确性和实用性。

通过使用头脑风暴法，团队能够在开放和协作的环境中有效地收集和整合各种胜任特征的观点和想法，从而构建出符合实际需求和预期的胜任特征模型。

3. 问卷调查法

问卷调查法是通过书面形式，以严格设计的心理测量项目或问题，向研究对象收集研究资料和数据的一种方法。它主要采用量表方式进行定量化的测定，也可以运用提问方式，让被调查者自由地做出书面问答。采用问卷调查法的通常步骤如下：首先，通过结构化、半结构化访谈或发放开放式问卷来收集胜任特征的项目；其次，通过问卷初测或专家评定的方式对胜任特征的项目进行筛选；再次，将保留下来的胜任特征项目进行梳理，编制成问卷进行测试；最后，对问卷进行统计分析，一般对问卷数据进行探索性因素分析和验证性因素分析，从而得到胜任特征的结构模型。

问卷调查中问题的种类包括以下 4 种。

（1）背景性问题，主要是被调查者个人的基本情况。

（2）客观性问题，指已经发生和正在发生的各种事实和行为。

（3）主观性问题，指人们的思想、感情、态度、愿望等一切主观方面的问题。

（4）检验性问题，指为检验回答是否真实、准确而设计的问题。

4. 关键事件技术

关键事件技术是由美国学者约翰·弗拉纳根和伯恩斯（Baras）在1954年共同创立的，指通过观察、记录和判断工作绩效优秀者在工作中所处理的关键事件来分析胜任特征。这种方法的理论基础是，每种工作中都有一些关键事件，业绩好的员工在这些事件上表现出色，而业绩差的员工则正好相反。运用此方法，可以确定行为的任何可能的利益和作用，因为研究的焦点集中在可观察的、可测量的职务行为上。但这个方法需要花费大量的时间去搜集那些关键事件，并加以概括和分类。

使用关键事件技术构建胜任特征的一般步骤。①确定研究目标。确定研究的具体目标和范围。例如，可以选择一个特定岗位或角色，或者是一组通用的领导力特征。②确定参与者。确定参与研究的关键参与者群体，如现任或前任的岗位持有者、直接上级、同事或其他利益相关者。③事件收集。通过个别或集体访谈的方式，收集参与者能够详细描述的具体事件或情境。这些事件应当是发生在工作中、对工作成功或失败具有显著影响的实际案例。④事件记录和分类。将收集到的事件记录下来，并根据其重要性和影响力进行初步分类和整理。确保每个事件描述足够详细，包括情境背景、行为动作和结果影响等方面。⑤胜任特征识别。分析和比较记录的事件，识别在成功或失败事件中所涉及的关键胜任特征。这些特征可能涉及认知能力、人际交往能力、决策能力、适应性、创新能力等方面。⑥模型构建。根据识别出的胜任特征，构建一个综合的胜任特征模型。这可能包括确定每个特征的权重和重要性，以及如何将其应用于招聘、评估和发展中。⑦验证和修订。将构建的胜任特征模型提交给利益相关者进行验证和反馈。根据反馈意见进行必要的调整和修订，以确保模型的准确性和适用性。⑧应用和持续改进。将最终确定的胜任特征模型应用于人力资源管理实践中，如员工招聘、评估和发展。定期评估模型的效果，并根据实际情况进行持续改进和优化。

关键事件技术通过详细的情境分析和事件描述，帮助组织深入理解在特定情境下成功或失败的关键行为，从而有效地识别和构建出符合实际需求的胜任特征模型。

5. 职务分析

职务分析是指根据工作的内容，在分析工作岗位的基本信息的同时，要求被访谈者详细描述其工作职责，以及顺利完成某岗位工作所需要的知识、技能等胜任特征信息。此方法可以真实可靠地反映职位的工作职责、工作内容、工作要求和人员的资格要求。另外，访谈者可以根据具体的访谈情况在访谈过程中灵活掌握提问的问题。该方法关注的侧重点是工作本身，而对个人的个性等特征关注较少，所以收集的信息有一定的局限性，并且此方法专业性强，比较费时费力。

斯宾塞（1993）认为，胜任特征是个体的内在特征，这一内在特征与工作和情境中的绩效准则之间存在某种程度的因果联系。因此，胜任特征是与工作任务、工作职位密切相连的，以具体任务与职位为导向推演出与之对应的胜任特征便成了胜任特征建模中常采用的一种方法，即职位分析法。王重鸣、陈民科（2002）运用职位分析法对管理胜任特征进行了研究。基于职位分析的胜任特征建模方法在国内大企业中已有许多商业实践（彭剑峰等，2003），在实践中通过该方法确定的胜任特征更关注塑造与所在组织文化相适应的员工，其前提是组织必须有经过检验的核心价值观并已形成相对稳定且鲜明的组织文化。它最大的优点是揭示了冰山模型中的深层胜任特征，能够基于建立的绩效标准，通过对某一职位及其必需的职责和任务的分析产生一个广泛的胜任特征清单。

2.2.3　岗位胜任特征模型构建的基本程序

构建岗位胜任特征模型的目的是使企业和员工获得高绩效，在构建岗位胜任特征模型时必须把握好 4 个方面的关键点。

1. 构建岗位胜任特征模型的关键点

1）必须关注企业战略和核心价值观

构建胜任特征模型时，必须关注企业的战略和核心价值观，以确保所选人才与组织的发展方向和文化相一致。企业战略决定了组织的长远目标和市场定位，而核心价值观则体现了企业在行为和决策上的基本原则。通过将这些因素融入胜任特征模型，招聘团队可以识别出符合企业独特需求的关键素质，确保新员工不仅具备岗位技能，还能够适应并推动企业的文化和战略目标。这种方法能帮助企业建立具有持续竞争力的团队，实现更高效、协调的人才管理和组织发展。

2）必须科学定义绩效考核标准

通过综合分析对企业长期经营目标的实现有关键影响的绩效要素，以及标杆竞争企业的成功要素，提炼出绩优者的评价标准，并以此为基础，建立绩优者与一般员工的能力素质特征模型。

3）关注企业所在行业的特点

岗位胜任特征模型的建立必须系统地分析企业的战略方向、业务特点、文化价值观念，不能片面照搬和模仿其他公司现成的形式和方法，以免造成资源的浪费。

4）与人力资源其他管理环节匹配

岗位胜任特征模型应该建立在人力资源其他管理环节完善的基础之上，没有人力资源管理工作大系统的健全，企业不可能有效利用岗位胜任特征模型。岗位胜任特征模型和人力资源其他管理环节是协同关系，要持续不断地健全和完善。

2. 构建岗位胜任特征模型的步骤

构建岗位胜任特征模型涉及一系列系统性的步骤和程序，以确保模型能够准确地反映岗位所需的关键特征和能力。以下是构建岗位胜任特征模型的基本步骤和程序。

1）确定岗位胜任特征模型的目的和范围

确定构建岗位胜任特征模型的具体目的，例如用于招聘、绩效评估、培训需求分析等。明确构建岗位胜任特征模型的范围，包括哪些职位或部门需要构建岗位胜任特征模型。

2）收集相关资料和信息

收集与目标职位相关的现有文档和资料，如职位描述、组织结构、工作流程、绩效标准等。这些资料提供了构建模型所需的基础数据和背景信息。

3）识别关键利益相关者

确定参与岗位胜任特征模型构建的关键利益相关者，例如招聘经理、部门负责人、现有员工等。他们的参与能够提供关键的业务信息和工作经验反馈。

拓展阅读 2.2　胜任力素质模型案例及分析

4）确定信息收集方法

确定信息收集的具体方法和工具，包括面对面访谈、问卷调查、工作样本分析等。不同的方法可以提供不同层次和维度的数据。

5）收集岗位胜任特征数据

通过选择的方法收集岗位胜任特征模型所需的数据，例如技能、知识、能力、人格特质等。确保收集的数据具有代表性和全面性，能够准确反映目标职位的要求。

6）分析和整理数据

对收集到的数据进行系统化和详细的分析。这包括整理和区分不同胜任特征的重要性和优先级，以及它们在目标职位中的应用和关联性。

7）建立岗位胜任特征模型

基于分析的结果，建立初步的岗位胜任特征模型。这可能包括定义每个胜任特征的具体描述、重要性评估、评分标准等，确保模型能够清晰地指导后续的招聘和评估活动。

8）验证和确认

将初步的岗位胜任特征模型与利益相关者进行验证和确认，确保模型能反映实际工作环境和职位的需求，并获得关键利益相关者的认可和支持。

9）文档化和沟通

将最终确认的岗位胜任特征模型进行文档化，并制订相应的沟通计划，确保所有相关方都理解和接受岗位胜任特征模型的内容和用途。

10）持续监测和更新

岗位胜任特征模型是一个动态的工具，需要随着组织和职位需求的变化进行定期的监测和更新，并持续地收集反馈和数据，以确保模型的有效性和适应性。

通过以上步骤建立起一个系统化和有效的岗位胜任特征模型，可以为招聘、评估和培训等人力资源管理活动提供可靠的指导和支持。

2.3　招聘的信息基础

招聘的信息基础主要依赖于大数据技术的应用。通过大数据分析，招聘团队可以从大量来源中获取、整合和分析候选人的相关信息，包括职业背景、技能水平、工作表现等。大数据有助于预测候选人是否符合职位要求，并在更大范围内筛选和识别潜在的人才。

此外，大数据还可以帮助企业识别人才市场的趋势和变化，优化招聘渠道，制定精准的招聘策略，从而提高招聘效率和准确度。基于大数据的招聘决策，企业能够快速响

应市场需求，建立符合企业战略和发展目标的人才储备，为长期的人才管理奠定科学的
数据基础。

2.3.1　大数据时代

大数据（Big Data）被认为是继云计算、物联网之后信息科学领域的又一次颠覆性
技术变革。

2008 年 *Nature* 杂志推出了"Big Data"专刊，*Science* 也在 2011 年推出"Dealing with
data"专刊，介绍了大数据的前沿问题。2011 年，麦肯锡全球研究院发布《大数据：创
新、竞争和生产力的下一个前沿》报告，指出："数据已经渗透到每一个行业和业务职
能领域，逐渐成为重要的生产要素，而人们对于海量数据的运用将预示着新一波生产率
增长和消费者盈余浪潮的到来。"2012 年，世界经济论坛发布了《大数据、大影响：国
际发展的新可能性》的报告，从金融服务、健康、教育、农业、医疗等多个领域阐述了
大数据给世界经济社会发展带来的机会。同年，奥巴马政府公布《大数据研究和发展计
划》，计划在科学研究、环境、生物医学等领域寻求突破，以改进人们从海量和复杂数
据中获取知识的能力，从而加快美国在科学与工程领域发展的步伐，维护国家安全。这
被认为是美国政府继信息高速公路之后在信息科学领域的又一重大举措。

2015 年 9 月，国务院印发《促进大数据发展行动纲要》，对大数据的发展形势和重
要意义、大数据发展的指导思想和总体目标、促进大数据发展的工作任务、政策机制作
了重点阐述和具体说明。同年 10 月，十八届五中全会胜利闭幕，会议发布的《中共中
央关于制定国民经济和社会发展第十三个五年规划的建议》提出，推进数据资源开放共
享，实施国家大数据战略。这是我国首次提出实施国家大数据战略。此后，中国政府出
台了一系列支持大数据发展的政策和规划，如《中国制造 2025》、"互联网+"行动、"国
家大数据战略"，同时，这些政策和规划已经被列入国家"十四五"规划。随着国家大
数据战略的实施，中国企业积极探索大数据在各行业的应用，如金融、电商、物流、医
疗等，希望通过数据分析提升效率、优化服务和改善用户体验。大数据技术在互联网平
台、智能制造、城市管理等领域的应用日益广泛。2023 年 10 月 25 日，国家数据局正
式揭牌。它负责协调推进数据基础制度建设，统筹数据资源整合共享和开发利用，统筹
推进数字中国、数字经济、数字社会规划和建设等，由国家发展改革委管理。

随着互联网、物联网、云计算等 IT 与通信技术的迅猛发展，数据正在以前所未有
的速度不断地增长和累积，大数据时代已经到来。如何利用大数据技术丰富人力资源管
理手段，优化招聘流程，创新招聘方式，提高人力资源管理效率，是一个值得探索的
领域。

2.3.2　大数据的概念和特点

2011 年 6 月，麦肯锡全球研究院在报告《大数据：创新、竞争和生产力的下一个
前沿》中指出，大数据是大小超出常规数据库工具获取、存储、管理和分析能力的数据
集。维基百科认为：大数据或称巨量资料，指无法在允许的时间内用常规的软件工具对
内容进行抓取、管理和处理的数据集合。研究资讯机构 Gartner 则认为：大数据是需要

新处理模式才能具有更强的决策力、洞察力和流程优化能力来适应海量、高增长率和多样化的信息资产。百度百科认为,大数据指无法在可承受的时间范围内用常规软件工具进行捕捉、管理和处理的数据集合,是需要新处理模式才能具有更强的决策力、洞察发现力和流程优化能力的海量、高增长率及多样化的信息资产。

对大数据特征的概括,道格·莱尼(Doug Laney)2001年指出的数据增长有3个方向的挑战和机遇,即海量(Volume)、高速性(Velocity)、多样性(Variety),形成最初的"3V"特征。之后,研究者进一步把"3V"扩展到了"4V",从不同视角对第四"V"进行表述,如布赖恩·霍普金斯(Brian Hopkins)和鲍里斯·埃韦尔松(Boris Evelson)撰写的《首席信息官,请用大数据扩展数字视野》的报告,提出大数据还应有易变性(Variability)特征。维克托·迈尔-舍恩伯格和肯尼恩·库克耶著编写的《大数据时代:生活、工作与思维的大变革》以及国际数据公司(IDC)均认为,大数据还具有价值密度低、商业价值高的价值性(Value)特点。IBM则认为大数据必然还具有真实性(Veracity)特征。

2.3.3　大数据给招聘带来的影响

大数据技术在招聘领域的应用给整个招聘过程带来了深远的影响,主要体现在以下几个方面。

1. 精准的人才匹配

大数据分析可以通过分析海量的招聘数据和候选人信息,帮助企业提高候选人与岗位要求的匹配度。通过算法和数据模型,可以快速识别和筛选出最匹配的候选人,提高招聘效率和成功率。

2. 预测招聘趋势

借助大数据分析,可以对市场招聘趋势和人才供需情况进行预测和分析。企业可以根据数据驱动的见解做出更准确的招聘决策,例如预测哪些岗位将会面临短缺或过剩,从而调整招聘策略。

3. 优化招聘流程

大数据技术可以帮助企业优化招聘流程,提高招聘效率和透明度。通过自动化和数据分析,可以减少手动操作,降低人为偏见,从而加快候选人筛选、面试和录用的速度。

4. 改善候选人体验

大数据分析可以帮助企业更好地了解候选人的需求和偏好,从而优化招聘体验。通过个性化推荐和交互式应聘流程,提升候选人对企业的整体印象和满意度。

5. 人才管理和预测

大数据技术不仅在招聘阶段发挥作用,还可以帮助企业进行人才管理和预测。通过分析员工的绩效数据、流动情况和离职原因等,可以制定更有效的人才留存策略和绩效管理措施。

大数据技术的应用使得招聘过程更加智能化,帮助企业更快速、精确地找到最适合的人才，从而提升组织的招聘效率和竞争力。

2.3.4　大数据在招聘中面临的困境

招聘最根本的诉求是解决企业职位与候选人之间匹配的问题，而大数据技术恰恰能高效、精准地完成这个匹配过程。通过大数据手段，分析与挖掘数据信息所蕴含的不同属性，运用这些信息，人力资源招聘就能够对求职者的工作表现进行预测及把握，把招聘从依据"经验＋直觉"转化为依据"数据＋事实"，提高招聘成功的概率。

拓展阅读 2.3　关于大数据招聘的几个案例

但同时我们应该注意，大数据在招聘过程中也存在以下难点。

1. 数据隐私和安全

招聘过程中涉及大量候选人个人信息，确保这些数据的安全是一个重大挑战。数据泄露或滥用可能产生法律风险和声誉损失。

2. 数据质量和准确性

大数据分析的有效性依赖于数据的质量和准确性。招聘数据可能存在不完整、不准确或过时的问题，这会影响分析结果的可靠性和决策的准确性。

3. 算法偏见和公平性

大数据算法在筛选和评估候选人时可能存在偏见。例如，历史数据中的偏见可能会被算法放大，导致某些群体在招聘过程中受到不公平对待。确保算法的公平性和透明性是一个重要的挑战。

4. 技术和人才短缺

大数据技术的应用需要专业的技术支持和数据科学人才。许多企业可能缺乏足够的技术能力和专业人员来有效利用大数据。

5. 数据整合和处理

招聘数据来源多样，包括内部系统、社交媒体、招聘网站等。如何有效地整合和处理这些不同来源的数据，以形成全面的候选人画像，是一个复杂的任务。

6. 合法性问题

不同国家和地区对个人数据的收集、存储和使用有不同的法律法规。企业在进行大数据招聘时需要确保遵守相关法律法规，避免法律风险。

7. 候选人体验

过于依赖大数据和自动化流程，可能会导致候选人感觉缺乏人文关怀，影响候选人体验和企业形象。

8. 高成本投入

建立和维护大数据系统需要高昂的投入，包括硬件、软件和人力资源成本。中小企业可能面临较大的财务压力。

尽管面临这些困境，大数据在招聘中的应用前景仍然广阔。通过不断改进技术，提升数据质量、加强法律合规和数据安全管理，以及培养专业人才，可以逐步克服这些困难，实现更高效、公正和精准的招聘。

2.4 招聘的影响因素分析

2.4.1 影响招聘的外部因素

1. 国家政策法规

国家的有关法律、法规和政策，是约束企业招聘和录用行为的重要因素，政府的就业政策、人才引进政策、移民政策等都会对企业招聘产生影响。例如政府的支持性政策可以促进招聘，而限制性政策则可能增加招聘难度，这些因素从客观上界定了企业招聘对象选择和限制的条件。我国在 1995 年 1 月 1 日开始实施在劳动就业方面的法律总则《中华人民共和国劳动法》，并于 2008 年 1 月 1 日开始施行《中华人民共和国劳动合同法》。此外，我国已经颁布了一系列与招聘和录用有关的法律、法规、条例和规定，包括《女职工禁忌劳动范围的规定》《未成年工特殊保护规定》《人才市场管理规定》《禁止使用童工规定》等，以此来规范企业的招聘行为。因此，企业在制订招聘计划和实施招聘录用决策过程中，必须充分考虑现行法律、法规和政策的有关规定，防止出现违背政策法规的行为，避免产生法律纠纷，使企业人力、物力、财力及企业形象遭受不必要的损失。

2. 社会经济环境

经济环境对招聘工作的影响主要表现在对劳动力供求的调节机制上。经济繁荣时期，企业可能会扩大招聘规模，但同时也会面临更多的竞争；而在经济衰退时期，企业可能缩减招聘，但求职者数量增加。劳动力市场的供需状况直接影响招聘难度。如果某一岗位的需求大于供给，企业将面临人才短缺的挑战；反之，供给大于需求时，企业可以有更多的选择。在经济学中，"资源配置"是指资源的稀缺性决定了任何一个社会都必须通过一定的方式把有限的资源合理分配到社会的各个领域中去，以实现资源的有效利用，即以最少的资源耗费，生产出最适用的商品和劳务，获取最佳的效益。资源配置即在一定的范围内，社会对其所拥有的各种资源在其不同用途之间分配。资源配置的实质就是社会总劳动时间在各个部门之间的分配。资源配置合理与否，对一个国家经济发展的成败有着极其重要的影响。一般来说，资源如果能够得到相对合理的配置，经济效益就显著提高，经济就能充满活力；否则，经济效益就会明显低下，经济发展就会受到阻碍。

人力资源供求机制的直接作用具体表现为以下 4 个方面。

（1）调节总量平衡。供不应求时，价格上涨，从而吸收更多的投资；供过于求时，一部分人力资源的价值得不到实现，迫使部分人力转型。

（2）调节结构平衡。供求机制通过"看不见的手"使人力资源在不同部门之间合理转移，导致人力资源结构的平衡运动。

（3）调节地区之间的平衡。它促使统一大市场的各个地区调剂余缺，互通有无，使总量平衡和结构平衡得到具体落实。

（4）调节时间上的平衡。它促使部分劳动者从事跨地区的人力资源工作，在一定程度上满足了市场需求，缓解了供求矛盾。

3. 宏观经济形势

中国市场经济改革的一个重要内容就是对外开放。进入 20 世纪 90 年代后，外国资本开始大量涌入中国，世界大型跨国公司纷纷在中国投资设厂，并在日益开放的中国市场上与包括国有企业在内的中国本土企业展开激烈的竞争。一方面，外国在华企业对我国本土企业的人事制度带来很大影响，尤其是它们用高薪不断地从我国本土企业吸引大量的人才，其实这一向是跨国公司人才战略的一部分。而这促使我国本土企业逐渐认识到人才招聘工作的重要性，不得不重视人才的引进工作。另一方面，外国企业的进入也有有利的一面：一是它们带来先进的管理方式和管理思想，这也体现在我国本土企业消化、吸收并借鉴其中的招聘理念和选拔测评方法方面。二是外国企业在实施本土化过程中，为我国培训了大量拥有现代管理理念的管理人才，随着中国劳动人才市场的完善，我国本土企业也可以从中吸收各类有用的人才。

宏观经济形势对招聘的影响主要表现在以下几点。

（1）当宏观经济形势处于高速增长的繁荣时期，就会带来对企业产品（服务）需求的急剧增长，企业的发展机会必然增多，而企业的规模扩张往往需要招聘更多的员工。此时，失业率下降，而劳动力市场供给量却大增。

（2）通货膨胀率的高低会影响到企业的招聘成本。

（3）经济政策会影响招聘工作。

4. 技术进步

技术创新正是技术进步与应用创新"双螺旋结构"共同演进催生的产物。实现技术进步与应用创新的良性互动，进而全面推动技术创新是知识社会条件下面向未来、以人为本模式的重要内容。企业的生产技术水平、管理手段的现代化程度等，影响着企业对人力资源素质与结构的需求，技术进步必然会对招聘活动产生深刻的影响。

技术进步对企业人力资源招聘的影响体现在三个方面：一是技术进步引起招聘职位分布以及职位技能技巧要求的变化。二是技术的快速发展带来了新的招聘工具和平台，如大数据分析、人工智能面试、在线招聘平台等。这些技术可以提高招聘效率，但也需要企业具备相应的技术能力。三是技术进步影响应聘者素质。现代技术的不断运用改变了传统的生产模式，工作岗位对人们付出的脑力劳动要求越来越高，对工作技能和工作沟通与协调的要求也越来越高。由此可见，技术进步与社会发展对企业与应聘者双方都将产生很大影响，企业在进行招聘时应该考虑这些影响因素并预测这些因素的发展变化趋势。

5. 劳动力市场

劳动力市场对招聘的影响主要体现在以下 3 个方面。

1）市场的地理位置

劳动力市场状况对招聘具有重大影响，其中一个因素是劳动力市场的地理位置。企业所在的地理位置对招聘有重大影响。不同地区的劳动力市场状况也会影响招聘。例如，大城市通常有更多的高技能人才，但竞争也更激烈；而偏远地区则可能得不到足够的人才供给，但企业可以通过远程工作等方式解决这一问题。

2）市场的供求关系

当劳动力市场上某些技能或岗位的供给不足时，企业会面临招聘难度增加的问题。这可能导致招聘周期延长、招聘成本增加，并且可能需要提高薪资和福利待遇以吸引合适的候选人。当市场上有大量求职者竞争有限的职位时，企业可以从更多的候选人中进行挑选。这通常会缩短招聘周期，并可能压低薪资水平。

3）企业所属行业的发展性

行业的兴衰和变化会影响劳动力市场。如果企业所属的行业具有巨大的发展潜力，就能吸引大量人才涌入这个行业，从而使企业选择人才的余地较大。

总之，劳动力市场状况影响招聘计划、范围、来源、方法和所需的费用。为了有效地招聘，招聘人员必须密切关注劳动力市场状况的变化。

2.4.2　影响招聘的内部因素

影响招聘的内部因素主要来自企业内部的各种因素和条件，这些因素和条件可以直接影响招聘的效果和效率。以下是一些主要的内部因素和条件。

1. 企业文化和声誉

企业文化对候选人的吸引力至关重要。如果企业文化积极、创新、包容，就能吸引更多的优秀人才。相反，如果企业文化封闭、保守或有负面声誉，则可能会使潜在的候选人望而却步。

2. 薪酬和福利

薪酬和福利水平直接影响企业对人才的吸引力。竞争力强的薪酬和福利待遇可以吸引更多高质量的候选人，而低于市场水平的薪酬和福利可能导致优秀人才流失。

3. 职业发展和培训机会

企业提供的职业发展路径和培训机会是吸引和留住人才的重要因素。候选人通常希望在企业获得成长和发展的机会，如果企业能够提供清晰的晋升路径和丰富的培训资源，将大大提高招聘效果。

4. 招聘团队的专业性

招聘团队的专业水平对招聘效果有重要影响。专业的招聘团队能够更准确地识别和筛选出符合岗位要求的候选人，并能有效地与候选人沟通，提升候选人的招聘体验。

5. 企业的招聘需求和计划

企业的人才需求和招聘计划的明确性和合理性也会影响招聘的效果。明确的招聘需求和科学的招聘计划有助于快速找到合适的候选人，并减少招聘过程中的时间和资源浪费。

6. 内部晋升和调动

企业内部的晋升和调动政策可以影响外部招聘的需求。如果企业鼓励内部晋升和调动，可能减少对外部招聘的依赖；反之，如果内部晋升和调动机会有限，可能需要更多地依赖外部招聘来满足人力资源需求。

7. 企业规模和发展阶段

企业的规模和所处的发展阶段也会影响招聘。大型企业和快速发展的企业通常有更多的资源和招聘需求，而初创企业可能面临资源有限和品牌知名度不高的问题。

8. 招聘技术和工具

企业使用的招聘技术和工具对招聘效率与效果有重要影响。先进的招聘管理系统、科学的数据分析工具、有效的社交媒体招聘平台等可以提高招聘效率和候选人匹配度。

9. 工作环境和条件

良好的工作环境和条件，如办公环境、工作设备、工作时间安排等，能够提升员工的工作满意度，增强企业的吸引力，从而有助于招聘到合适的人才。

10. 企业管理和决策效率

企业的管理水平和决策效率也会影响招聘效果。高效的决策流程和灵活的管理机制可以加快招聘过程，减少优秀候选人的流失。

2.4.3　应聘者的个人因素

企业人力资源招聘是企业与应聘者双方互动的过程。从应聘者角度来看，影响企业人力资源招聘的个人因素主要有应聘者的求职强度、个人职业生涯设计、动机与偏好、应聘者的个性特征。

1. 应聘者的求职强度对招聘的影响

应聘者的求职强度对招聘有着显著的影响。这一强度是指应聘者在寻找和申请工作的过程中所投入的时间、精力和资源的程度。格卢克（Gluck）把寻找工作的人分为 3 类：最大限度利用机会者、满足者和有效利用机会者。求职强度与个人背景和经历有关，和个人财务状况呈负相关关系。求职强度高的应聘者容易接受应聘条件，应聘成功率高。反之，求职强度低的应聘者对应聘条件较挑剔，应聘成功率低。企业需要根据应聘者的求职强度调整招聘策略。例如，当市场上应聘者求职强度较低时，企业可能需要更积极地进行招聘宣传，提升雇主品牌形象，甚至提供更具吸引力的薪酬和福利以吸引更多的应聘者。

2. 不同的"职业锚"对招聘的影响

"职业锚"是由美国麻省理工学院的埃德加·沙因（Edgar Schein）提出的概念，指的是个体在职业生涯中所追求的核心价值、动机和需求。理解不同的职业锚对招聘有重要的影响，可以帮助企业更好地匹配候选人与岗位，提升招聘效果和员工满意度（见图 2-2）。以下是不同职业锚对招聘的影响。

视频 2.2　职业锚

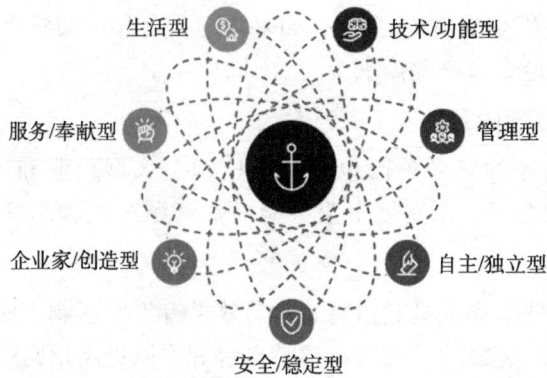

图 2-2   职业锚的类型

1）技术/功能型（technical/functional competence）

特点：这些人以提高专业技能和能力为职业目标，渴望在某一技术或职能领域成为专家。

企业应强调岗位的专业性和技术发展机会，提供培训和职业发展路径，吸引技术/功能型人才。招聘广告中应突出专业技能提升和技术挑战的机会。

2）管理型（general managerial competence）

特点：这些人追求管理和领导职位，希望通过管理团队和项目获得成就感。

企业应强调职位的管理职责和领导机会，提供明确的晋升路径和管理培训项目，吸引管理型人才。在招聘过程中，应评估候选人的领导能力和管理潜力。

3）自主/独立型（autonomy/independence）

特点：这些人希望有较高的自主权和独立性，倾向于选择自由职业或创业。

企业应提供灵活的工作安排和独立工作的机会，吸引自主/独立型人才。招聘广告中应突出自由裁量权和工作自主性的特点。

4）安全/稳定型（security/stability）

特点：这些人重视工作稳定性和长期就业保障，希望在一个组织内长期发展。

企业应强调岗位的稳定性和长期发展的机会，提供完善的福利和退休计划，吸引安全/稳定型人才。在招聘过程中，应突出企业的稳定性和员工保留率。

5）企业家/创造型（entrepreneurial creativity）

特点：这些人富有创新精神和冒险精神，喜欢从事创业和创造性的工作。

企业应提供创新和创业机会，鼓励员工提出新想法，开展新项目，吸引企业家/创新型人才。招聘广告中应突出创新环境和创业支持。

6）服务/奉献型（service/dedication to a cause）

特点：这些人希望通过工作实现个人价值和社会贡献，重视工作对社会的影响。

企业应强调岗位的社会价值和对社区的贡献，提供参与社会公益和志愿活动的机会，吸引服务/奉献型人才。在招聘过程中，应突出企业的社会责任和公益项目。

7）生活型（lifestyle）

特点：这些人希望工作与生活达到平衡，重视工作对生活质量的影响。

企业应提供灵活的工作时间和良好的工作环境，支持员工实现工作与生活的平衡，吸引生活型人才。招聘广告中应突出企业的工作生活平衡政策和员工福利。

理解不同职业锚对招聘的影响，可以帮助企业在招聘过程中更有针对性地吸引和筛选候选人，提升招聘效果和员工满意度。企业应根据候选人的职业锚设计相应的招聘策略，确保岗位与候选人的职业动机和核心价值相匹配。

3. 应聘者动机与偏好对招聘的影响

美国心理学家维克托·H. 弗鲁姆（Victor H. Vroom）1964 年提出了解释员工行为激发程度的期望理论。弗鲁姆认为，个体行为动机的强度取决于效价的大小和期望值的高低，动机强度与效价及期望值成正比，用公式表示如下。

$$F = V \times E \tag{2-1}$$

式中，F 为动机强度，是指积极性的激发程度，表明个体为达到一定目标而努力的程度；V 为效价，是指个体对一定目标重要性的主观评价；E 为期望值，是指个体对实现目标可能性大小的评估，即目标实现概率。

个体行为动机的强度取决于效价大小和期望值的高低。效价越大，期望值越高，个体行为动机越强烈，说明为达到一定目标，个人将付出极大努力。如果效价为零乃至负值，表明个人对实现目标持消极态度。在这种情况下，目标实现的可能性再大，个人也不会产生追逐目标的动机，不会为此付出任何积极性的努力。如果目标实现的概率为零，那么无论目标实现的意义多么重大，个人同样不会产生追求目标的动机。例如，一名大学毕业生去应聘保姆，被聘用的可能性是很大的，几乎不需要怎么努力就可能实现，但这不是大学毕业生的奋斗目标，所以很少有大学生去应聘。又如，一个大型企业招聘一个高级经理，这个职位对很多大学毕业生都具有强烈的吸引力，是大学毕业生梦寐以求的，但是对于一个各方面都很平常的毕业生，能获得这个岗位的可能性很小，所以，一些大学毕业生很可能放弃对这一职位的竞争。

弗鲁姆将这一期望理论用来解释个人的职业选择行为，即个人如何进行职业选择。

$$择业动机 = 职业效价 \times 职业概率 \tag{2-2}$$

择业动机表示择业者对目标职业的追求程度，或者说是对某项职业选择意向的大小。

职业效价是指择业者对某项职业价值的评价，职业效价取决于以下两个方面：一是择业者的职业价值观；二是择业者对某项具体职业的要求，如兴趣、劳动条件、工资、职业声望等的评估。因此，职业效价=职业价值观×职业要素评估。

职业概率是指择业者获得某项职业的可能性大小，通常主要取决于 4 个条件：职业需求量、竞争系数、竞争能力、其他随机因素。

视频 2.3　霍兰德人格类型理论

（1）职业需求量，即某项职业的需求量。

（2）竞争系数是指该项职业的需求量与谋求该职业的劳动者人数的比值，即

$$竞争系数 = \frac{该项职业的需求量}{谋求该职业的劳动者人数} \tag{2-3}$$

在其他条件一定的情况下，竞争系数越大，职业概率越大。

（3）竞争能力，即择业者自身的工作能力和求职就业能力，竞争力越强，求职成功的可能性越大。

（4）其他随机因素。

$$职业概率 = 职业需求量 × 竞争系数 × 竞争能力 × 随机性 \qquad (2\text{-}4)$$

综上所述，择业动机 = 职业价值观 × 职业要素评估 × 职业需求量 ×

$$竞争系数 × 竞争能力 × 随机性 \qquad (2\text{-}5)$$

择业动机公式表明，对择业者来讲，某项职业的效价越高，获取该项职业的可能性越大，择业者选择该项职业的意向或者倾向就越大；反之，某项职业对择业者而言其效价越低，获得此项职业的可能性越小，择业者选择这项职业的倾向也就越小。

择业动机理论表明，择业动机的大小，不仅取决于个人的主观因素，更取决于社会的客观条件；不仅取决于某些职业对个人的吸引程度，还取决于获得这些职业的可能性大小等因素。

4. 应聘者的个性心理特征

所谓个性心理特征，就是个体在其心理活动中经常地、稳定地表现出来的特征，这主要是指人的能力、气质和性格。我们很难想象一个沉默寡言的人能成为一名优秀的推销员，同样，我们也很难想象依赖性强的人能成为一名合格的领导者，这就是个性在其中的影响力。现在有许多年轻人在谈及他们跳槽的原因时也常会抛出一句"不适合自己的个性"。这些都表明个性在职业选择中的重要作用。

心理学家一直在关注个性与职业间的关系，他们认为个性与职业存在着一种相关性。弗兰克·帕森斯（Frank Parsons）和 E. G. 威廉森（E. G. Williamson）创立的特性—因素论认为个体差异现象普遍存在于个人心理与行为中，每个人都具有自己独特的能力特征和个性特征。而某种能力模式及个性特征又与某些特定职业相关，如果个性适宜于某种职业，那么个体就能感到满足，并能创造出良好的工作绩效。

在特性—因素论基础上发展起来的霍兰德人格类型理论（Holland's Theory of Career Choice），又称霍兰德职业兴趣理论，是由美国心理学家约翰·L. 霍兰德（John L. Holland）提出的。该理论认为，职业选择是个性的一种表达形式，并且职业满意度与个性类型和职业环境的匹配程度密切相关。在我们的生活中，大多数人的个性和环境可以区分为 6 种类型：现实型、研究型、艺术型、社会型、企业型和常规型。每一特定类型个性的人会对相应职业类型中的工作感兴趣。如果个性与环境不和谐，则该环境或职业无法提供个人的能力与兴趣所需的机会和奖励。一个人在与其个性类型相一致的环境中工作，容易感到乐趣，获得内在满足，最可能充分发挥自己的才能。如果个体选择与其个性类型相斥的职业，则个体既不能感到乐趣，也很难适应，甚至无法胜任工作。

应聘者的个性心理特征对招聘有着重要的影响，因为这些特征可以预测候选人的工作表现、团队适应性和职业满意度。以下是一些关键的个性心理特征及其对招聘的影响。

1）外向型（extraversion）

特点：外向型应聘者通常充满活力，社交能力强，喜欢与他人互动。

这类候选人适合需要频繁与人沟通的岗位，如销售、客户服务和公共关系。在招聘过程中，应评估他们的社交技能和团队合作能力。

2）责任型（conscientiousness）

特点：责任心强的应聘者通常有条理、可靠、自律，追求高绩效。

这类候选人通常表现出色，适合需要高度责任感和自我管理能力的岗位，如项目管理、财务和行政工作。在招聘过程中，应评估他们的工作态度和自我管理能力。

3）情绪稳定型（emotional stability）

特点：情绪稳定的应聘者通常能够很好地应对压力和挫折，保持冷静，工作积极。

这类候选人适合压力较大的岗位，如应急响应、客户投诉处理和高层管理。在招聘过程中，应评估他们的情绪管理能力和压力应对技巧。

拓展阅读 2.4　人工智能时代的人力资源精准管理

4）开放型（openness to experience）

特点：开放型的应聘者通常具有创造力、好奇心和接受新事物的能力。

这类候选人适合需要创新和不断学习的岗位，如研发、设计和市场营销。在招聘过程中，应评估他们的创新能力和学习意愿。

5）亲和力（agreeableness）

特点：亲和力强的应聘者通常友好、合作，容易与他人建立良好关系。

这类候选人适合需要团队合作和客户关系管理的岗位，如人力资源、销售支持和医疗服务。在招聘过程中，应评估他们的合作精神和人际关系处理能力。

6）内控型（locus of control）

特点：内控型应聘者相信自己能控制命运，外控型应聘者则认为外部因素决定命运。

这类候选人通常更有主动性，自我驱动力更强，适合需要自我管理和发挥主动性的岗位。在招聘过程中，应评估他们的自我驱动力和责任感。

7）成就动机（achievement motivation）

特点：成就动机高的应聘者通常有强烈的成功欲望，愿意为达到目标付出努力。

这类候选人适合业绩驱动的岗位，如销售和业务开发。在招聘过程中，应评估他们的目标导向和工作动机。

8）风险偏好型（risk preference）

特点：风险偏好高的应聘者通常愿意冒险，愿意尝试新方法和挑战未知领域。

这类候选人适合需要创新和冒险精神的岗位，如创业和新项目开发。在招聘过程中，应评估他们的风险承受能力和创新意识。

9）社交焦虑型（social anxiety）

特点：社交焦虑严重的应聘者在社交场合可能感到紧张和不安。

社交焦虑轻微的候选人适合需要频繁社交互动的岗位。在招聘过程中，应评估他们的社交舒适度和沟通能力。

在招聘过程中，通过面试、心理测评和行为测试等方法，了解应聘者的个性心理特

征，可以帮助企业更好地预测候选人的工作表现和适应性，从而做出更明智的招聘决策。

思考题

    1. 岗位胜任特征模型的构建方法有哪些？

    2. 应该如何理解招聘的基础？

    3. 谈谈你对胜任特征模型的认识。

    4. 影响招聘的因素有哪些？

即测即练

自学自测　扫描此码

案例讨论

    成立于 2000 年的 H 公司是一家由私人投资兴办的生产型企业。该公司负责人刘总正在为公司的人才引进问题烦恼。H 公司成立 8 年多以来，业务量日益增长，市场逐渐扩大，在业内逐步站稳了脚跟。前一段时间，公司新增了一些新产品的制造业务，同时也增设了相应的新岗位。因此，人力资源部门的李经理向刘总提出了招聘的需求，并得到了刘总的支持。公司发展到现在，业务不断拓展，要增加一些新的岗位，如新产品的制造部经理、技术主管等岗位。现有员工的知识素质、技能似乎还差一截。因此，李经理想利用此次机会招聘优秀的外部人才为公司新产品的生产制造注入新的活力。人力资源部门抽取了一些工作人员，再加上一些重要部门的主管，构成了招聘小组，开始了招聘工作。此次招聘与以往不同的是，李经理认为公司要获取持久的竞争优势，并能够长久地发展，必须招聘一些知识层次较高、工作经验丰富、能力素质都很高的人才加入公司。

    招聘工作完成后，新员工试用的结果并不尽如人意。许多人员提出了换岗或者干脆主动放弃该工作机会。李经理对此困惑不已。新员工共 6 个，基本上都有两年以上制造业的工作经验。从学历上看，其中有三个博士，两个硕士，一个本科生。他们分别被安排在新产品制造的各个岗位中，公司提供的薪水并不低，领导对他们的工作基本持满意态度，工作环境也比较理想。对于新员工的状况，李经理陷入了沉思。他找来部门主管，询问了新产品的制造情况，发现岗位设置不太合理，特别是岗位对任职者的需求和实际任职者的能力之间存在较大差异。新员工具有良好的专业背景，并且拥有相关工作经验，他们的能力要求超过了这些岗位对员工的技能要求。许多人认为工作没有挑战性，很难获得工作成就感，因此不少人提出了辞职的要求。

案例讨论

    1. H 公司管理人员的招聘有什么问题？造成这些问题的原因是什么？

    2. 你对该公司管理人员的招聘与配置有哪些更好、更具体的建议？

第二篇　招聘与甄选

第3章 招聘准备

本章学习目标

通过本章学习，学员应该能够：

1. 从企业战略层面理解员工招聘
2. 掌握招聘计划的制订
3. 熟悉招聘团队的构成及分工
4. 了解战略地图、人才盘点、人才地图、人才画像
5. 掌握招聘策略和招聘准备过程中的相关方法和技术
6. 了解心理契约

引导案例

欧莱雅的战略性招聘

欧莱雅（L'Oréal）作为全球领先的化妆品和美容公司，由欧仁·舒莱尔（Eugène Schueller）于 1909 年在法国巴黎创立。作为世界 500 强企业之一，欧莱雅一直以来以强大的创新能力和持续的研发投入闻名于世。公司拥有广泛的产品组合，涵盖护肤、彩妆、护发和香水等多个美容领域。欧莱雅在全球设有多个研发中心，专注于研发新产品和开拓前沿技术，以满足不同消费者的需求。在皮肤科学、分子化学和生物技术等领域，欧莱雅具备深厚的研究基础。公司在全球 150 多个国家和地区开展业务，拥有超过 88 000 名员工。其产品在各大零售渠道广泛销售，包括百货公司、药妆店、专卖店和电子商务平台。截至 2022 年，欧莱雅的全球销售额约为 383 亿欧元。

在招聘方面，欧莱雅采用了创新而系统化的战略性招聘方法。

第一，建立全球人才网络。公司通过国际化招聘和跨国轮换计划，全面吸引和聘用最优秀的人才。跨国轮换计划为员工提供在不同国家和地区工作的机会，培养具有全球视野的管理人才。

第二，积极开展校园招聘和实习项目。欧莱雅在全球顶尖商学院和工程学院中进行广泛的招聘活动，并通过吸引人才参与实习计划，从而为公司未来的发展筛选和培养人才。

第三，欧莱雅通过创新和数字化手段优化招聘流程。公司利用先进的数字技术和社交媒体平台进行招聘活动，通过数据分析和人工智能提高招聘效率和精准度，同时打造自己在各种数字平台上的雇主品牌，展示公司文化、价值观和员工故事，吸引更多优秀

人才加入。

第四，欧莱雅注重员工的培训和发展。公司为员工提供专业培训和领导力发展机会，帮助他们不断提升职业技能并规划职业发展路径。此外，欧莱雅重视内部晋升机会，通过识别和培养高潜力员工，促进他们的职业成长。

第五，欧莱雅在招聘过程中特别关注候选人与公司文化的契合度，确保新员工能够快速融入团队并为公司的持续发展作出贡献。这些战略性招聘举措不仅帮助欧莱雅吸引和留住了大量优秀人才，还有效提升了公司的竞争力，巩固了企业在全球化妆品和美容市场中的领先地位。

拓展阅读 3.1 上海通用汽车公司的招聘策略

（根据欧莱雅公司相关资料改编）

3.1 企业经营战略与人力资源战略

企业的人力资源战略派生并从属于企业的经营战略，要制定有效的人力资源战略，就必须明确企业的经营战略，明确人力资源在其中的位置与作用。

3.1.1 企业经营战略的概念和类型

企业经营战略是指企业在竞争激烈的市场环境中，为了实现长期发展，保持竞争优势而制订和执行的长远规划和决策。这些战略通常涵盖了企业如何利用其资源、能力和市场机会，以应对外部竞争、挑战和变化，从而达到预定的商业目标，实现利润增长。

1. 企业经营战略的主要特征和要素

（1）目标设定。战略性目标是企业战略的基础，它们通常是长期的、具体的、可量化的目标，如市场份额增长、利润率提高、产品创新等。

（2）资源配置。战略确定了企业如何有效配置其资源和能力，包括资金、人力资源、技术和品牌资产，以最大化价值创造，提高市场竞争力。

（3）市场定位。战略性定位决定了企业在市场中的角色和定位，包括目标市场、客户群体、产品定位和品牌形象等。

（4）竞争优势。战略需要明确企业的核心竞争优势，即企业相对于竞争对手的独特能力或资源，能够赋予企业长期的竞争优势。

（5）风险管理。战略性决策需要考虑风险和不确定性，制定应对策略以应对市场变化、技术进步、法律法规变化等带来的风险。

2. 企业基本竞争战略

企业的基本竞争战略通常可以分为 3 种主要类型，它们能够帮助企业在市场竞争中找到自己的定位和优势。

（1）成本领先战略。成本领先战略的核心是通过有效的成本管理和优化生产流程，以实现产品或服务的低成本优势。企业可以通过降低生产成本、提高生产效率等方式，以低于竞争对手的价格提供产品或服务。这种战略适合那些对市场需求价格敏感，并且有大规模生产优势的企业。

（2）差异化战略。差异化战略侧重于通过产品、服务或品牌的独特性来吸引消费者，从而创造高于竞争对手的附加价值，提高市场地位。企业通过技术创新、品质保证、独特设计、优质服务等手段，使其产品或服务在市场上与众不同，提高消费者的忠诚度，构建竞争壁垒。

（3）集中战略（或专业化战略）。集中战略是指企业专注于特定的市场细分或产品线，以深化市场份额和专业化能力。企业通过专注于特定产品或市场领域，可以在这些领域内提供高效率和高质量的服务，从而在有限的领域内打造竞争优势。

选择战略主要考虑的因素有以下 4 个。

（1）市场需求和竞争环境。不同的市场需求和竞争格局会影响战略选择。例如，如果市场竞争激烈且价格压力大，成本领先战略可能更具优势；而如果市场趋向于高品质和特别定制，差异化战略可能更适合。

（2）企业资源和能力。企业需要评估自身的资源和能力，包括财务、技术、人力资源等，以确定哪种战略更符合其现有的资源配置和能力。

（3）顾客需求和偏好。了解和满足顾客的需求和偏好是制定差异化战略的关键。企业需要通过市场调研和分析，确定哪些方面可以成为差异化的竞争优势。

（4）长期发展目标。战略选择应与企业的长期发展目标和愿景一致。选择合适的竞争战略有助于企业保持长期的竞争优势和增长。

不同的竞争战略可以根据企业的具体情况进行组合和调整，以适应市场的变化和发展。成功的战略实施需要持续的监测和调整，以保持竞争优势并实现长期盈利。

3. 企业发展战略

企业发展战略是指企业为了实现长期增长和保持持续竞争优势而采取的全面性计划和策略。这些战略通常涵盖了企业在多个方面的发展和扩展，包括市场扩展、产品创新、资源配置以及组织能力的提升等。以下是一些常见的企业发展战略：

（1）市场扩展战略。主要通过市场渗透和市场开发来实现。市场渗透是指通过提升现有市场份额和增加销售量来实现收入增长，具体包括提高市场覆盖率、加大营销和销售力度等。市场开发是指开发新的市场或地理区域，通过扩展市场边界来增加销售，包括国际化扩展或进行新的市场细分等。

（2）产品和服务创新战略。主要通过产品发展和多样化来实现。产品发展是指通过研发新产品或服务来满足市场需求，并与竞争对手区分开来。这可能涉及技术创新、功能增强、设计改进等。多样化是指扩展产品或服务线，以利用现有客户基础和市场渗透率，进入相关的新市场或行业。

（3）成本优化和效率提升战略。主要通过成本领先和规模经济来实现。成本领先是指通过提高生产效率、供应链优化、节能减排等方式，降低产品或服务的生产成本，从而提高竞争力。规模经济是指通过扩大规模来降低单位成本，例如增加生产量、集中采购、共享资源等。

（4）合作伙伴关系和收购战略。主要通过战略联盟和收购并购来实现。战略联盟是指与其他企业或组织建立合作伙伴关系，共享资源、技术或市场渠道，以提高市场影响力，降低风险。收购并购是指通过收购或并购其他公司或业务来快速扩展市场份额、获取关键技术和扩展产品线。

（5）国际化和全球化战略。主要通过拓展新市场和本地化战略来实现。通过扩展国际市场、跨国经营和全球市场拓展来增加收入来源，降低经营风险。本地化战略指在不同国家或地区本地化业务运营，以适应当地的文化、法律、市场需求和消费者行为。

（6）数字化转型和技术创新战略。数字化转型是指利用信息技术和数字化工具来提升业务运营效率、客户体验和市场竞争力。技术创新是指持续投入研发和创新，探索新技术领域，例如人工智能、大数据分析、物联网等，以推动业务增长，提高创新能力。

4. 企业文化战略

企业文化是指一个组织内部的价值观、信念、行为方式、工作氛围和共同理念的集合。它反映了企业成员（包括领导者和员工）对组织的认同感和归属感，并且在组织的各个层面和活动中得到体现。企业文化不仅仅是组织的象征或标识，它对组织的运作方式、员工行为和决策过程也产生深远影响。

密歇根大学的罗伯特·E. 奎因（Robert E. Quinn）认为，企业文化可以根据两个轴向分成 4 大类，如图 3-1 所示。

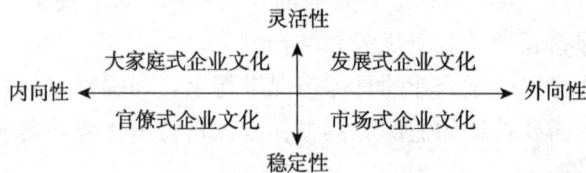

图 3-1　企业文化的分类

（1）发展式企业文化。特点是强调创新和成长，组织结构较松散，运作上非规范化。

（2）市场式企业文化。特点是强调工作导向和目标的实现，重视按时完成各项生产经营目标。

（3）大家庭式企业文化。特点是强调企业内部的人际关系，企业像一个大家庭，员工就是这个大家庭里的成员，彼此间相互帮助和相互关照，最受重视的价值是忠诚和传统。

（4）官僚式企业文化。特点是强调企业内部的规章制度，凡事皆有章可循，重视企业的结构、层次和职权，注重企业的稳定性和持久性。

企业文化战略是指企业为了塑造和管理其内部文化，从而支持其长期目标、价值观和运营方式而制订的战略性计划和举措。企业文化不仅影响员工的工作态度和行为，还直接影响到组织的创新能力、员工满意度、客户体验以及整体业绩。

以上是对企业经营战略的分析，每个企业的经营战略实际上都是竞争战略、发展战略和文化战略的综合运用，这 3 个方面都将影响企业人力资源战略的选择和制定。

视频 3.1　企业战略地图

5. 企业战略地图（strategy map）

罗伯特·S.卡普兰（Robert S. Kaplan）和戴维·P. 诺顿（David P. Norton）1996年1月在 *Harvard Business Review* 上发表了 "Using the Balanced Scorecard as a Strategic Management System"，在这篇文章中首次提出了平衡计分卡（balanced scorecard）作为一种战略管理系统的概念，并介绍了战略地图（strategy map）作为其重要组成部分。这些工具被设计用来帮助企业在实施战略时更加清晰、有效地衡量和管理绩效。

卡普兰曾说："战略困扰你，把它画成图。"企业战略地图是实现战略制定者与执行者有效沟通的载体。战略地图是一个企业用来明确公司的使命、愿景和目标，以及组织内部的流程和活动的一种方法。它是一种用于描绘企业战略目标和关键绩效指标（KPI）之间的关系，并以战略为核心的重要绩效管理工具，可以帮助企业制定出总战略并确保实现其目标。其核心内容包括：企业通过运用人力资本、信息资本和组织资本等无形资产（学习与成长），才能创新和建立战略优势，提高效率（内部流程），进而使公司把特定价值带给市场（客户），从而实现股东价值（财务），如图3-2所示。

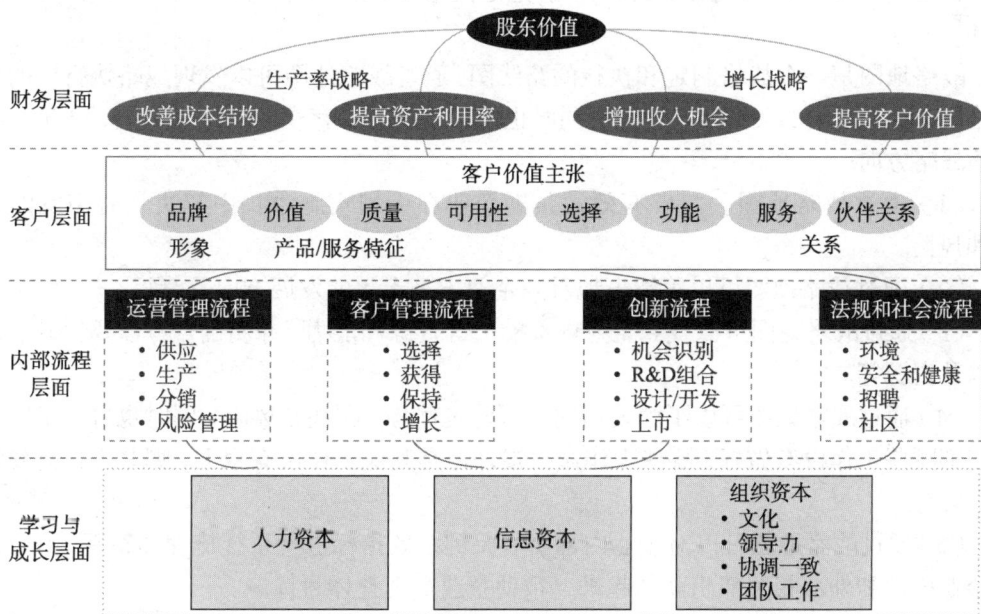

图 3-2　企业战略地图

战略地图将公司战略转化为主要目标，然后将主要目标与具体指标联系起来，从而帮助管理者把公司战略转化为具体行动。

具体来说，可以把公司的主要目标归纳为三个层次：

第一层次是指能够促进公司整体战略实现的基本目标，包括财务层面、客户层面、内部流程层面和学习与成长层面。

这4个层面的主要目标是对公司总体战略进行分解和落实的关键衡量标准。

第二层次是指对各关键衡量指标进行量化的目标。

第一层次的主要目标为战略转化，为行动提供了明确的方向。因此，在确定了其 4 个层面的主要目标后，我们需要进一步量化它们并将其转化为可衡量的具体行动。

第三层次是指对上述行动进行优先排序并将其落实到每一个具体活动中。

这一层次可以为公司各层面制订关键任务和活动提供指导，进而促进公司整体战略的实现。

通过这种层层分解和落实，公司整体战略就可以一步步地推进实现，从而确保公司实现长期价值创造和持续成长。因此，战略地图是实现企业总体战略目标最有效的工具之一。

战略地图是平衡计分卡的进一步发展，在平衡计分卡的思想上将组织战略在财务、客户、内部运营和学习成长四个层面展开，在不同的层面确定组织战略达成所必备的关键驱动因素，我们往往称之为战略重点或者战略主题。在明确战略重点或主题的同时，建立各个重点或主题之间的必然联系，形成相互支撑关系，从而明确战略目标达成的因果关系，将其绘制成一张战略简图，我们称之为战略地图。

战略地图的构成文件主要是"图、卡、表"。所谓"图、卡、表"是指战略地图、平衡计分卡、单项战略行动计划表，这是运用战略地图来描述战略的 3 个必备构成文件。

战略地图是一个战略制定和执行的路线图，通过战略地图可以发现战略执行中的关键路径，看出其中的关键驱动因素，同时也可以发现其中存在的问题和风险，便于及时调整战略方向。

（1）通过战略地图，能够有效地帮助企业在计划实施过程中解决临时突发的问题和风险。

（2）通过战略地图可以很清晰地看到企业未来十年的发展方向及路径。

（3）通过战略地图可以找到企业内部的关键资源和能力，并明确自身需要提升的能力以及资源等。

（4）通过战略地图可以了解公司内部哪些是优势，哪些是风险；同时也可以了解公司内部哪些工作没有做好，哪些工作做得很好但是其他工作没有跟上，哪些工作需要调整；等等。

（5）通过战略地图可以对企业内部所有关键绩效指标进行系统梳理和整理，有效地将企业内部和外部相关部门联系起来，帮助企业实现整体目标。

（6）通过战略地图可以很好地了解企业内外部环境变化，为企业制定发展战略提供依据。

3.1.2　人力资源战略的概念及分类

人力资源战略是指企业为了最大化人力资源的潜力和价值，以支持和推动组织整体战略目标实现的长远计划和方法。它不仅仅关注如何有效地管理和发展员工，还涉及如何通过人力资源的优化来提升组织的竞争力和增加绩效。

人力资源战略可以按照不同的分类方法进行理解和分析，主要的分类包括以下几种。

1. 战略导向分类

成本领导型战略。侧重于通过控制成本和提高效率来实现竞争优势。在人力资源管理中，这可能包括优化员工成本结构、提高生产力、精简人员等措施。

差异化战略。强调通过员工的技能、创新能力、服务质量等方面的差异化来获得竞争优势。在人力资源管理中，重点可能是招聘和培训高素质员工、打造积极的企业文化等。

专注战略。集中资源在特定市场或产品领域，通过深化和专注来实现竞争优势。人力资源战略可能会专注于招聘和发展在特定领域具有专业技能的员工。

2. 功能导向分类

招聘与人才引进战略。着眼于如何吸引和招募合适的人才，包括制定招聘策略、品牌建设、候选人筛选等。

绩效管理与奖励战略。关注如何通过有效的绩效评估和奖励制度，激励员工实现个人和组织目标。

培训与发展战略。致力于提高员工的技能水平，提供职业发展机会，以支持组织长期发展。

3. 时间导向分类

短期战略。关注如何应对当前市场和业务环境中的紧急问题和挑战，例如人员流动、临时性人力需求等。

长期战略。注重通过长期投资和规划，增强组织的核心竞争力和可持续发展能力。

4. 市场导向分类

全球化战略。针对跨国企业，着眼于如何在全球范围内管理人力资源，满足不同国家和地区的法规、文化和市场需求。

本地化战略。针对本地市场，根据当地的法规、文化和市场特点，制定人力资源管理策略和实施方案。

5. 技术导向分类

数字化转型战略。利用信息技术和数字工具，优化人力资源流程和管理效率，例如实施人力资源信息系统（HRIS）、人工智能在招聘筛选中的应用等。

数据驱动战略。依据数据分析和预测，制定和调整人力资源策略，以支持业务决策和人才管理。

3.1.3 企业竞争战略与人力资源战略的整合

迈克尔·波特（Michael Porter）提出的企业竞争战略有：低成本战略、差异化战略和集中战略。采取的企业竞争战略不同，相应的人力资源战略强调的重点就不同。

1. 低成本战略下的人力资源战略

员工生产力和效率：通过优化员工的工作流程和效率，降低人力成本，提高生产力，从而维护组织的成本及领导地位。

员工培训和发展：投资员工的技能培训和职业发展，以提高他们的能力水平，进一步降低生产成本和质量管理成本。

绩效管理和激励：建立有效的绩效管理体系，通过激励高绩效员工和减少对低绩效员工的激励措施，以推动成本效率和生产力提升。

2. 差异化战略下的人力资源战略

招聘和选拔：招聘具有特定技能和能力的员工，以支持产品或服务的差异化。

员工培训和发展：提供专门的培训和发展计划，以确保员工具备创新和客户服务等方面所需的特定技能。

创新和团队合作：鼓励创新思维和团队合作精神，以促进产品或服务的创新和个性化。

3. 集中战略下的人力资源战略

人才集中：集中招聘在特定市场或领域具有专业知识和经验的员工，以支持集中战略的实施。

市场适应：根据不同市场的需求和特点，调整人力资源策略和实施方式，使市场集中策略的效果最大化。

灵活性和响应速度：确保人力资源策略具有足够的灵活性和响应速度，以适应变化的市场和竞争环境。

3.1.4 企业战略、人力资源战略及招聘决策

企业要做好招聘工作，就必须从企业战略和企业文化出发，在战略的高度上制定人力资源招聘战略，建立和完善招聘工作体系（完善招聘面试技术手段，建立基于企业战略的招聘工作体系）。

在企业的招聘工作体系中，战略层面的招聘计划制订、职位说明书的编写和评估，以及招聘环境分析，解决的是核心问题，包括招聘多少人、招聘什么样的人以及如何招聘。这些步骤为招聘策略的制定奠定了基础。

在制度层面，招聘面试流程的建立帮助企业解决如何有效组织招聘和进行面试的问题。这些制度性安排确保了招聘过程的规范化和公正性。

而人力资源规划技术、人员招募技术、筛选技术以及聘用技术等，则是招聘工作技术层面的具体操作方法。这些技术手段直接提升了招聘面试工作的效率，确保了选人用人的科学性和精准度。

综合来看，战略层面的招聘战略、制度层面的招聘流程和技术层面的招聘方法，三者缺一不可，共同构成了企业招聘工作体系的基础。只有在这个基础上有序组织和实施招聘工作，才能保障招聘活动的战略、制度和技术的协同作用，使招聘工作顺利进行。

1. 生产、服务战略与招聘

雷蒙德·迈尔斯（Raymond Miles）和查尔斯·斯诺（Charles Snow）将组织战略划分为3种类型，即防御型战略、分析型战略和探索型战略。这3种战略类型主要依据生产、服务方法来划分。组织战略、组织要求、人力资源战略及招聘决策的情况如表3-1所示。

表 3-1　组织战略、组织要求、人力资源战略及招聘决策

组织战略	组织要求	人力资源战略	招聘决策
防御型战略：产品市场狭窄，效率导向	• 维持内部稳定性 • 有限的环境侦察 • 集中化的控制系统 • 标准化的动作程序	累积型战略：基于员工最大化地参与技能培训，获取员工的最大潜能，开发员工的能力、技能和知识	侧重内部招聘。低层次职位采用招聘新员工的方式，高层次职位从内部提拔那些有财政金融和生产制造背景的人才，以利于稳定市场份额，特别适合那些对安全有较高需求，对变化的容忍度较低的人
分析型战略：追求新市场，维持目前存在的市场	• 弹性 • 严密及全面的规划 • 提供低成本的独特产品	协助型战略：基于新知识和新知识的创造，培养出自我激励型员工，鼓励及支持能力、技能和知识的自我发展在正确的人员配置及弹性结构化团体之间的协调	既重视内部招聘，也重视外部招聘。对高层次职位更多用外聘方法，注意发掘那些具有应用研究才能、市场开发才能和制造才能的人
探索型战略：持续地寻求新市场，外部导向，产品市场的创新者	• 不断地改变使命 • 广泛的环境侦察 • 分权控制系统 • 组织结构的正式化程度低 • 资源配置快速	效用型战略：基于极少员工承诺及高技能利用，雇用具有岗位所需技能且立即可以入职的员工，使员工的能力、技能和知识与特定的工作相配合	侧重外部招聘。倾向于在所有层次职位上都雇用有经验的员工，特别注意那些有工程研究和市场开发背景的人，以利于组织开发新产品和新市场。比较欢迎独立性强、具有创造性思维能力、乐于冒险的人

2. 企业竞争战略对招聘的影响

企业的竞争战略对招聘有着深远的影响，因为它直接决定了企业的招聘策略与人才需求，进而影响到组织的竞争力和战略执行能力。以下是几种常见的竞争战略对招聘的影响。

1）低成本战略

影响特点：低成本战略追求在行业中的成本领先地位，要求企业在招聘过程中关注员工的成本效益比。

招聘策略：企业通常会重视招聘成本的控制，寻找具有高生产力和低成本的员工。招聘流程可能更加系统化和标准化，以确保高效率和低成本。

人才需求：更加注重招聘能够降低成本、提高效率的员工，例如技术熟练、工作经验丰富的候选人。

2）差异化战略

影响特点：差异化战略侧重于产品或服务的独特性和高附加值，要求企业在招聘过程中找到能够支持创新和卓越服务的员工。

招聘策略：企业会注重招聘具有特定技能和创新思维的人才，以确保产品或服务的差异化优势。可能会采用更加灵活和个性化的招聘方法，例如专门的技能测试或面试流程。

人才需求：更加注重招聘能够创新、适应变化和具备行业专业知识的员工，以支持产品或服务的差异化定位。

3）集中战略

影响特点：集中战略侧重于特定市场或产品领域的深度开发和专业化，要求企业在招聘过程中找到具备丰富行业知识和经验的人才。

招聘策略：企业会集中力量在特定地区或领域内寻找有经验的专业人士，以提升在目标市场或产品领域的市场占有率和影响力。

人才需求：更加注重招聘在特定领域具有专业知识、行业经验和关键人脉的员工，以支持集中战略的实施和市场适应性。

3.2　招　聘　计　划

要做到有效招聘，企业必须根据招聘岗位类别确定招聘流程、人员分工和责任，制订详细的招聘计划。

3.2.1　招聘计划的制订过程

制订招聘计划是一个系统性的过程，目标在于确保公司能够找到并雇用符合岗位需求的合适人才。以下是制订招聘计划的一般步骤。

1. 确定招聘需求

职位空缺分析：确定需要招聘的岗位，包括现有职位空缺和未来可能需要的岗位。

岗位描述：明确每个岗位的职责、工作内容、必备技能和经验要求。

2. 制订招聘目标

数量目标：确定需要招聘的员工数量。

质量目标：定义成功招聘的标准，例如候选人的技能、经验和文化契合度。

3. 制定招聘策略

招聘渠道：选择最有效的招聘渠道，如内部推荐、招聘网站、社交媒体、猎头公司、校园招聘等。

招聘预算：规划招聘活动的预算，包括广告费用、面试费用、招聘团队的培训和发展费用等。

4. 时间规划

招聘时间表：制订招聘的时间线，包括职位发布、简历筛选、面试安排和最终录用的时间节点。

关键时间点：确定每个阶段的截止日期，确保招聘过程有序进行。

5. 制订招聘流程

简历筛选：定义筛选简历的标准和方法。

面试流程：制订面试流程，包括初面、复面和终面，并明确每个环节的面试官和评估标准。

评估方法：确定评估候选人的方法，如行为面试、技能测试、性格测试等。

6. 执行招聘计划

职位发布：在选定的招聘渠道上发布职位信息。

简历筛选与面试安排：根据流程筛选简历并安排面试。

候选人评估与选择：根据面试和测试结果评估候选人，作出录用决定。

7. 录用与入职

录用通知：向选定的候选人发出录用通知，并进行薪资谈判。

入职准备：安排新员工参加入职培训、办理入职手续、准备工作环境。

8. 招聘效果评估与改进

效果评估：评估招聘效果，包括招聘时间、成本、成功率和新员工的表现。

反馈与改进：收集面试官和新员工的反馈，分析招聘过程中的不足之处，并制订改进措施。

3.2.2　招聘计划的核心内容

1. 招聘需求分析

职位需求：明确需要招聘的职位名称和数量。

岗位职责：详细描述每个职位的主要职责和工作内容。

任职资格：列出每个职位所需的学历、经验、技能和其他资格要求。

可以通过人才盘点（talent inventory or talent review）、人才地图（talent map）、人才画像（talent persona）分析公司内部和外部的人才分布、技能和潜力，通过定义关键特征、技能和行为，帮助公司找到最符合岗位需求的人才。

1）人才盘点

人才盘点是人力资源管理中的一项关键活动，旨在全面了解和评估公司内部现有员工的能力、表现和潜力，从而为组织的发展和战略决策提供数据支持。

人才盘点的主要步骤包括：第一，制订计划。明确人才盘点的目的，如识别高潜力员工、制订继任计划、发现技能缺口等；确定评估方法和工具，如绩效评估、360度反馈、行为面试等。第二，数据搜集。收集员工的基本信息、工作经历、教育背景、培训记录等员工档案；收集员工的绩效评估结果、关键绩效指标（KPI）和目标达成情况等绩效数据；通过评估工具或面试，了解员工的潜力、领导能力和职业发展意愿；使用九宫格或其他工具，构建绩效与潜力矩阵，将员工按绩效和潜力分布在不同象限，识别高潜力、高绩效和需要改进的员工；分析现有员工的技能和能力，识别技能缺口和培训需求。第三，制订行动计划。根据评估结果，制订个性化的发展计划，包括培训、轮岗、晋升和职业规划等；制订继任计划，为关键岗位识别继任者，并制订培养和发展方案。第四，沟通与反馈。与员工沟通评估结果，提供建设性的反馈和发展建议；定期检查和更新人才盘点数据，确保发展计划的实施和调整。

2）人才地图

人才地图是一种战略工具，用于可视化分析公司内部和外部的人才分布、技能和潜力。这种工具有助于企业在人力资源规划、人才发展和继任计划中作出更明智的决策。

人才地图的主要内容包括以下三个方面。一是内部人才分布，主要包括：部门和岗位分布，显示公司内部各部门和岗位的人才分布情况；技能分布，展示员工的技能和专业领域，识别技能集中区域和技能缺口；绩效和潜力，利用绩效和潜力矩阵（如九宫格）展示员工的绩效和潜力分布。二是外部人才分布，包括：市场人才供给，分析行业外部市场上的人才供给情况，了解竞争对手的人才分布和流动趋势；地理分布，展示不同地域的人才资源情况,帮助企业在不同地区进行招聘和扩展业务。三是关键岗位继任计划,包括:关键岗位识别,确定公司内的关键岗位,并评估这些岗位的继任者储备情况;继任者发展,展示潜在继任者的培养和发展路径,确保关键岗位有可靠的接班人。

3)人才画像

人才画像是对能产生高绩效的员工的精准描述,包括他们的显性特征和隐性行为、性格、驱动力特征。它通过定义关键特征、技能和行为,帮助公司找到最符合岗位和文化需求的人才。适合做人才画像的岗位主要包括以下三类:一是同一职位有很多任职者的岗位。二是关键岗位,特别是团队管理岗,如团队领导等。三是特殊类的岗位,如管培生等,如图 3-3 所示。

视频 3.2 人才画像

图 3-3 人才画像的框架

我们以招聘专员岗位为例,进行人才画像(表 3-2),具体信息如下:

岗位名称:招聘专员。

核心工作:配合公司阶段发展及部门岗位需求,多渠道开展人员招聘工作。

上升通道:横向成为招聘主管—招聘专家—领导;纵向成为 HRBP。

表 3-2 招聘专员的人才画像

构成	标准条件	考察点
基本情况	(一)年龄:22～27 岁	1. 简历 2. 基本情况介绍 3. 基本问答
	(二)工作经历:1～3 年招聘工作经验,纯甲方的,需有互联网行业经验,有过甲乙方经历优先	
	(三)学历:本科为主,较好背景的专科可看	
	(四)跳槽频率: 优:每份工作持续 1 年以上 不考虑:连续 2 份工作 3 个月左右离职	
	(五)其他: 1. 性别不限;2. 通勤时间 40 分钟左右最佳	
性格倾向	1. 三观正 2. 积极、乐观 3. 勤奋,不计较小利和得失	1. 观察说话的语气、行为表达 2. 注意沟通时的态度和可信度 3. 过往经历案例的描述,情境模拟问题

续表

构成	标准条件	考察点
综合素质	1. 执行力：有较强的目标感和完成任务的意愿，有较好的沟通反馈能力	通过面试问答了解： 1. 举一个你从拿到任务到完成任务的案例 2. 你认为这个岗位，个人能力与团队能力哪个更重要？ 3. 为了干好这个行业和工作，你做过一些什么准备工作？ 4. 当你的业绩一直完不成，如下个月还完不成将会被淘汰，最后一个月你的心态是怎样的？这个月会如何做？ 5. 部门会有定期的头脑风暴吗？头脑风暴中，你一般会是一个什么角色？
	2. 责任心：对自己、团队、公司有高度的责任心，拒绝以个人为中心，行事自我	
	3. 学习能力：有好奇心，有主动学习的意愿，以往有良好的学习习惯	
	4. 沟通表达：有较好的表达自我和倾听对方的能力，与沟通对象有良好的沟通和互动	
	5. 理解能力：能较好地理解别人提出的问题，并能理解事物本质	
关键技能	1. 熟练使用招聘渠道，包含但不限于 BOSS 直聘、猎聘、智联招聘等 2. 熟悉或会使用招聘管理系统优先	1. 以往公司的背景 2. 以往绩效的方式和绩效的完成排名

2. 招聘地点

选择招聘地点是招聘计划中的一个重要环节，合适的招聘地点可以提高招聘效率，吸引更多合适的候选人。以下是选择招聘地点的主要依据。

1）目标候选人的地理分布

候选人集中区域：分析目标候选人群体的地理分布，选择在他们集中的地区进行招聘。

人才市场供需情况：选择人才供应充足且竞争较小的地区，可以提高招聘成功率。

2）公司业务需求

业务拓展地区：如果公司正在某些地区拓展业务，可以在这些地区集中招聘，便于业务发展。

关键岗位需求：某些特定岗位在特定地区可能较为集中，选择这些地区有助于找到合适的人才。

3）招聘渠道和资源

高校：对于校园招聘，选择与岗位需求匹配的高校，可以吸引应届毕业生。

行业聚集区：在某些特定行业聚集的地区进行招聘，能更有效地找到具有相关经验的候选人。

4）成本效益

招聘成本：选择成本较低且效果较好的招聘地点，控制招聘预算。

候选人交通便利性：选择交通便利的地点，减少候选人参与招聘的时间和费用，提升候选人的积极性。

5）公司品牌和影响力

品牌知名度高的地区：在公司品牌知名度高的地区进行招聘，可以吸引更多的候选人。

战略合作伙伴：利用与当地高校、职业院校或其他机构的合作关系，选择有合作基础的地区进行招聘。

6）地方政策和法规

地方政府支持：选择有地方政府支持的人才引进政策的地区，可以享受相关优惠政策和资源。

劳动法规：了解当地的劳动法规和政策，确保招聘活动合法合规。

7）招聘活动的类型

大型招聘会和职业博览会：参加在目标地区举办的招聘会和职业博览会，能够接触到大量潜在候选人。

公司开放日和现场招聘活动：在公司所在地或分支机构所在地举办开放日和现场招聘活动，便于展示公司文化和工作环境。

8）地区生活和工作环境

生活成本和生活质量：选择生活成本适中且生活质量较高的地区，可以吸引外地候选人前来工作。

工作环境和配套设施：考虑地区的工作环境和配套设施，如办公场所、交通、住房等，提升候选人的生活和工作便利性。

选择招聘地点需要综合考虑多个因素，包括目标候选人的分布、公司业务需求、招聘渠道和资源、成本效益、公司品牌影响力、地方政策和法规、招聘活动类型以及地区生活和工作环境等。合理选择招聘地点，可以提高招聘效率，吸引更多符合岗位需求的优秀人才。

3. 招聘时间

确定招聘时间是招聘计划中的一个关键因素，合适的招聘时间能够提高招聘效率，吸引更多优质的候选人。以下几点是确定招聘时间时主要考虑的内容。

1）业务需求

项目启动和发展：根据公司的项目启动和发展阶段，提前规划招聘时间，确保项目所需的人力资源及时到位。

季节性需求：一些行业和岗位具有季节性需求，招聘时间应与业务高峰期相匹配，如零售业的假期销售旺季。

2）市场竞争状况

竞争对手的招聘活动：了解竞争对手的招聘时间，避免在同一时间段进行招聘，减少直接竞争，或选择在竞争对手招聘前进行招聘。

人才市场的供需关系：在人才供给相对充足且竞争较小的时间段进行招聘，增加找到合适候选人的机会。

3）目标候选人群的特征

应届毕业生：校园招聘通常在每年的秋季（9—11月）和春季（3—5月）进行，因为此时应届毕业生即将毕业，正在积极寻找工作。

在职候选人：对于在职候选人，避开他们的工作高峰期和年终结算期，选择在他们相对有时间考虑换工作的时间段，如春节后或年中。

4）招聘渠道的可用性

招聘会和职业博览会：配合行业内大型招聘会和职业博览会的时间安排，这些活动通常在特定的时间段举办，可以集中接触到大量潜在候选人。

高校招聘活动：与高校的招聘季节一致，选择在高校举办招聘会、宣讲会和校招活动的时间段。

5）公司内部资源和安排

招聘团队的可用性：确保招聘团队和面试官有足够的时间和精力投入招聘活动，避免在公司内部其他重要项目和活动的高峰期进行招聘。

培训和入职安排：合理安排招聘时间，使新员工能够及时参加公司的入职培训，快速融入团队并开始工作。

6）地方政策和法律规定

劳动法和招聘法规：了解并遵守当地的劳动法和招聘法规，选择在合法合规的时间段进行招聘活动。

政府人才引进政策：利用地方政府的人才引进政策和补贴，选择在有政策支持的时间段进行招聘。

7）公司战略和文化

公司发展战略：根据公司整体发展战略和人力资源规划，确定招聘时间，确保招聘活动与公司战略目标相一致。

公司文化活动：在公司举办大型活动、庆典和企业文化活动的时间段，适当安排招聘活动，展示公司文化和吸引力。

8）外部环境因素

经济环境：考虑经济环境和行业景气程度，在经济相对稳定和行业发展良好的时间段进行招聘。

自然环境和气候：在气候条件较好的季节进行招聘活动，避免恶劣天气对招聘活动的影响，如交通不便、候选人参与度降低等。

确定招聘时间需要综合考虑以上因素。通过合理选择招聘时间，可以提高招聘效率，吸引到更多符合岗位需求的优秀人才。

4. 招聘信息发布的范围

招聘信息发布范围的确定是招聘策略中的一个重要环节。合理的发布范围可以提高招聘效果，吸引更多合适的候选人。以下是确定招聘信息发布范围的主要依据。

1）目标候选人群体

地理分布：根据目标候选人的地理分布，选择在候选人集中区域发布招聘信息。比如，如果目标候选人主要集中在某个城市或地区，就应重点在该地区发布招聘信息。

行业和职业特征：了解目标候选人的行业和职业特征，选择在相关行业和职业群体中传播招聘信息，如专业论坛、行业协会、职业社交平台等。

学历和背景：根据职位要求的学历和背景，选择在相应的高校、研究机构或专业培训机构发布招聘信息。

2）招聘渠道的选择

公司官网和招聘页面：公司官网和专门的招聘页面是发布招聘信息的基础渠道，所有公开招聘信息都应在此发布。

招聘网站和平台：选择知名的招聘网站和平台，如BOSS直聘、智联招聘、前程无忧等，这些平台覆盖面广，能够接触到大量候选人。

社交媒体：利用公司官方社交媒体账号发布招聘信息，可以提高曝光率，扩大传播范围。

行业特定平台：在行业内知名的招聘平台和论坛发布信息，可以更精准地接触到目标候选人。

3）校园招聘

高校：与目标高校合作，参加校园招聘会、宣讲会，或在学校的就业指导中心发布招聘信息。

校友网络：利用校友网络和校友会，宣传公司的招聘信息，吸引应届毕业生和有经验的校友。

4）内部推荐和员工网络

内部推荐：利用现有员工的推荐网络，通过内部推荐计划发布招聘信息，鼓励员工推荐合适的候选人。

员工社交网络：鼓励员工在自己的社交网络上分享招聘信息，扩大信息传播范围。

5）外部合作伙伴和渠道

猎头公司：猎头公司有广泛的专业网络和资源，对于高端职位或特殊职位，可以通过猎头公司发布招聘信息。

行业协会和专业组织：通过行业协会和专业组织发布招聘信息，这些组织通常有专业人才库和广泛的会员网络。

政府就业服务机构：利用政府提供的就业服务和招聘平台发布招聘信息，特别是在需要满足政策性就业要求时。

6）宣传和广告

线上广告：在目标候选人常访问的网站、论坛和社交媒体上投放招聘广告，提高招聘信息的曝光率。

线下广告：在目标地区的公共场所、职业培训机构、相关行业的会议、展览会上发布招聘海报和宣传材料。

7）数据和反馈分析

历史招聘数据：分析以往招聘活动的效果，了解哪些渠道和范围带来的候选人质量最高、数量最多，据此确定当前的招聘信息发布范围。

市场调研：进行人才市场调研，了解目标候选人的信息获取习惯和偏好，选择最有效的发布渠道和范围。

候选人反馈：收集应聘者的反馈，了解他们通过哪些渠道得知招聘信息，并根据反馈调整发布范围。

通过合理确定和调整招聘信息的发放范围，可以提高招聘效果，吸引更多符合岗位需求的优秀人才。

5. 招聘经费预算

招聘经费预算是招聘计划的重要组成部分，有助于合理分配资源，控制成本，确保招聘活动顺利进行。以下是招聘经费预算的主要内容。

1）广告和宣传费用

在招聘网站、社交媒体、行业论坛等在线平台发布招聘广告的费用；在报纸、杂志等媒体,以及公交车站、地铁站等公共场所投放招聘广告的费用;维护和更新公司招聘页面的费用,包括设计和内容制作。

2)招聘活动费用

参加各类招聘会、职业博览会的展位费、材料费、宣传费等;在高校举行宣讲会、招聘会的费用,包括场地租赁费、宣传材料费、差旅费等;公司自主组织的招聘活动费用,如开放日、职业交流会等。

3)猎头和中介费用

委托猎头公司寻找高端人才的服务费用,通常是年薪的固定比例;通过人才中介机构招聘的费用,包括服务费和推荐费等。

4)内部推荐奖励

内部员工推荐成功的奖励,包括现金奖励、礼品、休假等;鼓励内部推荐的宣传和激励活动费用。

5)面试和评估费用

为外地候选人提供的差旅和住宿补贴;外部面试场地租赁费用,特别是在异地招聘时。面试官参与面试的交通、住宿和其他相关费用;使用专业评估工具和测试(如性格测试、技能测试等)的费用。

6)员工背景调查和体检费用

对候选人进行背景调查的费用,包括学术经历、工作经历、犯罪记录等;候选人入职前的体检费用。

7)培训和入职费用

新员工入职培训的费用,包括教材费、培训师费用、场地费等;入职手册、培训教材、办公设备等费用。

8)技术和工具费用

招聘管理软件的购买或租赁费用,包括申请人跟踪系统(applicant tracking system,ATS)等;用于招聘数据分析和决策支持的工具费用。

9)其他费用

招聘团队的薪酬和福利;招聘过程中涉及的行政和后勤支持费用,如办公用品、快递费等;不可预见费用,预留一定的资金用于应对招聘过程中可能出现的意外开支。

招聘经费预算的制订需要全面考虑招聘过程中各个环节可能产生的费用。合理的招聘经费预算有助于控制成本,提高招聘效率,确保招聘工作的顺利进行。在完成以上 5 项工作后,就可以完成招聘计划书的写作,以便提高招聘效率。

拓展阅读 3.2 万科集团五年的人力资源规划

3.2.3 招聘团队的组建

在招聘过程中,应聘者与组织的招聘者直接接触,招聘者的表现将直接影响组织的形象,也直接影响应聘者是否愿意接受组织提供的工作岗位。因此,招聘者的选择是非常关键的。

1. 招聘团队构成及人员分工

在大型企业中，通常设有专门的人力资源管理部门，该部门负责大部分人力资源管理决策。然而，一些关键的人力资源管理决策必须由各部门的管理决策者来执行，包括提出增补员工需求、审阅申请表、面试候选人、员工培训以及协助上层管理人员制订职业生涯发展规划等。

在现代企业中，部门经理的人力资源管理职能正逐渐扩展，人力资源管理工作越来越依赖于全体管理者的协作。

在招聘工作中，现代组织中的内部人力资源管理部门和各用人部门（业务部门）都参与到重要的招聘活动中。人力资源管理部门主导日常性招聘工作，并全程参与招聘流程。在招聘团队中，人力资源管理部门起主导作用，并吸纳其他相关部门的人员参与。

与此同时，用人部门的意见在很大程度上决定着最终的招聘决策。传统观念认为招聘是人力资源部门的职责，用人部门只需提出用人需求即可，不需要或很少参与到具体的招聘过程中。然而，实际上，只有用人部门最清楚部门需要什么样的人才，因为招聘进来的员工素质和能力直接影响到本部门的工作表现。

因此，在这个合作过程中，用人部门的管理者和人力资源部门的招聘人员分别承担着不同的角色和工作责任。招聘管理中的组织分工，如表 3-3 所示。

表 3-3　招聘管理中的组织分工

人力资源部门	用人部门
1. 招聘过程规划 招聘渠道选定、广告刊登 2. 实施招聘过程 　• 应聘简历筛选登记 　• 公司情况介绍 　• 评价方式、候选人确定 　• 面试、各类测试的组织 　• 背景调查 　• 录取通知书寄发 　• 录取报到手续办理 　• 新员工培训 3. 评价招聘过程	1. 辨认招聘需求 2. 传达招聘需求 　• 招聘申请的制订与报批 　• 招聘岗位要求的填写 　• 新增岗位说明书填写 3. 参与招聘过程 　• 负责协助外地招聘的联系或广告刊登 　• 传达公司及岗位信息 　• 笔试或实际操作考试、考卷内容设定、评价标准设定以及参与评价过程 　• 参与应聘人员的初选 参与面试和候选人确定

2. 招聘团队成员素质要求

建立一个高效的招聘团队需要各种不同技能和素质的成员。以下是招聘团队成员应具备的主要素质。

1）专业知识和经验

熟悉各种招聘方法和技巧，有成功招聘人才的经验；了解招聘职位所在行业的特点和需求，能够准确把握候选人的技能和背景是否符合公司的需求；熟悉劳动法律和招聘政策，确保招聘过程合法合规。

2）沟通能力

具有较强的书面沟通能力，能够撰写清晰、吸引人的招聘广告和招聘邮件；具有较好的口头表达能力，善于与候选人、内部团队和合作伙伴进行有效的沟通和协调。

3）团队合作

富有协作精神，能够与不同部门和团队密切合作，达成共识并推动招聘活动；在需要时能够领导小组成员，并能够有效地分配任务和资源。

4）解决问题能力

面对招聘过程中出现的挑战和问题，能够迅速作出决策和调整策略；能够快速评估候选人的能力和适应性，作出准确的招聘决策。

5）分析能力

能够利用招聘数据和统计信息分析候选人的来源和素质，优化招聘策略，提高效率；对人才市场和竞争情况有较深入的了解，能够预测和应对市场变化。

6）客户服务

能够建立良好的候选人关系，提升候选人的招聘体验和公司形象；能够有效支持和满足内部各部门的人才需求，建立良好的内部客户关系。

7）创新和适应能力

能够提出新的招聘策略和方法，以应对快速变化的市场和竞争环境；能够灵活应对公司发展和招聘需求的变化，快速调整招聘策略和计划。

8）倡导公司文化

理解和推广公司的文化价值观，确保招聘的候选人与公司文化相契合。

上述素质和技能相互配合，可以帮助招聘团队有效地发挥作用，为公司的发展提供关键支持。

3. 相关技术要求

1）人员测评技术

招聘人员在进行候选人评估时，应掌握和应用多种测评技术来评估候选人的技能、能力和适应性。常见测评技术包括：第一，面试技巧和行为面试。包括行为面试技术，能够设计和执行结构化的行为面试，通过候选人过去的行为来预测其未来的表现；情境面试，在特定情境下模拟候选人可能遇到的挑战和问题，评估其应对能力和解决问题的思维方式。第二，能力和技能测试。包括技术能力测试，针对特定职位所需的技术或专业知识进行测试，评估候选人的实际能力；认知能力测试，如数学推理、逻辑思维等测试，评估候选人的智力和分析能力。第三，性格和行为测评。包括性格测试，使用标准化的性格测验工具（如MBTI、DISC等）评估候选人的性格特征，判断其与岗位要求和团队文化的契合程度；情绪智商测试，评估候选人的情商，包括情绪管理、社交能力和冲突解决能力等。第四，案例分析和演练。要求候选人分析和解决真实或模拟的工作场景中的问题，评估其问题解决能力和决策过程；在面试中让候选人扮演特定角色，评估其沟通能力、领导能力和团队合作能力。第五，背景调查技术。联系候选人提供的推荐人或前雇主，获取第三方对候选人能力和表现的评价；调查候选人的教育背景、工作经历和潜在的法律问题，确保候选人的真实性和可靠性。第六，综合评估和决策能力。结合多种测评技术和方法，综合评估候选人的全面能力，作出招聘决策。

以上测评技术可以根据具体职位需求和公司文化特点进行灵活应用，帮助招聘人员更全面、准确地评估候选人，选择最适合的人才。

2）人力资源招聘工具

招聘人员在处理招聘流程中，需要掌握一些关键的技术工具，以提高效率和准确性。例如，能够熟练操作招聘管理系统，管理候选人信息、简历、面试安排等，提高招聘流程的效率；能够利用 Excel 或类似工具进行数据分析，例如制作招聘报表等，帮助优化招聘策略和决策；熟练使用搜索引擎（如 Google、Bing 等）和关键词搜索，快速找到潜在候选人的信息和背景资料；能够有效利用专业社交媒体平台，建立候选人网络和发布招聘信息；能够熟练使用视频会议工具进行远程面试和虚拟招聘活动，处理各种面试场景；了解并能有效使用各种在线测评工具，如性格测试、技能评估等，帮助评估候选人的匹配度和适应性；能够使用协作和项目管理工具，协调团队成员、安排面试日程等；了解招聘过程中的法律要求和合规事项，能够应用相应的软件或工具确保招聘流程合法合规。

3.2.4　招聘者需避免的陷阱

在激烈的国际市场竞争环境下，能否招聘到有用之才，对组织来说往往是至关重要的。但招聘者在招聘过程中可能会陷入一些常见的陷阱，这些陷阱可能导致招聘不成功或者造成其他不良后果。以下是一些招聘者常见的陷阱。

1. 过度依赖面试表现

招聘者过于依赖候选人的面试表现，而忽略了对其实际技能和经验的全面评估——优秀的口才和表达能力并不总是代表候选人适合该职位。

2. 招聘偏见和歧视

招聘者可能因为个人偏见或者不正确的假设，对某些候选人持有歧视态度，如年龄、性别、种族等。这种偏见会导致错失合适的人才，同时也可能引起法律问题。

3. 忽视背景调查

招聘者未进行充分的背景调查，未能验证候选人的工作经历和背景，可能会雇用不适合的候选人或有潜在的信任问题。

4. 单一招聘渠道

招聘者过于依赖单一的招聘渠道或方法，如只通过在线招聘平台或内部推荐，而未能广泛使用多种渠道来吸引更多合适的候选人。

5. 忽视候选人体验

招聘过程中忽视候选人的体验，如沟通不及时、信息不透明或态度不友好，可能会损害公司的声誉，降低招聘吸引力。

6. 过分追求完美候选人

招聘者可能过于追求完美的候选人，而忽略了候选人的潜力和成长空间。这可能导致错失有潜力的候选人，同时增加招聘成本。

7. 缺乏招聘策略和计划

招聘过程中缺乏明确的招聘策略和计划，导致招聘活动缺乏组织性和系统性，可能会影响招聘效率。

8. 不透明的招聘过程

招聘者未能提供透明和公平的招聘过程，如未清楚说明职位要求、面试流程和决策标准，可能会引起候选人的不信任和抱怨。

避免这些陷阱需要招聘者在招聘过程中保持审慎的态度和专业的精神，确保招聘活动能够有效地吸引和选择到最合适的人才。

3.2.5 组建招聘团队的原则

对个体招聘者的要求包括有突出的能力和良好的素质，同时应确保招聘团队构成多样化，涵盖不同的专业背景、技能和经验。这有助于团队在招聘过程中从多个角度进行思考和决策。如果他们能够基于知识、气质、能力、性别、年龄和技能等因素相互协作、优势互补，就可以取得好的效果，更好地达到招聘目的。

招聘团队的组建应该遵循以下原则。

1. 知识互补

不同知识结构取长补短，互为补充，拓展招聘团队整体知识水平的深度和广度，便于对不同知识结构的人员进行考评。

2. 能力互补

招聘团队要组织招聘各个岗位的员工。如果招聘团队中有的人懂生产，有的人精通销售，有的人了解办公室工作，各种具有不同能力的人组合在一起，便于组织招聘不同岗位的员工。

3. 气质互补

不同的招聘者具有不同的心理特征和气质。将不同气质的招聘者组合在一起，可以消除招聘工作中由于某一气质类型员工的心理偏见而造成的失误。

4. 性别互补

不同的性别有不同的长处，女性喜欢从细节考察人，男性则往往善于从全局进行把握。另外，性别互补还可以避免考评过程中的性别歧视，有利于正确评价应聘者。

5. 年龄互补

一方面，年龄的差别体现了精力、知识、经验、处理问题的方式、思维方式等方面的差别。年龄稍大的人，往往比年轻人更稳重，经验更丰富；而年轻人则往往富有激情，接受新事物快。另一方面，同龄人之间更容易沟通和理解，能够很好地获取对方的信息。因此，不同年龄层次的招聘者组合在一起，更能客观地对不同年龄段的应聘者进行正确的分析，把招聘工作完成得更好。

把握住以上几个原则，可以使每个招聘者优势互补、扬长避短，最大限度发挥整个招聘团队的潜能。

3.3　招聘策略的确定

招聘策略，主要是指组织为了达到一定的战略目标，尤其是为了实现组织对人力资源的需求，而利用资源采取的招聘行动的总计划。招聘员工可以是为了当下的"实用性"，也可以是为后期发展储备人才，不同的目的有不同的招聘策略。当不同的企业根据环境状况和自身情况确定了不同的发展战略之后，招聘管理就需要随之制定相应的策略。

3.3.1　基于企业生命周期的人才招聘策略

1. 企业在创业期的招聘策略

在创业期间，企业面临资源有限、知名度低、竞争激烈等挑战，因此需要制定一套灵活有效的招聘策略来吸引合适的人才支持公司的成长和发展。此时期企业的招聘策略如下。

（1）明确创业阶段的需求。确定企业当前阶段的核心业务需求和关键职位，优先考虑对公司发展最关键的岗位进行招聘，如技术团队、市场营销、销售和运营等。

视频 3.3　企业生命周期

（2）打造雇主品牌，提升吸引力。尽早建立和宣传公司的独特文化和愿景，通过社交媒体、行业展会、网络平台等渠道提升公司的知名度和雇主品牌吸引力。

（3）灵活使用招聘渠道。灵活利用成本效益高的招聘渠道，如社交媒体、专业网络平台、创业孵化器、大学校园和校友网络等，扩大招聘范围，提高曝光率。

（4）候选人推荐和内部招聘。鼓励员工、合作伙伴推荐优秀候选人，内部招聘可以节省招聘成本，同时提高候选人质量和文化匹配度。

（5）聚焦技能和潜力。在创业阶段，企业可能需要寻找具备灵活性、创新精神和适应能力强的候选人，而不仅仅是拥有工作经验。要聚焦候选人的技能和潜力，考虑到他们在新兴企业中的成长潜力。

（6）快速招聘和试用期。在招聘过程中，尽可能缩短招聘周期，以迅速响应市场变化和业务需求。可以考虑使用试用期或项目合同来评估候选人的适应性和能力。

（7）创新招聘方法和工具。探索和应用新兴的招聘技术和工具，如人工智能筛选简历、视频面试、在线评估等，提升招聘效率和质量。

（8）建立长期的招聘渠道。不断维护与候选人的联系，建立长期的招聘渠道。即使当前没有合适的职位，也能保持与有潜力的人才的关系，为未来的发展做准备。

2. 企业在成长期的招聘策略

在成长期间，企业招聘策略需要更加精细化和更具战略性，以支持企业的扩张和发展需求。以下是一些适用于企业成长期的招聘策略建议。

（1）战略规划和人才需求分析。进行详细的战略规划和人才需求分析，明确企业的发展目标和关键职位需求，确保招聘计划与企业战略和业务发展紧密对接。

（2）强化雇主品牌和吸引力。进一步宣传企业的雇主品牌，突出公司的文化、价值观和员工福利，提升在市场上的吸引力和竞争力。

（3）多元化招聘渠道和方法。结合在线招聘平台、社交媒体、校园招聘、专业协会、员工推荐等多种渠道和方法，扩大招聘范围和覆盖面，吸引不同背景和经验的人才。

（4）建立人才储备池。主动积累和管理人才储备池，通过定期的社交活动和信息发布等方式，与潜在候选人保持联系，为未来的招聘做好准备。

（5）招聘流程优化和效率提升。优化招聘流程，包括简历筛选、面试安排、候选人评估和决策速度等，确保高效率和优质的招聘体验，尽快吸引和录用合适的人才。

（6）关注文化匹配和团队协作。确保候选人与公司文化和团队价值观的契合度，注重团队协作和文化融合，避免招聘到与企业价值观不符或不适应团队氛围的人才。

（7）内部晋升和职业发展。鼓励和支持内部员工的晋升与职业发展，通过培训、导师制度和跨部门项目等方式，提升员工的综合能力和忠诚度。

（8）数据驱动的招聘决策。利用数据分析和招聘指标，评估和优化招聘策略的效果和成本效益，作出更加明智的招聘决策，确保符合企业的长远发展战略。

3. 企业在成熟期的招聘策略

企业进入成熟期，招聘策略通常需要更多精细化的长期规划，以支持企业稳定运营和持续发展。以下是一些适用于企业成熟期的招聘策略。

（1）人才规划和战略分析。进行全面的人才规划和战略分析，包括预测未来的人才需求、关键职位的人才缺口和团队结构的优化，确保招聘策略与企业长远战略一致。

（2）巩固和提升雇主品牌。巩固和提升企业的雇主品牌，通过成功案例、员工福利、行业影响力等方面展示企业的稳定性、成长潜力和各方面的吸引力，吸引高质量的候选人。

（3）多维度的招聘渠道和策略。结合在线招聘平台、社交媒体、专业协会、校园招聘、头部猎头公司等多种渠道和策略，覆盖广泛的人才群体，确保招聘效果最大化。

（4）优化招聘流程和体验。进一步优化招聘流程，减少冗长的环节和时间，提升候选人的招聘体验和整体满意度，增强企业在候选人心中的竞争力。

（5）注重文化匹配和团队协作。注重评估候选人与企业文化和团队价值观的匹配度，注重候选人的长期发展潜力和对企业文化的潜在贡献，避免高流失率和文化不和谐问题。

（6）创新招聘技术和数据驱动决策。探索和应用最新的招聘技术及工具，如人工智能筛选、数据分析、招聘平台集成等，提升招聘效率和质量，实现数据驱动的招聘决策。

（7）内部人才发展和晋升机制。建立健全的内部人才发展和晋升机制，通过培训、导师制度、跨部门项目等方式，提升员工的技能水平和职业发展空间，留住优秀人才。

（8）持续学习和适应市场变化。持续学习和适应市场变化，关注行业趋势和竞争对手的招聘策略，及时调整和优化企业的招聘战略，保持竞争力和市场领先地位。

4. 企业在衰退期的招聘策略

在衰退期，企业招聘策略需要根据情况作出调整，以适应经济不景气和企业内部资源紧张的情况。以下是一些适用于企业衰退期的招聘策略。

（1）紧缩招聘需求。仔细审视和优化招聘需求，只招聘最为关键和核心的职位，避免过度扩张和资源浪费。

（2）优先考虑内部人才的晋升和流动。通过内部培训和转岗，充分利用已有的人才资源，减少外部招聘的需求。

（3）控制招聘成本。缩减招聘预算，优化招聘流程和渠道选择，寻找成本效益高的招聘方式，如内部推荐、员工再培训、兼职或临时工等。

（4）强化员工保留和激励。在衰退期尤其需要重视员工的保留和激励，通过福利优化、提供职业发展机会、给予工作灵活性等措施，留住关键人才和核心团队。

（5）灵活应对市场变化。根据市场变化调整招聘策略，如需求不明朗时可暂停招聘，等待经济回暖再重新评估招聘需求。

（6）审视和优化雇主品牌。在经济不景气期间，企业的雇主品牌可能面临挑战。审视和优化企业形象，通过正面沟通和提升员工满意度，保持企业吸引力。

（7）强化员工团队合作和提高工作效率。在资源有限的情况下，强化团队合作和提高工作效率，提升员工绩效和整体生产力，以支持企业在艰难时期的运营稳定。

拓展阅读 3.3　丰田的"全面招聘体系"

（8）保持灵活性和创新性。面对快速变化的市场环境，保持组织的灵活性和创新性，及时调整战略和策略，以便快速适应外部环境的变化。

3.3.2　基于不同类型人力资源的招聘策略

1. 人力资源分层分类

一个企业的人力资源可以根据价值与稀缺性两个维度进行分层分类，如图 3-4 所示。横轴代表人力资源的价值，人力资源的价值通过收益成本比进行衡量；纵轴代表人力资源的唯一性或普遍性。其中，价值高的同时也很稀缺的人才就是核心型人力资源；价值低的同时也稀缺的人才是企业的独特型人力资源；价值高的同时在市场上又很容易获得的人才是企业的通用型人力资源；最后一类是价值低，在市场上也很容易获得的人才，也就是所谓的辅助型人力资源。

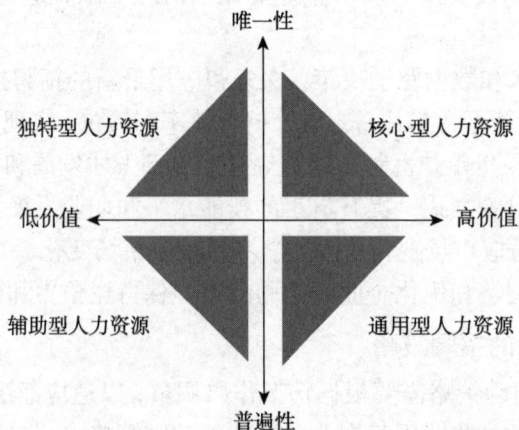

图 3-4　人力资源的分层分类模型

2. 人力资源分层分类管理

不同的人力资源应该有不同的管理方法，具体而言，对核心型人力资源应该采取基于承诺的人力资源管理方法，对于通用型人力资源应该采取基于效率的人力资源管理体系，对于辅助型人力资源应该采取基于服从的人力资源管理体系，而对于独特型人力资源应该采取合作的人力资源管理体系。4种不同的管理方法，可概括为承诺、效率、服从与合作。

进一步讲，基于承诺的人力资源管理体系，其基本含义是对核心人力资源采取的管理方法不要太严格，强调通过进一步的沟通来建立以人为中心的管理模式。基于效率的管理体系是指对这一类人力资源的管理主要是为了获得效率。基于服从的人力资源管理体系，是指要求这一类人力资源服从企业命令即可。最后一种管理方法是合作，因为这类人力资源比较稀缺，供职于一个企业里又不切实际，可以采取在需要的时候签订合同进行合作的方式。上述即为分层分类的人力资源管理理念，具体如表3-4所示。

表3-4　不同类型的人力资源所具有的特点及适用的管理方法[①]

类型	核心型人力资源	通用型人力资源	辅助型人力资源	独特型人力资源
例子	微软的软件开发人员、证券和基金公司的操盘手	企业的财务会计、销售人员	流水线装配工人、前台、门卫、清洁工	某企业雇用的专业咨询师和咨询顾问
价值	• 高价值 • 直接与核心能力相关	• 高价值 • 直接与核心能力相关	• 低战略价值 • 操作性角色	• 低战略价值 • 与核心价值间接联系
独特性	• 独一无二 • 掌握了公司特殊的知识和技能	• 普遍性 • 普通知识和技能	• 普遍性 • 普遍性知识和技能	• 独一无二 • 特殊的知识和技能
雇佣方式	知识工作	传统工作	合同工	伙伴
雇佣关系	以组织为核心	以工作为核心	交易	合作
人力资源管理系统	以责任为基础的人力资源管理系统	以生产效率为基础的人力资源管理系统	以服从为基础的人力资源管理系统	以合作为基础的人力资源管理系统
工作设计	• 授权、提供资源 • 因人设岗	• 清晰定义 • 适度授权	• 准确定义 • 圈定范围	• 以团队为基础 • 资源丰富/自主
招募	• 内部提升 • 根据才能	• 外部招募 • 根据业绩	• 人力资源外包 • 为特别的任务招聘	• 能够合作 • 根据成绩

3.3.3　人才吸引策略

为了吸引足够多的应聘者，组织需要分析与研究人才吸引策略。人才吸引策略制定前，应做一些调研工作。首先，调查目前已经在本组织任职的员工，他们最初是出于什么目的来到这里，现在他们认为本组织有哪些吸引力，还有哪些让他们担忧和犹豫的地方。其次，了解本组织最近一个时期的招聘情况和效果，如投递简历的应聘者一般来自

---

① 文跃然. 人力资源战略与规划[M]. 上海：复旦大学出版社，2007：48-49.

哪些地方，他们为什么选择本组织，由此基本可以确定本组织在招聘中的优势和劣势。最后，了解优秀组织具有哪些共性特点。通过与优秀组织的比较找出差距，制定改进措施。通常情况下，吸引力大的组织往往有以下特点。

1. 强大的雇主品牌

发展和传播公司积极的企业文化和价值观，通过员工福利、工作环境、企业社会责任等方面塑造优秀的雇主品牌形象。一方面，组织招聘工作受到组织形象和声誉的影响，是广大应聘者选择应聘单位的重要因素；另一方面，人员招聘也是组织向社会展示形象的机会，如果组织在招聘过程中能营造尊重知识、重视人才的氛围，给社会以良好的印象，就会增强组织的吸引力。

2. 有竞争力的薪酬和福利

提供具有竞争力的薪酬待遇和丰厚的福利，包括健康保险、休假政策、员工折扣、教育支持等，提高员工的满意度和忠诚度。

3. 较多的职业发展和成长机会

提供清晰的职业发展路径和晋升机会，支持员工在公司内部不断学习和成长，吸引有志于长期发展的候选人。

4. 个人与团队价值观契合度高

关注候选人与公司文化和团队价值观的契合度，确保新员工能够融入并贡献于团队的成功和发展。建立支持性的工作环境和积极的企业文化，强调团队合作、开放沟通和尊重，确保员工在工作中感到被认可。

5. 员工工作与生活可以达到平衡

支持员工的工作与生活平衡，提供灵活的工作安排和假期政策。关注员工的健康和福祉，帮助他们在工作和生活之间找到平衡。

此外，出色的上司和同事、开放的沟通、以人为本的管理风格、学习型组织、工作本身对社会的贡献等，都是吸引应聘者的因素。

在某种程度上，招聘工作类似于营销工作，招聘者既需要清楚自己的优势和不足，也需要了解竞争对手的优势和不足，还要知道自己的目标顾客是什么样的人群，如何才能使他们对本组织感兴趣。关键是要找出自己"产品"的优势，并且明确哪些人是要吸引的关键"顾客"。

3.3.4　人才选聘策略

保留核心员工，降低人才流失率，是人力资源保持稳定与发展的重要关注点。而选聘环节没有把握好，就有可能导致日后的人才流失。

1. 关注人才与团队的融合度

选聘策略中关注人才与团队的融合度至关重要，因为团队的整体协作效果直接影响组织的生产力和创新能力。即使候选人具备卓越的专业技能，如果与团队文化、沟通方式和工作节奏不匹配，也可能会导致团队合作不畅、内部摩擦增加，甚至影响团队士气。

因此，在选聘过程中关注人才的融合度，有助于形成互相支持的工作氛围，提高团队的凝聚力和绩效。具体来说，考察候选人的团队融合度可以从以下几个方面入手：首先，评估其软技能，如沟通能力、协作意识和情绪管理能力，以确保其能够与团队成员有效互动；其次，了解候选人的价值观是否与企业核心价值观一致，以确保其在长远发展中不会出现文化冲突；最后，通过团队面试等方式观察候选人在团队中的表现和互动情况。这些举措能够帮助企业识别出不仅能胜任岗位，还能够促进团队积极发展的候选人，为组织的健康成长奠定基础。

2. 关注选聘与培训开发的结合度

关注选聘与培训开发的结合度是确保企业招聘到合适的人才并持续提升其能力和发展的重要方面。第一，在开始招聘之前，进行全面的岗位需求分析，明确岗位的具体技能、经验和能力要求，以便能够有针对性地筛选候选人。第二，基于岗位需求分析，设计有效的招聘策略和流程，包括简历筛选、面试和评估方法，确保候选人在技能和文化匹配度上与岗位要求相符。第三，为新员工提供全面的入职培训，包括公司文化、价值观、工作流程和必要的技能培训。这有助于新员工快速融入团队并提升工作效率。第四，根据员工的个人能力和职业发展目标，制订个性化的发展计划。考虑到员工的强项和发展需求，为其提供定制化的培训和发展机会。通过内部培训、外部课程和跨部门项目等方式，不断提升员工的专业技能和领导能力。第五，定期评估员工的工作表现和培训效果，提供及时的反馈和指导。这可以帮助员工理解自己的成长路径，并调整发展计划。第六，促进跨部门协作和交流，为员工提供跨职能和跨团队的发展机会。

视频 3.4 心理契约

拓展阅读 3.4 招聘顶尖人才的 17 个招聘策略

这有助于拓展员工的视野，提高其能力，增强其在公司内部的影响力。第七，建立和维护公司内部的技能库与知识共享平台，为员工提供便捷的学习资源和经验分享机会，促进团队整体能力的提升。通过有效结合选聘和培训开发，可以更好地满足岗位需求，提升员工的工作表现和满意度，同时保持组织的竞争力和创新能力。

3. 关注"心理契约"

"心理契约"理论认为，在组织与其成员之间存在一种非正式但十分重要的契约，即"心理契约"（psychological contract）。心理契约是雇主和员工之间非正式的、心理上的互动和期望管理。它不像书面合同那样明确规定双方的责任和权利，而是建立在彼此的信任和理解之上。与经济契约不同的是，心理契约强调个人与组织的关系而不是交换。这种心理契约在组织招聘人员的过程中就已经开始，并且存在于组织管理活动的几乎所有方面。心理契约的健康和有效性对于员工的工作满意度、忠诚度和长期绩效具有重要影响。具体而言，当心理契约得到充分理解和尊重时，可以促进员工积极参与，保持组织的稳定性，有助于实现双方的共同目标。因此，招聘者应确保在招聘和入职过程中，向新员工清晰地传达公司的期望、价值观和企业文化。同时，定期与员工沟通，分享公司的目标、成就和挑战，保持信息的透明度。第一，通过公平的薪酬福利待遇、公正的晋升机会和决策过程，展示公司对员工的尊重和关注。第二，建立开放式的反馈机制，鼓励员工提出意见和建议，同时及时给予员工反馈。这有助于调整和维护心理契约，确保双方期望的一致性。第三，定期表彰和奖励员工的卓越表现和贡献，以增强他们的工作动力和归属感。第四，通过团队建设活动、文化活动和志愿者项目等方式，加强团队之间的合作，增强凝聚力。良好的团队氛围和文化有助于推动心理契约的实现。第五，遇到冲突或问题时，及时处理并提供合理的解决方案，展示公司对员工关心和支持的态度。这可以增强员工对公司的信任和忠诚度。

心理契约是动态的，需要随着员工和公司发展而调整和适应。企业要定期评估心理契约的实现情况，通过持续改进和调整，确保其与员工期望的一致性和有效性。企业通过积极地实现和维护与员工之间的心理契约，可以提高员工的工作满意度、忠诚度，增强企业的竞争力。

思考题

1. 人力资源战略与企业战略有什么关系？
2. 什么是战略地图？
3. 一个合格的招聘者应具备什么样的素质？
4. 什么是人才盘点、人才地图、人才画像？
5. 招聘团队组建的原则是什么？
6. 招聘中人力资源部门与用人部门是如何进行分工的？
7. 什么是心理契约？
8. 请为某一组织设计一份完整而实用的招聘计划。

即测即练

自学自测  扫描此码

案例讨论

S公司成立于2001年，是一家科技公司。经过10多年的发展，公司在某些领域取得了一定发展，在行业内逐渐稳固了地位，但并未实现大幅扩展，始终保持中小型企业的规模。

由于规模的限制，S公司并未设立独立的人力资源部门，招聘工作完全由行政办公室负责。用人部门的经理直接向办公室提出人员需求，通常以特定高校毕业生或具有一定工作经验的候选人为选拔标准。负责招聘的人员根据这些标准及主观判断筛选候选人。

行政办公室负责招聘的人员在工作中未能正确定位自己的角色，常认为求职者的前途掌握在自己手中，因此表现出不恰当的态度，未意识到他们代表的是公司形象。这导致招聘周期往往很长，从30天到100天不等。尽管如此，由于公司的人才需求并不急

迫，行政办公室并未受到过多责难。

然而，在2015年至2017年间，公司进入了高速发展期，急需大量人才。行政办公室面临巨大的招聘压力，人员往往超负荷工作，但仍难以及时满足用人部门的需求，导致他们遭受了许多批评和指责。为了完成招聘任务，办公室开始放宽对人员的筛选标准，结果在3年内共招聘了225人。

然而，这段时间的招聘带来了诸多问题。其中，99人自愿离职，离职率高达44%；25人因岗位不匹配而调岗；50人因绩效不合格被解雇。综合来看，只有51人能够保持原岗位，约占招聘总人数的22%。换言之，3年来招聘的人员中，只有少数符合用人部门的期望和要求。

案例讨论

1. 在上述案例中，你认为S公司招聘的主要问题有哪些？
2. 你对该公司的招聘有哪些更好、更具体的建议？

第4章 招聘渠道

本章学习目标

通过本章学习，学员应该能够：

1. 掌握招聘渠道的类型
2. 理解内部招聘与外部招聘的优缺点
3. 理解招聘渠道选择的影响因素
4. 了解企业生命周期不同阶段招聘渠道的选择
5. 了解不同职位与招聘渠道的选择
6. 熟悉新媒体在企业招聘中的应用
7. 掌握招聘广告的一般要求
8. 掌握招聘广告信息化发布方法
9. 了解创意招聘广告的基本要领
10. 了解电子简历的制作

引导案例

腾讯的招聘渠道

腾讯控股（Tencent Holdings Ltd.）是由马化腾等人创立于1998年的中国互联网巨头，总部设在深圳。腾讯以其广泛的产品组合和强大的技术实力在全球范围内被高度认可。公司旗下拥有多个知名平台，如社交网络（微信、QQ）、数字内容（腾讯视频、腾讯新闻）、在线游戏（《王者荣耀》《和平精英》）、金融科技（微信支付、QQ钱包）、云计算（腾讯云）和人工智能等。

腾讯的使命是通过互联网服务提升人类生活品质，核心价值观包括用户第一、创新、诚信、团队合作和持续进步。为了实现企业使命，腾讯不仅在技术创新和产品开发上不断投入，还通过多种方式吸引和培养人才，保持其在行业内的竞争优势。

在人才招聘方面，腾讯采用了多元化的招聘渠道，通过公司官方招聘网站、社交媒体平台（如微信公众号、微博）以及专业的招聘网站（如拉勾网、BOSS直聘）进行招聘。例如，腾讯通过微信公众号定期发布招聘信息和公司动态，同时利用微博和其他社交媒体平台增强其品牌影响力，吸引潜在候选人的关注和参与。

除了外部招聘渠道，腾讯尤其重视内部员工推荐机制。该机制被称为"伯乐"，员工可以通过推荐优秀人才来获得相应的奖励和认可。例如，腾讯设立了伯乐积分制度，积分达到一定分值后可以获得特定的奖励，如免费旅游和其他激励措施。

通过这些招聘和人才管理策略，腾讯不仅吸引了大量优秀的技术和管理人才加入公司，还有效地培养和留住了这些人才，推动了公司在技术创新和市场拓展方面的持续发展。这种综合性的人才战略帮助腾讯在竞争激烈的科技行业中保持了领先地位，并为其未来的增长奠定了坚实的基础。

（根据腾讯公司相关资料改编）

在现代社会，招聘与选拔人才的角色类似于古代寻找千里马的"伯乐"——需要按照企业经营战略规划和人力资源要求把合适、优秀的人员招聘到企业，为其安排合适的岗位，并让其安心工作。这一过程被视为企业在争夺人才尤其是高端人才时成功与否的关键。

4.1　招聘渠道类型

4.1.1　内部招聘

招聘的内部渠道是指企业在现有员工中进行职位调动或晋升，以充分利用内部人才资源。内部招聘不仅可以帮助企业降低招聘成本，还能提高员工的忠诚度和满意度，充分挖掘和利用现有人才资源。以下是一些常见的内部招聘渠道。

1. 内部公告板（internal job postings）

企业在内部公告板、内部邮件系统或内部网站发布职位空缺信息，鼓励员工申请感兴趣的职位。这种方式可以确保所有员工都有平等的机会了解并申请内部职位。

2. 内部推荐计划（employee referrals）

员工推荐内部人才，填补职位空缺。通过奖励机制，鼓励员工推荐合适的内部候选人，提高内部员工的流动性和参与度。

3. 晋升和调动（promotions and transfers）

企业根据员工的工作表现和潜力，进行职位晋升或部门调动。这种方式不仅能够激励员工，还可以培养和留住关键人才。

4. 内部项目和团队（internal projects and teams）

企业在内部成立专项项目或跨部门团队，提供临时或长期的工作机会。通过参与这些项目，员工可以展示自己的能力，并有机会在项目结束后转入新的职位。

5. 继任计划（succession planning）

企业制订关键岗位的继任计划，识别和培养潜在的接班人。通过有计划地培养内部人才，确保关键职位的顺利交接和企业的持续发展。

6. 轮岗计划（job rotation programs）

企业实施轮岗计划，让员工在不同部门或职位上工作，以积累多方面的经验，掌握多种技能。这不仅能提高员工的职业满意度，还能为企业培养多技能型人才。

4.1.2　外部招聘

招聘的外部渠道是指企业通过外部资源和平台来寻找、吸引新的人才。以下是一些常见的外部招聘渠道。

1. 在线招聘平台（online job portals）

使用在线招聘网站，如智联招聘、前程无忧、BOSS直聘等发布职位信息，覆盖广泛的求职者群体。

拓展阅读 4.1　强生公司：微博、微信和领英等新型招聘渠道的实践

2. 社交媒体招聘（social media recruitment）

利用社交媒体平台（如微信、微博）发布招聘信息，与潜在候选人互动，特别适合吸引技术人才和年轻人才。

3. 猎头公司（headhunting firms）

通过专业猎头公司寻找高级管理人员和特殊技能人才。这些公司拥有强大的人才网络和专业的招聘技能，能够帮助企业快速找到合适的高级职位候选人。

视频 4.1　猎头公司

4. 员工推荐（employee referral）

企业可以通过员工推荐其亲戚朋友来应聘公司的职位，这种招聘方式最大的优点是企业和应聘者双方掌握的信息较为对称。介绍人会将应聘者真实的情况向企业介绍，节省了企业对应聘者进行考察的环节，同时应聘者也可以通过介绍人了解企业各方面的情况，从而作出理性选择。

5. 招聘会和行业展会（job fairs and industry expos）

企业在各种招聘会、行业展会或专业会议上设立展位，与大量求职者面对面交流，特别适合批量招聘和专业性较强的职位。

6. 大学招聘（campus recruitment）

在大学举办招聘活动，吸引应届毕业生。通过校招，企业可以直接接触到新鲜人才，并通过实习和培训项目培养未来的骨干员工。

7. 公司官网（company website）

在企业的官方网站上设置招聘页面，发布最新的职位信息，并允许求职者直接在线申请。

8. 职业介绍中心和人力资源服务机构（employment agencies and HR services）

利用各种职业介绍中心和人力资源服务机构进行招聘，特别适合中小企业或特定地区的招聘需求。

9. 广告招聘（advertisement recruitment）

通过传统媒体（如报纸、杂志）和新媒体（如网站、视频平台）发布招聘广告，吸引更多的应聘者。

10. 专业协会和行业组织（professional associations and industry organizations）

通过与专业协会和行业组织合作，发布职位信息，吸引特定领域的专业人才。

11. 政府和公共就业服务机构（government and public employment services）

通过政府和公共就业服务机构获取招聘支持，特别是在某些地区或行业内有特定政策支持的情况下。

12. 教育机构

与教育机构合作，吸引和培养潜在的正式员工。

13. 在线人才社区和论坛（online talent communities and forums）

在专业的在线人才社区和论坛发布招聘信息，与相关领域的专业人士建立联系。

这些外部渠道各有优势，企业可以根据自身的需求和职位特点，选择合适的招聘渠道组合，提高招聘效率和效果。

4.1.3 内部招聘与外部招聘的比较

1. 内部招聘的优缺点

内部招聘的优点：企业对内部员工的能力、工作表现和品德有了深入了解，可以减少招聘风险；内部招聘通常比外部招聘成本更低，因为无须支付广告费、猎头费或其他外部招聘费用；提供内部晋升机会可以激励员工，提高工作积极性和忠诚度，增强员工的职业发展信心；内部员工已经熟悉企业文化和工作环境，能够快速适应新岗位，减少培训时间和成本；内部晋升和调动可以鼓励员工相互学习和合作，增强团队凝聚力。许多企业特别注重人才的内部招聘，尤其是招聘企业高级管理人才时。如著名的通用电气原总裁韦尔奇就是从公司内部选拔出来的。

内部招聘有许多优势，但也存在明显的不足，具体包括：内部招聘只能从现有员工中选择，可能无法满足职位的专业技能需求；过度依赖内部招聘可能导致企业缺乏创新和多样性；内部员工竞争同一职位可能引发矛盾和紧张关系，影响团队合作；内部调动可能会在其他岗位上留下空缺，需进一步填补。

2. 外部招聘的优缺点

外部招聘的优点：外部招聘可以从更庞大的人才库中选择，找到最适合职位要求的候选人；外部员工带来新的经验、技能和观点，有助于企业创新和发展。从外部招聘优秀人才，可以提升企业的市场竞争力，弥补内部技能短缺；引入多样化背景的员工，可以丰富企业文化，促进团队的包容性和多样性；从宏观意义上说，外部招聘可以在全社会范围内优化人力资源配置，促进人才合理流动，具有巨大的社会效益。

外部招聘的缺点：外部招聘费用较高，包括广告、猎头、面试和培训等成本；外部员工需要时间适应新的工作环境和企业文化，可能影响短期内的工作效率；外部候选人的实际能力和适应性可能与预期不符，存在招聘失败的风险；过多的外部招聘可能导致内部员工感到不被重视，影响士气和忠诚度。

4.2　招聘渠道选择

4.2.1　有关招聘渠道选择的研究

招聘渠道是指企业或组织用来招聘新员工的途径或平台。其需要实现的步骤包括信息收集、预测和决策。主要包括两个方面的工作：第一，在每次招聘时，通过科学的方法预测成本收益，从而选择合理的招聘渠道；第二，通过以往的招聘渠道相关数据，进行数据分析，为以后选择招聘渠道提供依据。

从劳动市场信息学方面来看，处于劳动市场中的企业和应聘者都是盲目的，因此双方实现良好的匹配非常困难。同时，企业发布的招聘信息时效性很短。基于以上情况，当某个应聘者获得一则招聘信息时，如果发现自己的条件与岗位需求不符合，通常会放弃这则信息。然而，如果这则招聘信息是由一个信息中介机构搜集和发布的，那么对某个应聘者无用的信息，可能正是其他应聘者需要的，因此这些招聘信息可以通过这个信息中介得到更加有效的配置。因此，科恩（Cohen，1960）及中国台湾学者李诚和简士评（2001）等均认为采用正式的招聘渠道更为有效。

也有一些学者通过实证研究得到了相反的结果。早期德克（Decker）和科尼利厄斯（Cornelius）在 1979 年的研究主要是采用应聘者的工作年限来评价招聘渠道的效果，研究结果表明员工推荐表现最好，应聘者最为忠诚，而报纸和职业中介则是最差的。甘农（Gannon，1971）、科纳尔（Conard，1986）、阿什沃思（Ashworth，1986）通过比较员工离职率同样发现员工推荐是最好的招聘渠道。比艾夫（Breaugh）在 1981 年做了更加全面的比较，他采用员工绩效、缺勤天数和工作态度（工作满意度、工作投入和上级满意度）等变量来衡量招聘渠道的效果，并得到这样的结论：学校就业指导中心和报纸比起杂志、自荐者要更差一些。另外一名学者莫泽（Moser，2005）认为，招聘渠道的效果能用各种雇佣后表现的变量来进行测量。对于这些雇佣后表现的变量，一般可以分为近期表现和远期表现两种，一些在员工入职后很快可以测量出的如工作满意度为近期表现，而如员工流失率、员工工作年限等，需要较长时间甚至是员工离职后才能测出的变量则是远期表现。1992 年瓦努斯（Wanous）对员工的远期表现进行测量，得到的结果是，内部招聘渠道选出的员工的流失率要略微低于外部招聘渠道。他对此的解释是，内部推荐的推荐者与被推荐者之间的关系是一种约束和激励被推荐者的因素，并且这种因素在被推荐者的工作中发挥着重要的作用。

最新的招聘渠道研究进展主要集中在以下几个方面，反映了技术进步和市场需求的变化：①数据驱动招聘。数据驱动的招聘通过分析和利用现有的数据来优化招聘流程。这包括跟踪和评估招聘指标，如招聘时间、招聘成本和渠道有效性。通过数据，公司可以了解哪些招聘渠道最有效，优化沟通和参与策略，从而提高整体招聘效果。②人工智能与自动化。人工智能在招聘中的应用越来越广泛。AI 工具可以自动化处理简历筛选、初步筛选面试等重复性任务，提升招聘效率。生成式 AI（GAI）则可以生成详细的职位描述、个性化的回复和跟进信息，进一步优化候选人体验和招聘过程。③个性化招聘体验。个性化成为招聘的新趋势，通过定制化的职位推荐、面试辅导和反馈，公司可以为候选人提供更有意义和人性化的招聘体验。这种方法不仅提高了候选人的满意度，也有助于吸引和留住优秀人才。④社交媒体与数字平台。社交媒体平台被广泛用于招聘。这些平台不仅帮助公司扩大招聘覆盖面，还通过品牌建设和持续互动提升了候选人参与度。在 IT 和科技领域，社交媒体招聘的效果尤为显著。⑤聊天机器人。聊天机器人在招聘初期的应用日益广泛。它可以处理候选人的常见问题、安排面试以及进行初步筛选，从而减少人为偏见，提升招聘效率并改善候选人体验。

通过以上的讨论我们可以发现，企业不应该盲目地依赖某种招聘渠道，而应该结合自身特点，包括财务状况、紧迫性、招聘人员素质等，同时考虑招聘职位的类型、层次、能力要求等，来选择合适的招聘渠道。

4.2.2　影响招聘渠道选择的因素

选择招聘渠道时，企业需要考虑多种因素。以下是影响招聘渠道选择的一些关键因素。

1. 职位类型和级别

高级管理职位和技术岗位可能需要通过猎头公司或专业协会进行招聘，而普通职位则可能通过在线招聘平台或员工推荐来满足需求。

2. 招聘预算

不同的招聘渠道费用差异较大，企业需要根据预算选择合适的渠道。内外部招聘的成本、广告费用、猎头费、参展费等都需要考虑在内。

3. 紧急程度

如果职位急需填补，企业可能需要选择速度更快的招聘渠道，如内部推荐、猎头公司或招聘会，而不适合耗时较长的校园招聘。

4. 招聘数量和质量

如果需要大量招聘，企业可能选择在线招聘平台或招聘会；而对于质量要求较高的职位，可能需要寻求猎头公司或专业网络服务。

5. 企业品牌和吸引力

知名企业可以依靠自身品牌吸引候选人，通过社交媒体、公司官网等渠道发布职位信息；而中小企业可能需要更多借助第三方招聘平台和渠道。

6. 行业和市场特点

不同行业有特定的招聘渠道偏好，如 IT 行业可能偏重于技术社区和在线平台，制造业则可能更依赖职业介绍中心和招聘会。

7. 地理位置

地理位置影响招聘渠道选择，本地企业可能更倾向于利用本地招聘会和广告，而跨国公司可能更多依赖全球在线招聘平台和猎头公司。

8. 内部人才池

如果企业内部有充足的人才储备和继任计划，可能更多依赖内部招聘渠道，否则需更多考虑外部渠道。

9. 多样性和包容性目标

企业在招聘过程中关注多样性和包容性目标，不仅有助于营造良好的企业文化，也能够推动组织的可持续发展和创新能力提升。因此，企业需要选择能够覆盖更广泛人群的渠道，如多样性招聘平台和社区合作。

10. 技术和工具的可用性

企业是否具备使用先进招聘技术和工具的能力，如招聘管理系统（applicant tracking system）、视频面试平台等，也影响渠道选择。

11. 法律和合规要求

不同行业、地区的招聘法律和合规要求可能不同，企业需确保选择的招聘渠道符合相关规定。

通过综合考虑这些因素，企业可以制定最合适的招聘策略和渠道组合，以高效招到所需人才，满足企业发展需求。

4.2.3　企业不同生命周期招聘渠道的选择

企业生命周期是指企业从创立到终结的整个发展过程，这个概念帮助企业管理者理解企业所处的发展阶段，从而制定适合的战略和管理方法。生命周期学说经过了漫长的理论研究，马森·海尔瑞（Mason Haire，1959）首先提出了可以用生物学中的"生命周期"观点来看待企业，认为企业的发展也符合生物学中的成长曲线。在此基础上，他进一步提出企业发展过程中会出现停滞、消亡等现象，并指出导致这些现象出现的原因是企业在管理上的不足，即一个企业在管理上的局限性可能成为其发展的障碍。伊查克·爱迪思（Ichak Adizes，1990）在《企业生命周期》（*Managing Corporate Lifecycles*）一书中，把企业成长过程分为孕育期、婴儿期、学步期、青春期、盛年期、贵族期、官僚初期、官僚期以及死亡期共9个阶段，认为企业成长的每个阶段都可以通过灵活性和可控性这两个指标来体现：当企业初建或年轻时，充满灵活性，做出变革相对容易，但可控性较差，行为难以预测；当企业进入老化期，企业对行为的控制力较强，但缺乏灵活性，直到最终走向死亡。他的理论揭示了企业生命周期的基本规律，揭示了企业生存过程中基本发展与制约的关系，成为分析企业发展的重要工具。目前，企业生命周期通常被划分为初创阶段、成长阶段、成熟阶段、稳定阶段及衰退或重组阶段等几个主要阶段（见图4-1），每个阶段都有其典型的特征、管理需求和挑战。

企业不同生命周期影响招聘渠道的选择。以下是一般情况下企业不同生命周期适合的招聘渠道。

1. 初创阶段

初创企业通常需要快速扩展团队，填补关键职位并建立基础团队。适合的招聘渠道包括社交网络、个人关系网络、创业社区、校园招聘和实习项目、招聘活动等。这些渠

图 4-1 企业生命周期

道能够帮助企业快速接触到有潜力的候选人，并且成本相对较低。

2. 成长阶段

企业快速扩张，需要大量填补各类岗位，尤其是管理层和专业技术岗位。适合的招聘渠道包括在线招聘平台、专业行业网站、校园招聘、猎头公司、行业会议和展览会等。这些渠道能够提供广泛的覆盖和专业的人才筛选服务。

3. 成熟阶段

企业需要更专注于筛选匹配度高和文化适应性强的候选人，同时可能会有更高的管理和培训预算。适合的招聘渠道包括猎头公司、专业社交平台、行业内部招聘（如内部推荐和转岗）、员工推荐计划、校园招聘（面向研究生和专业人才）、雇主品牌建设等。这些渠道能够帮助企业有效吸引高质量的候选人。

4. 稳定阶段

企业主要是填补关键职位的空缺和管理层的继任，重视员工的发展和保持团队的稳定。适合的招聘渠道包括内部晋升、员工推荐计划、专业社交平台、校园招聘（注重长期发展和实习项目）、行业会议和研讨会等。这些渠道有助于保持企业文化的一致性和团队的稳定性。

5. 衰退或重组阶段

企业可能需要进行结构调整或重组，重点是优化团队结构和提高效率。适合的招聘渠道包括专业猎头公司、人才外包服务平台、专业社交平台、内部人员重组和调整等。这些渠道能够帮助企业快速有效地调整人才结构，提升组织效率。

4.2.4 不同职位与招聘渠道的选择

不同职位类型通常需要不同的招聘渠道来有效地吸引和筛选合适的候选人。以下是一些常见职位类型及适合的招聘渠道。

1. 技术和工程职位

适合的招聘渠道包括专业招聘网站（如 LinkedIn、前程无忧等）、技术论坛和社区、行业协会网站、技术会议和活动、GitHub 等代码托管平台、技术博客和社交媒体平台。

这些渠道能够吸引到具有技术专长和相关经验的候选人。

2. 销售和市场职位

适合的招聘渠道包括专业销售和市场人才网站、销售和市场协会网站、行业会议和展览、销售和市场专业社交平台、行业领先的销售和市场博客。

3. 金融和会计职位

适合的招聘渠道包括专业金融和会计招聘网站、金融和会计协会网站、行业会议和研讨会、大学招聘活动、财务和会计专业社交平台。

4. 行政和人力资源职位

适合的招聘渠道包括专业人力资源招聘网站（如人才银行）、人力资源协会网站、行业会议和研讨会、大学校园招聘活动、人力资源专业社交平台。

5. 创意和设计职位

适合的招聘渠道包括创意行业招聘网站、设计和创意协会网站、创意行业展览和活动、设计和创意专业社交平台、大学设计类院系招聘活动。这些渠道能够吸引到具有创意思维和设计技能的候选人。

6. 管理和领导职位

适合的招聘渠道包括高级管理和领导人才网站、行业领导研讨会和会议、管理和领导协会网站、大学校园招聘活动、高级管理和领导专业社交平台，以及猎头公司。

企业在选择招聘渠道时应结合具体职位需求、目标人群特征和招聘预算等因素进行综合考虑和权衡。

4.3　招聘广告的撰写

人才就是资源，招聘人才就是引进资源。招聘广告作为招聘人才的载体和桥梁，在现代人力资源管理中占有十分重要的位置，撰写招聘广告是人事招聘工作者应具备的基本技能。好的招聘广告不仅能扩大宣传、吸引众多求职者前来应聘，还可极大地降低招聘成本。否则就会造成高成本付出，低效益收获。

4.3.1　招聘广告的定义、特点、目的

1. 招聘广告的定义

招聘广告是指企业或组织在求职者和潜在候选人群体中宣传特定职位空缺的一种广告形式。它可以通过各种媒体形式，如在线平台、报纸、杂志、社交媒体和招聘网站等，来传达招聘信息、吸引候选人投递简历。

2. 招聘广告的特点

（1）信息性。招聘广告主要以提供职位空缺和相关招聘条件为主要内容，包括职位名称、工作地点、工作职责、任职要求、公司介绍等信息。

（2）针对性。广告内容针对特定职位和目标人群，以确保能够吸引到符合岗位要求

和公司文化的候选人。

（3）清晰和直接。广告语言简洁明了，直接传达招聘目的和职位细节，避免模糊或误导性的描述。

（4）吸引力。通过突出职位的吸引力和福利待遇，吸引优秀的候选人关注和申请。

3. 招聘广告的目的

招聘广告的目的主要包括以下几个方面。

（1）招募符合条件的人才。最基本和直接的目的是吸引并招募符合岗位要求的人才。招聘广告通过详细描述职位的工作内容、职责和任职要求，吸引那些具备相关技能和经验的候选人申请职位。这有助于确保企业能够选择到最适合的人才填补空缺，并提高员工的满意度。

（2）提升企业的雇主品牌形象。招聘广告不仅仅是一种信息传递的工具，也是企业雇主品牌的展示窗口。通过广告展示企业文化、价值观、工作环境和员工福利等方面的信息，可以塑造企业在求职者心目中的形象。这种积极的品牌形象能够吸引更多优秀的人才关注和选择企业，从而增强企业的竞争力。

（3）扩大招聘的范围和覆盖面。招聘广告通过多样化的媒体渠道和广告策略，能够扩大招聘活动的覆盖范围，不仅提高了招聘活动的曝光度，还提高了招聘成功的可能性。

（4）提高招聘效率，加强成本控制。有效的招聘广告能够帮助企业提高招聘活动的效率，加强成本控制。通过精确的目标人群定位和有针对性的信息传递，能够减少不匹配的申请者数量，缩短招聘周期，减少招聘过程中的人力和金钱投入。

（5）促进员工多样性和文化适应性。招聘广告可以设计和传达企业对多样性和包容性的承诺。这不仅有助于吸引不同背景和经验的候选人，还能够促进员工团队的多样性，提升企业的文化适应性和创新能力。

总体来说，招聘广告不仅是招聘过程中信息传递的手段，更是实现企业招聘战略、提升品牌形象和吸引优秀人才的重要工具。通过精心设计和发布招聘广告，企业可以实现多方面的战略目标，提升人力资源管理的整体效率和效果。

4.3.2 招聘广告的写作技巧

编写有效的招聘广告是吸引优秀候选人并成功填补职位空缺的关键。以下是一些编写招聘广告的技巧和要点。

1. 清晰明了的职位标题

职位标题应该简明扼要地反映职位的核心内容和级别，例如使用常见的职位名称和关键词，如"高级软件工程师""市场营销经理"。

2. 吸引人的开头

开头段落应该吸引求职者的注意力，并简要介绍公司的背景、企业文化或者关于职位的吸引力和挑战。例如，可以强调公司的创新性、团队氛围或者发展机会。

3. 详细的职位描述

提供详细的职位描述，包括工作职责、任务和预期成果。描述应该具体明了，避免使用模糊或普遍的术语。注意使用动词强调行动和结果,例如"管理""开发""协调"等。

4. 明确的任职要求

列出必要的技能、资格和经验等任职要求。这可以帮助有资格的候选人自我评估他们是否适合该职位,减少不匹配的申请者。

5. 强调公司文化和福利待遇

提供关于公司文化、价值观和工作环境的信息,展示员工福利和发展机会。这可以增加广告的吸引力,并帮助候选人更好地了解他们将来可能的工作环境。

6. 直接的行动号召

在广告的结尾处,设置一个明确的行动号召,鼓励感兴趣的候选人申请该职位。可以提供申请方式(如链接到在线申请系统或电子邮件地址)、截止日期和其他重要信息。

7. 语言简洁明了

使用简洁明了的语言,避免使用过于专业化或复杂的行业术语,确保语句通顺,易于理解,避免使用过长或冗余的句子。

8. 关键词的优化

使用关键词优化招聘广告,以便在搜索引擎和在线招聘平台中被候选人找到。关键词可以是职位名称、关键技能、行业术语等。

9. 审查和调整

在发布之前,仔细审查和调整广告内容,检查文字和语法错误,并确保信息准确无误。可以请同事或专业写作编辑审阅以确保质量。

10. 跟踪和评估效果

发布广告后,跟踪招聘广告的效果和响应率。分析哪些渠道投放效果最佳,以及广告内容是否吸引了符合要求的候选人。

通过使用这些编写招聘广告的技巧,企业可以更有效地吸引和招募到合适的人才,提升招聘活动的效率和成功率。

4.3.3 招聘广告和商业广告的区别

招聘广告和商业广告在目的、内容和受众等方面有显著的不同。

1. 目的

招聘广告的主要目的是招募适合岗位的候选人,填补职位空缺。它侧重于向潜在的求职者传达公司的招聘需求、职位细节和工作环境,以吸引他们申请工作。

商业广告的主要目的是通过推广,促使消费者购买或使用公司的产品或服务。它旨在提高品牌认知度、增加销售量或改善品牌形象。

2. 内容

招聘广告的内容主要围绕特定职位的描述、任职要求、公司背景和福利待遇等展开。它需要详细说明工作职责、技能要求和福利待遇，以便吸引符合条件的候选人。

商业广告的内容通常围绕产品或服务的特点、优势、价格、使用场景等展开。它更侧重于情感诉求、品牌故事、消费者与产品之间的情感联系。

3. 受众

招聘广告的主要受众是求职者和潜在员工。它需要吸引那些寻找新工作机会或考虑职业发展的人群。

商业广告的主要受众是消费者或企业客户。商业广告根据产品或服务的定位和目标市场，有针对性地选择广告媒体和传播策略，以达到销售或品牌推广的目的。

4. 语言和风格

招聘广告通常采用正式和职业化的语言风格，内容详细、具体，并强调工作机会的吸引力和发展前景。它需要清晰、直接地传达公司的招聘需求和职位信息。

商业广告则可能采用更富有创意和感染力的语言风格，依赖于情感驱动和品牌诉求，以吸引消费者的注意力并激发购买欲望。

招聘广告侧重于吸引和招募合适的人才，而商业广告则旨在推广产品或服务并促进销售。因此，在编写和设计时，需要根据不同的目的和受众特点来调整内容与表达方式。

以下是一个成功的招聘广告示例：

职位名称：高级数据分析师

公司简介：

我们是一家位于科技创新中心的领先技术公司，专注于为全球客户提供数据驱动的解决方案。我们的团队由来自世界各地的杰出专业人才组成，致力于在数据分析领域创新。

职位概述：

作为高级数据分析师，您将负责开发和实施数据分析策略，帮助客户从复杂的数据中提取关键信息，支持业务决策和战略发展。您将在一个充满挑战和创新的环境中工作，与多部门合作，解决现实世界的数据问题。

关键职责：

分析大规模数据集，提取和解释趋势、模式和关联；

设计和实施数据挖掘算法和统计模型，优化业务流程；

提供数据驱动的建议，支持决策制订和战略规划；

向客户和团队成员展示分析结果和解决方案。

任职要求：

数学、统计学、计算机科学或相关领域的学士或硕士；

3 年以上数据分析或相关工作经验，具备良好的编程技能（如 Python、R 等）；

熟悉常用的数据分析工具和数据库（如 SQL、Tableau 等）；

出色的问题解决能力和沟通技巧，能够跨部门协作和团队合作。

公司福利：

全面的健康福利和医疗保险计划；

灵活的工作时间和远程工作选项；

发展和培训机会，支持个人和职业成长。

如何申请：

如果你对这个挑战感兴趣并且符合上述条件，请发送您的简历和求职信至××××。请在邮件主题中注明"高级数据分析师-您的姓名"。

截止日期：×年×月×日

4.4　招聘广告的信息化发布

4.4.1　二维码的应用

随着智能终端设备的普及，传统的信息发布方式越来越受到挑战。基于二维码的信息识别技术在招聘广告发布中得到应用，通过将企业招聘信息生成二维码，求职者可以使用智能手机获取相关企业的招聘信息，了解用工单位、岗位信息，并通过客户端投递简历。企业使用二维码招聘，不用接收纸质简历、不用打印携带简历。以往参加人才招聘会要付出的成本，如场地费用、人工费用、印刷材料费用就可以节省下来。

二维码在招聘中的应用可以提高效率和便捷性，增强互动性，简化流程。以下是一些常见的应用场景和具体方法。

1. 招聘广告和宣传材料

招聘海报：在招聘海报、传单和广告中嵌入二维码，求职者可以通过扫描二维码直接访问招聘网站，了解职位详情或公司简介，获取更多信息。

招聘会展位：在招聘会展位的宣传材料上印制二维码，求职者扫描后可以查看招聘职位、提交简历、预约面试等。

2. 简历投递和信息收集

在线简历提交：生成包含简历提交页面链接的二维码，求职者扫描二维码后可以直接在线填写和提交简历。

信息表单：通过二维码链接到在线信息表单，收集求职者的基本信息、联系方式、意向职位等。

3. 面试安排和通知

面试邀请：通过邮件或短信发送面试邀请时附上二维码，求职者扫描二维码后可以查看面试时间、地点及其他相关信息。

视频 4.2　二维码

面试签到：在面试地点设置二维码，求职者到达后扫描签到，自动记录到达时间并通知面试官，提高面试流程的效率。

4. 公司介绍和职位详情

公司简介：二维码链接到公司网站、企业文化视频或虚拟办公环境的介绍页面，能帮助求职者更全面地了解公司。

职位详情：二维码链接到详细的职位描述页面，包括岗位要求、职责、薪酬福利等，方便求职者了解并评估是否适合申请。

5. 员工推荐

员工推荐计划：员工可以通过扫描二维码推荐候选人，并填写相关信息。如果推荐成功，员工可以获得奖励。

6. 招聘活动和培训

招聘活动报名：二维码链接到招聘活动或宣讲会的报名页面，求职者扫描后可以直接在线报名。

在线培训材料：面试后向候选人提供二维码，链接到在线培训材料或视频，帮助他们更好地了解公司和岗位要求。

4.4.2 制作招聘二维码

1. 选择二维码生成工具

使用在线二维码生成器或专业应用程序（如 QR Code Generator、ZXing、QR Code Monkey、草料二维码等），这些工具通常提供免费的服务和定制选项。

2. 输入招聘信息

在二维码生成器中输入招聘信息，例如职位名称、公司名称、职位描述、招聘链接等，确保信息准确和清晰。

3. 生成二维码

根据输入的信息，生成二维码。在生成过程中，可以选择二维码的颜色、大小和形状等参数，以及选择添加公司的 Logo 或品牌元素。

4. 测试和验证

在生成二维码后，测试它的可读性和准确性。使用移动设备二维码扫描应用程序扫描二维码，确保它能正确导向招聘信息页面或应用。

5. 保存和发布

将生成的二维码保存为图像文件（如 PNG 或 JPEG 格式），然后在招聘广告、招聘页面、公司网站或社交媒体上发布。

4.4.3 制作应聘二维码

同样地，应聘者可以使用在线二维码生成器或应用程序来制作应聘二维码。

1. 输入个人简历信息

在二维码生成器中输入个人简历信息，例如姓名、联系方式、求职意向、个人网站或个人资料链接等。

2. 生成二维码

根据输入的个人信息生成二维码，选择二维码的外观和风格，确保它能够清晰地显示个人信息。

拓展阅读 4.2 文件二维码怎么制作？

3. 测试和验证

在生成二维码后，使用二维码扫描应用程序进行测试，确保它可以准确地关联和显示个人信息。

4. 保存和分享

将生成的二维码保存为图像文件，并将其添加到个人简历、求职信、个人网站或社交媒体等个人资料中，以便招聘者能够扫描并获取信息。

通过制作招聘与应聘二维码，可以提升招聘信息与个人简历的可访问性和可互动性，增强现代招聘过程中的数字化体验。

4.4.4 互动电子简历

互动电子简历是一种通过数字化技术和多媒体元素增强的简历形式，与传统纸质简历相比，它更注重交互性和视觉吸引力。

1. 互动电子简历的特征和功能

（1）多媒体内容：包括动画、视频、音频等，用于展示个人技能、项目成果或职业经历。

视频 4.3　电子简历

（2）交互元素：如超链接、按钮或表单，使招聘者可以与简历内容进行互动，例如访问个人网站、社交平台上的个人资料或在线作品集。

（3）动态效果：通过动画效果或视觉设计增强简历的视觉吸引力和用户体验。

（4）在线发布和分享：可以以交互式 PDF 文件或网页形式发布，方便在线分享和传播。

（5）个性化定制：允许个人根据自己的职业需求和个性化偏好进行设计与定制，以突出个人品牌和专业特长。

互动电子简历的设计旨在吸引招聘者的注意，展示候选人的创造力、技能和适应能力，提升简历在竞争激烈的求职市场中的影响力和竞争力。

2. 制作互动电子简历的步骤

1）选择合适的工具或平台

选择能够支持互动和多媒体内容的工具或平台，例如：

Adobe InDesign：能提供强大的设计和排版功能，可以制作交互式 PDF 简历。

Canva：适合制作视觉效果丰富的简历，支持添加动画和链接。

HTML/CSS/JavaScript：如果具备前端开发技能，可以制作自定义的互动网页简历。

Microsoft PowerPoint 或 Apple Keynote：通过动画和超链接，制作交互式的电子简历。

2）设计和布局

选择模板或设计风格：根据个人品位和职业目标选择合适的布局、颜色和字体。

编排内容：将个人信息、教育背景、工作经历、技能和项目经验有机地整合到简历中。

3）添加互动元素

链接和按钮：嵌入 LinkedIn 个人资料链接、GitHub 页面或个人网站，以便雇主可以直接访问更多信息。

动画效果：添加具有视觉吸引力的动画效果，如过渡动画、元素出现效果等。

视频介绍：嵌入个人视频介绍或项目演示，展示个人特质和成就。

4）交互性和用户体验优化

设计简易导航：确保简历的导航清晰，用户可以轻松找到所需信息。

表单和调查：如果适用，添加表单或调查功能，与招聘者进行交互或获取反馈。

5）导出和分享

导出：根据选择的工具或平台，将互动电子简历导出为 PDF 文件或交互式网页。

在线分享：将简历上传到 LinkedIn、个人网站或招聘平台，确保招聘者可以方便地访问和查看。

6）审查和反馈

定期更新和优化：定期检查简历内容和设计，确保信息的及时性和吸引力。

获取反馈：请朋友、导师或专业人士审查简历，听取反馈和建议，以改进简历的质量和效果。

通过以上步骤，求职者可以制作一个具有创新性的互动电子简历，从而在求职过程中脱颖而出，并展示个人的专业能力和创意思维。

4.5 新媒体招聘广告

4.5.1 新媒体的概念与类型

新媒体是指利用互联网和数字技术进行信息传播与交流的媒体形式。以下是几种常见的新媒体类型。

1. 视频分享平台

如抖音、快手等，用户可以上传、分享和观看各种类型的视频内容，包括个人创作、广告视频、教育内容等。

拓展阅读 4.3 企业 HR 利用社交媒体招聘的 5 个步骤

2. 微博平台

例如新浪微博、推特（Twitter）等，用户可以发布短文本消息、图片和链接，与关注者分享实时信息和观点。

3. 博客和个人网站

个人或机构通过建立自己的博客或网站，发布文章、图片和其他内容，展示专业知识、观点或个人品牌。

4. 论坛和社区

包括知乎、豆瓣、百度贴吧等，用户可以在特定主题或领域的讨论板块中发布问题、回答和讨论，进行知识分享和互动交流。

5. 即时通信和聊天应用

如微信和 QQ 等，用户可以通过文字、语音、图片和视频进行个人或群组聊天和信息传递。

6. 虚拟现实（VR）和增强现实（AR）应用

利用 VR 和 AR 技术，用户可以在虚拟或增强的环境中进行沉浸式体验，包括游戏、教育、虚拟旅游等。

7. 电子邮件

利用电子邮件向订阅者发送信息、新闻、优惠和广告等内容，进行直接的个性化营销和沟通。

这些新媒体不仅改变了信息传播的方式，还极大地影响了人们的社交行为、消费习惯和文化活动。企业可以借助这些新媒体，实现品牌推广、市场营销和招聘宣传等多种目标。

4.5.2　新媒体招聘广告的特点

新媒体招聘广告是利用互联网和数字技术平台，如社交媒体、视频分享网站和在线广告平台等，进行招聘宣传和人才吸引的方式。这种类型的广告通常具有以下几个显著特点。

1. 多样性和灵活性

新媒体招聘广告可以通过多种形式呈现，包括文字、图片、视频和音频等。这种多样化的表现形式使得招聘广告更加生动，能够吸引更多的潜在候选人。

2. 精准定位

利用大数据和用户画像，新媒体招聘广告能够针对特定人群进行精准投放。这种定位确保广告能够触达符合岗位要求的目标候选人，提高招聘效率。

3. 互动性

新媒体平台通常具有良好的互动功能，招聘广告不仅可以发布信息，还可以与潜在候选人进行实时交流。求职者可以通过评论、点赞、分享等方式与广告互动，增强参与感。

4. 传播速度快

通过社交媒体和在线平台，新媒体招聘广告能够迅速传播，扩大招聘信息的覆盖面。信息可以在短时间内被广泛分享，吸引更多人关注和参与。

5. 实时反馈

新媒体招聘广告可以实时收集求职者的反馈和数据，招聘团队可以根据数据分析结果迅速调整广告策略和内容，以优化招聘效果。

这些特点使得新媒体招聘广告在吸引和筛选候选人方面更加高效和灵活，为企业提供了更广泛的人才选择空间，使企业获得更高效的招聘体验。

4.6　创意招聘广告

4.6.1　创意招聘广告的特点

创意招聘广告是指通过独特的设计、创新的内容或非传统的传播方式来吸引和引导目标人群，以满足招聘需求，达到品牌传播的目的。这种类型的广告通常具有以下特征。

（1）独特性和创新性。与传统的招聘广告相比，创意招聘广告注重以新颖、独特的方式呈现招聘信息，吸引目标受众的注意力。

（2）感染力强。通过视觉设计、动画效果、幽默或情感化的语言，使广告更加生动和具有感染力。

（3）故事性强。通过讲述真实或虚构的故事，激发求职者的情感共鸣和兴趣，使其对公司产生兴趣。

（4）提升企业形象。强调公司的社会责任活动、价值观和企业文化，使广告不仅是招聘工具，也是展示公司形象和价值观的机会。

（5）创新的传播渠道和媒介。利用新兴的数字媒体平台、虚拟现实技术或其他非传统的传播方式，给应聘者带来更具吸引力和影响力的招聘体验。

4.6.2　创意招聘广告的写作要点

创意招聘广告的写作要点涵盖了如何通过独特的视角、吸引人的内容和有效的传达方式来吸引目标受众。以下是几个写作要点。

（1）明确目标受众。确定目标受众，他们的兴趣、价值观和职业背景是什么，了解目标受众的特点有助于精准定位广告内容和语言风格。

（2）设置独特而引人注目的标题。使用富有创意和吸引力的标题，立即吸引目标受众的注意力。标题应该简明扼要地传达广告的主要信息或独特卖点。

（3）情感化和故事化内容。利用情感丰富的语言和吸引人的叙述方式，讲述一个真实或虚构的故事，使目标受众产生共鸣和情感连接。通过故事向求职者展示公司的文化、价值观和工作环境。

（4）强调独特卖点。突出公司或职位的独特卖点，告诉求职者为什么选择你的公司或职位。例如，特殊的福利待遇、创新的工作项目或发展机会等。

（5）清晰而具体的信息。提供关于职位要求、工作地点、福利待遇等的具体信息，确保求职者能够充分了解工作详情。

（6）鼓励互动和参与。鼓励求职者参与互动，如参与挑战、解决问题或回答有趣的问题。这不仅能增强互动性，还能让求职者更深入地了解公司和职位。

（7）幽默和创意的使用。如果适合公司文化和职位特性，可以使用幽默和富有创意的语言或视觉效果。但需确保这种幽默和创意不会削弱职位信息或损害公司形象。

（8）呼应公司品牌和价值观。确保招聘广告与公司品牌一致，并体现公司的核心价值观和文化特点。广告应该成为公司形象的延伸，从而吸引那些与公司文化相符的求职者。

以上写作要点，可以帮助招聘者制作出富有创意和吸引力的招聘广告，有效吸引目标受众并增强公司在求职市场上的竞争力。

以下是一些创意招聘广告的示例，展示了不同行业和公司如何通过独特的设计和创意内容来吸引求职者的注意。

（1）字节跳动的"人生广告"。字节跳动推出了一系列"人生广告"，以个人故事为背景，展示公司员工的成长和发展，传递出公司重视人才成长的价值观，激励更多求职者加入。

（2）华为的"寻找最好的你"广告。华为在招聘广告中使用"寻找最好的你"的口号，强调对人才的重视和发展机会，通过展示员工的成功案例和职业发展路径，吸引希望在高科技领域发展的求职者。

（3）美团的"吃喝玩乐全包"招聘视频。美团发布了一段创意招聘视频，展示公司的企业文化和员工生活，通过轻松幽默的方式呈现美团的工作环境和团队氛围，吸引年轻求职者的注意。

（4）京东的"京东职业挑战赛"。京东举办线上职业挑战赛，鼓励应聘者参与各种与职位相关的挑战，展示自己的能力和才华。这种互动方式吸引了大量候选人的参与，同时让求职者了解公司的业务和文化。

（5）网易的"招聘时空机"。网易推出"招聘时空机"项目，通过视频展示未来职场的场景，强调技术快速发展和对创新人才的需求，吸引年轻人才加入。

（6）腾讯的"梦想加速器"。腾讯在招聘广告中使用"梦想加速器"的概念，强调公司帮助员工实现职业梦想，展示员工的成长故事和公司提供的支持，吸引渴望职业发展的求职者。

这些示例展示了不同的公司是如何通过创意和独特的视角来设计招聘广告，吸引并留住最优秀的人才的。每个广告都结合了公司的核心价值观、文化特点和职位的吸引力，以创造一个有趣、引人入胜的招聘宣传效果。

思考题

1. 招聘渠道类型有哪些？
2. 内部招聘与外部招聘的优缺点是什么？
3. 招聘渠道选择的影响因素有哪些？
4. 企业生命周期不同阶段对招聘渠道的选择有什么影响？不同职位对招聘渠道的选择有影响吗？请具体阐述。
5. 招聘广告写作的一般要求是什么？如何才能创作出好的招聘广告？
6. 企业如何通过二维码技术发布招聘广告？
7. 什么是新媒体？新媒体招聘广告的特点是什么？
8. 创意招聘广告的特点是什么？

即测即练

自学自测　　扫描此码

案例讨论

C技术公司位于中国北方，专注于研究和开发半导体封装设备的核心技术。公司拥有300多名员工，90%为研发人员，其中75%具备硕士及以上学历，是一个典型的知识型企业。

公司在招聘时主要通过4种渠道：在线招聘、校园招聘、内部招聘和员工推荐。在线招聘主要依靠在招聘网站上发布信息，使用的主要网站包括智联招聘、前程无忧和拉勾网。

公司每年举办一次校园招聘活动，主要面向"985"和"211"高校。公司进入高校进行宣传，然后进行现场招聘，最后安排面试。

该公司的内部招聘主要依靠内部动员和晋升，考察员工的个人情况和工作能力。少数职位通过员工推荐完成，成功推荐的员工将获得一定的奖励，被推荐的候选人将通过笔试和面试竞聘。

尽管公司拥有上述4个招聘渠道，但主要依赖的还是在线招聘，其他渠道使用较少。然而，在招聘过程中，公司收集的简历在数量和质量上都难以令人满意，招聘周期得不到保证，招聘进度较为缓慢。新员工的离职率较高，特别是通过网络招聘和校园招聘招进来的员工。

案例讨论

1. 在上述案例中，结合本章所学，你觉得C公司招聘渠道存在哪些问题？
2. 你对该公司的招聘有哪些更好的建议？

第5章 人员甄选概述

通过本章学习，学员应该能够：

1. 了解人员甄选的概念、内容、原则和意义
2. 了解人员甄选的基本流程
3. 掌握多种人员甄选方法
4. 熟悉信息化人员甄选方法
5. 掌握人员甄选方法的可靠性和有效性评价

引导案例

一汽-大众的人才选拔

一汽-大众汽车有限公司（FAW-Volkswagen Automotive Co., Ltd.），作为中国汽车工业的先锋，是由中国第一汽车集团公司（FAW）与德国大众汽车公司（Volkswagen AG）携手缔造的合资企业。自 1991 年成立以来，公司以中国吉林省长春市为总部，致力于成为现代化乘用车生产的领航者。历经时间的洗礼，一汽-大众在全国范围内建立了多个生产基地，旗下产品线涵盖轿车、SUV、MPV 等多款车型，全面覆盖 A、B、C 级乘用车市场。

在产品创新的道路上，一汽-大众不断推陈出新，不仅推出了全新一代迈腾、高尔夫 50 年传奇版等经典车型，还与动画电影《神偷奶爸 4》跨界打造了 ID.4 CROZZ 萌趣版等新车型，以满足市场的多元化需求和消费者的热切期待。面对汽车行业的电动化浪潮，一汽-大众积极拥抱变革，推出了 ID.7 VIZZION 等纯电动车型，展现出其在新能源领域的雄心与实力。

在人才发展与选拔方面，一汽-大众同样走在行业前列。1999 年至 2002 年间，公司采用了一种简易的测评方法，为二级经理后备选拔提供参考。这一阶段的测评虽未形成完整体系，却标志着公司对人才评价体系的初步探索与思考。随着 2003 年中国汽车市场的蓬勃发展，一汽-大众对人才的需求日益增长，公司于 2003 年 7 月 18 日决定成立项目组，致力于打造与国际标准接轨的全新测评中心体系。该体系旨在实现 3 个核心目标：确立一汽-大众独有的人才选拔标准和体系；确保选拔过程的科学性、合理性与透明度；以及快速提升公司干部队伍的整体素质至国际经理人水平。

项目组在德国大众专家的协助下，经过近半年的努力，成功建立了一套符合一

汽-大众实际情况的后备经理测评体系，并于同年 12 月 3 日成功举办了首期后备经理测评。

　　历经 9 年的发展，测评中心体系不断发展成熟，其应用范围也从二级经理后备选拔扩展至工长选拔、管理培训生选拔等多个领域。随着公司管理体制的不断发展与完善，测评中心体系不仅在人才选拔系统中发挥着重要作用，其在能力发展系统中的贡献也日益凸显。

　　（根据一汽-大众的相关资料进行改编）

5.1　人　员　甄　选

5.1.1　甄选的含义

　　一般而言，企业招聘包括招募、甄选、录用和评估等几个紧密相连的环节。招募阶段完成后，就需要对应聘者进行甄选。人力资源甄选是整个人力资源管理体系中具有基础意义的重要一环，为了对应聘者的知识水平、能力、专业兴趣和个性特征等方面的情况有比较全面、深入的了解，绝大多数企业都会借助不同方法来甄选符合工作岗位要求的最佳人选。甄选和招募是两个相对独立的过程，招募是甄选的基础和前提，甄选是招募的目的和后续。招募主要是以宣传来扩大影响，吸引足够数量的合格的应聘者，为甄选提供选择对象。招募工作成功与否直接影响着甄选的效率和效果。

视频 5.1　人员甄选

　　人员甄选是指通过运用一定的工具和手段，根据特定岗位的要求，对招募到的求职者进行测试、考查与评价，识别他们的人格特点与技能水平，预测他们未来的工作绩效，从而最终挑选出组织所需要的合适人员的过程。人员甄选活动涉及社会学、管理学、心理学及统计学等多门学科的知识，企业必须综合利用各学科的理论、方法和技术对众多应聘者进行系统、客观的测评，才能够做出最终的录用决策。

　　进行人员甄选时，需要注意以下 3 点。

　　（1）甄选包括两个方面的工作：第一，评价应聘者的知识、技能和个性；第二，预测应聘者未来在组织中的绩效。很多企业在甄选时，只注重考察应聘者的知识技能水平，而忽视了预测应聘者能否为企业带来绩效的情况，导致录用决策的失误。

　　（2）以岗位要求为选拔依据。最优秀的人不一定是最合适的人，知识技能水平最出色的人员，也未必是未来绩效最好的员工。只有在准确预测的基础上，才能保证选拔的有效性。

拓展阅读 5.1　中国古代的人力资源甄选思想与实践

　　（3）甄选应由人力资源部门和用人部门共同完成，而录用决策应视情况由用人部门或企业高层领导者做出。

5.1.2　甄选的内容

　　人员甄选的内容是应聘者各方面的综合素质。在人力资源管理领域，人员素质是指个人在完成特定活动和特定任务时必须具备的基本条件和基本特点，是影响个人从事活动的自身因素，是个人固有的特点，对一个人的职业倾向、工作能力与潜力、工作成就和事业的发展起着决定性的作用。我们把人员素质分为身体素质、文化素质、品德素质、智能素质和心理素质 5 个方面。人员素质构成体系如图 5-1 所示。

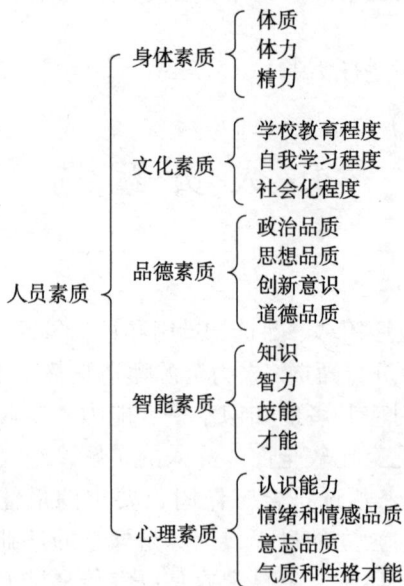

图 5-1   人员素质构成体系

1. 身体素质

身体素质是人体的体质、体力和精力的总称，是人体在运动、劳动和日常活动中，在中枢神经调节下，各器官系统功能的综合表现。如力量、耐力、速度、灵敏度、柔韧性等机体能力。身体素质的强弱，是衡量一个人体质状况的重要标志之一。

现代职场竞争日益激烈，来自各方面的压力不断增大。企业需要员工具备良好的身体素质，具体表现为：身体健康、体力充沛、精力旺盛、思路敏捷等。需要注意的是，不同的岗位对身体素质的要求也不同。某些特殊工作岗位对任职者的身体素质也有特殊要求。例如，飞行员这一工作岗位就要求应聘者要体质好、视力好，要有稳定的神经系统功能、良好的耳气压功能、健全的心血管功能、良好的平衡功能和消化功能等。

2. 文化素质

文化素质指人们在文化方面所具有的较为稳定的、内在的基本品质，它体现了人们在这些知识及与之相适应的能力、行为、情感等方面综合发展的程度、水平和个性特点。

测评文化素质不仅包括考查应聘者的学历、文凭及各种技能等学校教育程度、自我学习程度，更多的要测评应聘者日常生活经验和社会化程度。这些综合气质或整体素质能够通过应聘者的语言或文字表达体现出来，也可通过应聘者的举止行为反映出来。

3. 品德素质

品德素质包括政治品质、思想品质、创新意识和道德品质。

在不断加剧的市场竞争中,企业越来越普遍地认识到员工品德素质的重要性,纷纷把"德"放在人员考核的首位,他们的用人原则是:宁愿用一个品德过硬、对企业忠诚、有职业操守而能力略低的人才,也不愿冒风险用一个专业才能很高但品德有问题的人。因此,近年来,在员工招聘中企业越来越看重品德素质测评,重点包括职业道德和团队精神测评等内容。

例如,宝洁公司招聘管理人员的标准除了领导能力还包括诚实正直的品格、勇于承担风险的精神、积极创新能力、解决问题能力、团结合作能力、专业技能等。而联合利华公司招聘员工的标准是目标清晰性、客观分析能力、实际创造力、风险承担精神、团队合作精神、影响他人的能力、领导他人的能力、发展他人的能力、市场导向性、自信、诚实、经验总结能力。据统计,在招聘广告中,大学生素质被提及次数最多的几项是:责任感、创新精神、敬业精神、团队协作意识、表达能力、工作热情、道德修养。

4. 智能素质

智能素质包括知识、智力、技能、才能等。智能素质测评除了考查应聘者的人文社科类知识,如哲学、历史、文学、社会学等方面的知识外,还考查应聘者认识、理解客观事物并运用知识、经验等解决问题的能力,包括记忆力、观察力、想象力、思考力、判断力等。而技能和才能考查主要倾向于考查与应聘岗位紧密相关的技术水平与操作经验。

拓展阅读 5.2 杜邦公司
面试故事:品德的胜出

5. 心理素质

心理素质包括人的认知能力、情绪和情感品质、意志品质、气质和性格等个性品质。心理素质是衡量应聘者身心发展的综合素质指标内容,在 21 世纪及未来社会的人员素质测评中居于重要地位。

亚伯拉罕·马斯洛(Abraham Maslow)认为良好的心理素质表现在以下几个方面。

(1)具有充分的适应力。

(2)能充分地了解自己,并对自己的能力做出适当的评价。

(3)生活的目标切合实际。

(4)不脱离现实环境。

(5)能保持人格的完整与和谐。

(6)善于从经验中学习。

(7)能保持良好的人际关系。

(8)能适度地发泄情绪和控制情绪。

(9)在不违背集体利益的前提下,能有限度地展现个性。

(10)在不违背社会规范的前提下,能恰当地满足个人的基本需求。

5.1.3 甄选的原则

1. 科学性原则

科学性原则要求甄选方法基于科学理论和数据,确保结果的信度和效度。通过运用心理测量学、统计学等科学手段,确保甄选工具的可靠性和有效性。比如,使用经过验证的心理测试和能力测试,可以较科学地评价候选人的各项素质,从而在一定程度上避免主观偏见,减少失误。

2. 公正性原则

公正性原则强调甄选过程应公平、公正,对所有候选人一视同仁,不受外部因素干扰。企业应确保甄选标准,坚持程序透明,避免性别、种族、年龄等歧视。通过统一的甄选流程和标准,确保所有候选人有平等的机会展示自己的能力和才华,从而维护企业的声誉。

3. 全面性原则

全面性原则要求甄选过程考虑候选人的知识、技能、性格、心理等多方面因素。通过多种甄选工具和方法,如面试、心理测试、情境模拟等,全面了解候选人的各方面素质和潜力,确保选出的候选人不仅能胜任当前岗位,还具有发展潜力和较强的适应能力。

4. 经济性原则

经济性原则强调甄选方法应经济高效,尽量降低成本。在保证甄选质量的前提下,应合理控制甄选的时间和费用。企业可以通过信息化手段,如在线测评和视频面试,降低甄选成本,提高效率,同时确保甄选过程的高效性和可操作性,避免不必要的资源浪费。

5. 合法性原则

合法性原则要求甄选过程应符合相关法律法规,维护候选人和公司的合法权益。企业在甄选过程中应遵守劳动法、反歧视法等法律规定,尊重候选人的隐私权和知情权,避免侵犯候选人的合法权益。通过合法合规的甄选程序,企业不仅能有效防范法律风险,还能提升自身的合规性和公信力。

5.1.4 甄选的意义

人力资源甄选是人力资源招聘管理的核心环节。有效甄选的意义体现在以下几个方面。

1. 提高招聘效率,降低员工录用的风险

人员甄选的过程,是使用科学的技术和方法测评应聘者,了解其身体状况、心理素质、个性特点、技能水平等各方面素质的过程。一系列科学而规范的测评可以帮助企业找到最适合拟聘岗位要求的人选,有效地提高人才与拟聘岗位的适配性,避免将不符合任职要求的应聘者留用,或者将合适的人才拒之门外的情况,从而提高人员招聘的效率,尽可能降低录用人员可能给企业带来的风险。

2. 满足企业对人才的需求

企业所处的发展阶段不同,对人才的需求层次或种类往往不同,不同环境背景和时期对人才的素质要求也会有所不同,而有效的甄选能为组织不断补充新生力量,实现组织内部人力资源的合理配置,为组织发展提供人力资源上的保障,满足企业对人才的需求。

3. 增强企业人员的稳定性，减少人员流失

企业招聘容易陷入选择最优人才的误区，往往容易忽视这些人才的稳定性。优秀人才就业选择的机会很多，入职后所面临的外界诱惑也很多，一些重要人才的流失往往给企业造成很大的损失。有效的甄选是对人事成本的有效利用，可减少重复性的人员招聘和安置所造成的损失，帮助企业聘用到最合适的优秀人才，增强员工工作稳定性和对企业的忠诚度，也可以避免招聘到不符合职位要求的员工。

4. 有利于员工录用后的安置和管理

通过人员甄选，企业可以大致了解应聘者各方面素质的差异，了解其优势和劣势，在安排具体岗位时，就可以做到用其所长，避其所短，使个人特点和岗位要求结合起来，实现人岗匹配。另外，有效的人员甄选还可以帮助主管人员在录用员工之前就了解其特点，有助于在今后的管理中有针对性地开展工作。

5.2　人员甄选流程

企业的人员甄选工作是一个复杂、完整而又连续的程序化操作过程。甄选的程序因招聘规模、用人理念、工作种类等不同而有所差异。一般情况下，合理的甄选流程应该按照以下几个阶段实施，如图 5-2 所示。

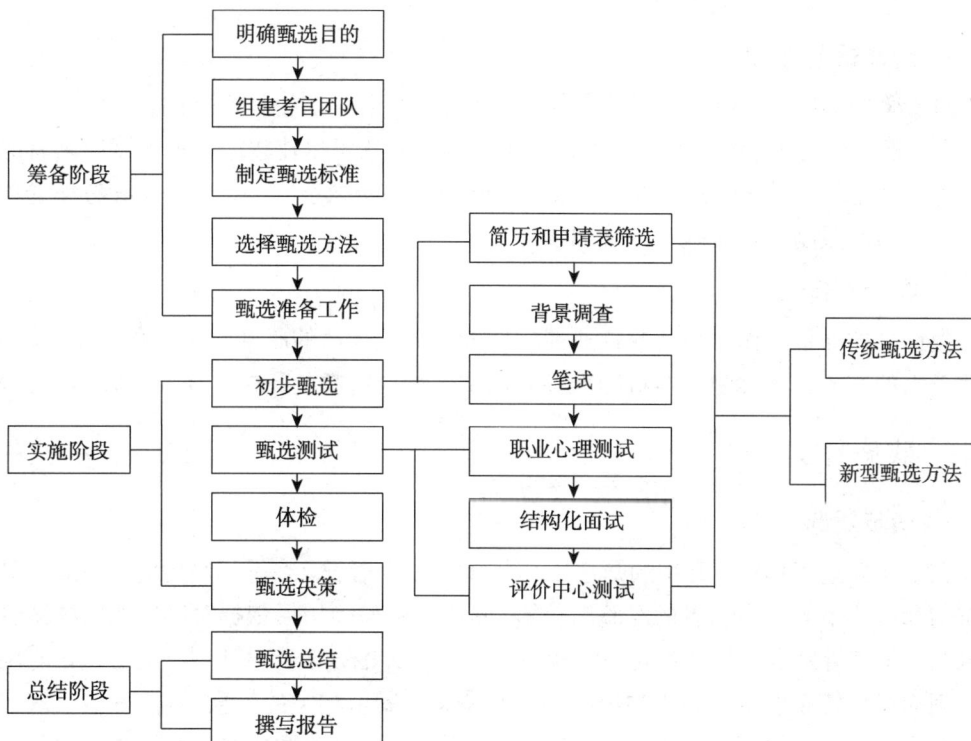

图 5-2　甄选流程

5.2.1 筹备阶段

1. 明确甄选目的

甄选目的是指为什么进行甄选以及甄选结果的用途。由于甄选除了应用于招聘以外，在人力资源管理的其他方面也能用到。在招聘情境中，甄选的首要目的是区分应聘者是否与招聘岗位匹配，而非选择最优者。企业要明确需要什么样的人才，需要解决什么问题。只有弄清了企业的真正需求，才有可能招聘到最适合的人才。人员甄选第一步要明确甄选目的，把适合的人放在正确的位置上，让引进的人才充分发挥其才智。

2. 组建考官团队

甄选的考官团队一般在招聘团队中产生，但不局限于招聘团队。甄选考官既要熟悉岗位工作内容，又要有很强的评价能力。通常情况下，考官团队由组织的高层领导、人力资源管理部门和用人部门领导、外聘人力资源专家或测评专家共同组成。

3. 制定甄选标准

甄选标准一般分为3大类：生理标准、技能标准、心理标准。生理标准主要是指年龄、健康等标准，有时根据工作的特殊需要，要提高相应标准，如服务员有身高、相貌要求，司机有视力要求等。技能标准是指学历、专业、工作经验、工作能力等标准，根据岗位需要制定。最难制定的标准是心理标准，需要考官团队依据企业要求和岗位要求制定。对内心世界的探测，可以借助各种测试完成。许多测试最早用于心理学领域，目前越来越广泛地运用于人力资源甄选中。

4. 选择甄选方法

对于不同的岗位，应该选择不同的测评方法。例如，对于技术岗位，专业知识的测试必不可少；而对于管理岗位，采用评价中心测试方法可以比较全面地测试应聘者的管理能力。具体用什么样的甄选方法，或是综合使用哪些甄选方法，还需要参考甄选项目的预算和时间限制以及实施条件等因素。

5. 甄选准备工作

甄选前的准备工作，包括甄选通知的发放、应聘人员的联系、场地和时间的确定、桌椅茶水的准备、各种测试器材的准备和调试、纸质材料的印刷、体检医院的联系等。

5.2.2 实施阶段

1. 初步甄选

在初步甄选工作中，常用的筛选工具是简历和申请表。在筛选简历时，一般从简历的结构和内容上判断应聘者的经验与技术，阅读完一份简历后依据对简历的整体感觉做出判断。而申请表是企业针对某一空缺岗位专门设计的初步筛选工具，由于其带有限制性，因而可以使企业接收到更加全面的与空缺岗位紧密相关的信息。

在审查筛选过简历或申请表后，应进行背景调查，该步骤主要是为了验证申请者所提供信息的真实性，获得申请者更全面的信息。进行背景调查主要是证实申请者简历中的细节，核实其有无违反纪律或隐瞒其他问题，并收集申请者的新信息及预测未来工作绩效。

由于个人简历和申请表所反映的信息不够全面，决策者往往容易凭个人经验与主观臆断来决定下一步进行甄选测试的人员，带有一定的盲目性，经常会产生漏选或错选的现象。因此，在经费和时间允许的情况下，可在初步甄选阶段加入预备性面试和知识测试。此阶段的面试和知识测试应当简短有效，尽可能让更多的应聘者参加，为后续工作增强意向性和针对性。

2. 甄选测试

通过初步甄选的应聘者，接下来就需要应对更多的甄选测试。常用的甄选测试技术有职业心理测试、结构化面试、评价中心测试等。职业心理测试又包括智力测试、个性测试、专业能力测试、职业倾向测试等。结构化面试是此阶段需要花费较多时间和精力去实施的一种测试方法。一般以观察和谈话为主，内容灵活但需考官团队提前准备好面试提纲，并进行多方面考查后填写《面试评价表》，为甄选决策提供依据。需要说明的是，对于招聘一般人才，甄选测试通常只需要进行结构化面试和心理测试即可；对于中高级人才，由于其素质会直接影响所在企业的工作绩效，需要在结构化面试和心理测试基础上进一步进行评价中心测试，以便对候选人的管理能力、职业价值观、领导风格等方面进行综合测评。

3. 体检

通过以上甄选过程的应聘者，通常要进行甄选的最后一个测试——体检。一般情况下，体检不作为一种选拔工具，而是为了剔除不符合职位身体要求的应聘者。体检能帮助企业清楚地了解应聘者的身体情况，有利于安排工作时考虑其身体因素。除此之外，体检后企业可以立即为员工建立健康档案，用于保险或员工赔偿要求，降低企业的相关费用支出。企业设定应聘

拓展阅读 5.3　《中华人民共和国就业促进法》对就业歧视的规定

者体格健康标准，一定要符合国家有关法律法规的要求。例如，除部队、幼师、食品和制药等类型的单位之外，一般行业用人单位不得以劳动者携带乙肝表面抗原为由，拒绝招用或辞退乙肝表面抗原携带者。

4. 甄选决策

应聘者通过层层考核和测试之后，考官团队应在此阶段做出最终甄选决策，并把甄选结果上报主管部门或企业负责人。甄选决策基本可以分为两类：简单的和复杂的。简单的甄选决策针对若干求职者申请一个职位的情况。在这种情况下，要根据对工作绩效具有重要价值的知识、技能和能力对应聘者进行评价。获得录用的是最符合职位要求的应聘者。复杂的甄选决策针对若干求职者申请若干职位的情况。在这种情况下，决策就不仅仅是录用谁的问题，它还涉及将被录用的人安排到什么职位上的问题。至此，甄选阶段主要工作告一段落，而在做出正式录用决定之前，企业一般会有试用期考察，以对上述甄选测试效果进行验证。试用合格后，企业给应聘者办理正式录用手续。

5.2.3 总结阶段

甄选测试工作之后，考官团队还需要进行甄选工作的总结，统计实施过程中所获得的信息资料，收集整理应聘者信息并进行备案，总结测试工具和技术的使用情况，评价测评指标体系的设计，并总结本次甄选工作的优点与不足。这一阶段考察团队需要根据岗位特点提出发展建议，并最终形成书面总结报告，为下一次甄选工作提供参考。

5.3 常用的甄选方法

如今，企业越来越需要用科学的手段挑选员工，这在一定程度上促进了甄选技术的不断发展，也推动了甄选方法的增多。严格地讲，只要是可以用来挑选人员的方法都属于甄选方法。一些方法早已被用于实践，常见的人员甄选方法有简历和申请表筛选、心理测验、面试、知识测试、背景调查、评价中心测试等。随着信息技术的发展，近年来还出现了一些信息化甄选方法。下面将对这些传统甄选方法和新型甄选方法进行简要介绍。

5.3.1 传统甄选方法

1. 简历和申请表筛选

经过招募阶段，企业会获取大量的应聘简历。除此之外，部分企业还会专门设计与制作申请表让应聘者填写后收集。简历和申请表都是用来确定应聘者是否满足应聘职位的最低要求，以及评估、比较应聘者的相对优势和劣势。二者都是比较传统而且运用非常广泛的初步筛选工具。相比之下，使用申请表的优点是能够弥补个人简历不利于筛选和比较的缺陷，提高筛选效率，缺点是不能如简历般提供更多的详细信息及各种复印件。初步甄选就是要淘汰掉那些不符合基本条件的应聘者，筛选出符合基本条件的应聘者进入下一阶段甄选程序。而对进入下一甄选程序的应聘者的个人简历或申请表中有不明确的地方，应该明确标示出来，以便进一步核实。

2. 心理测试

心理测试是应用心理学的相关理论，是指使用一定的操作程序，通过观察人的少数有代表性的行为，对于贯穿在人的全部行为活动中的心理特点做出推论和数量化分析的一种科学手段。人的心理特性是不能被直接观察到的，而且还存在明显的个体差异，但任何一种心理特性总会以一定的行为表现出来。

拓展阅读 5.4 IBM 的智力测试题

心理测试就是让人们在测验时产生某些行为，即个体对测验题目的反应，并根据这些行为反应来推论其相应的心理特性。心理测试按测验功能可以分为能力测验、成就测验、人格测验等。

随着心理学的发展，心理测试技术已经被广泛地应用于教育和人员甄选中。目前比较有影响力的心理测试有艾森克人格测试、韦克斯勒成人智力测验、霍兰德职业倾向测验、卡特尔 16 种个性要素测验、迈尔斯-布里格斯性格测验、大五人格测验等。专业的心理测试虽然科学，但比较复杂。目前，越来越多的公司选择自己设计心理测试题来测试应聘者。

3. 面试

面试即面试测评，也叫专家面试，是要求被测试者用口头语言来回答主试提问，以便了解被测试者的心理素质和潜在能力的测试方法。面试是企业最常用的甄选测试方法之一，是招聘选拔的重要过程。通过面试，招聘双方都可以获得更全面和更真实的信息。企业可以通过面试，了解应聘者的背景、个性、应聘动机等，并对应聘者做出有效的评估；同时，应聘者通过面试也能进一步对组织的情况有所了解，从而决定是否加入该组织。好的面试会为应聘者提供一个战胜自我和了解未来工作情况的良好机会，从而使应聘者对组织产生浓厚的兴趣；相反，低质量的面试会造成招聘双方的损失。面试方法主要有非正式面试、结构化面试和陪审团面试，甄选的不同阶段应该选择不同类型的面试方法。

4. 知识测试

知识测试主要是用来测试应聘者的基本知识、基本技能等的一种测试方法。当然，现在也有企业通过知识测试来测试应聘者的性格特点和兴趣等。通常来说，知识测试包含两个方面，即一般知识与能力测试和专业知识与能力测试。一般知识与能力测试包括个人的社会文化知识、智商、语言理解能力、数值才能、推理能力、理解速度和记忆能力等方面；专业知识与能力测试是测试与应聘岗位相关的知识和能力，如财务会计知识、管理知识、人际关系能力、观察能力等。知识测试的优点是一次能够出十几道乃至上百道试题，测试范围较广，对知识、技能和能力考核的信度和效度都较高，可以大规模地进行分析，用时少，效率高，报考人的心理压力较小，较易发挥水平，成绩评定比较客观。

知识测试的缺点主要表现在不能全面地考察应聘者的工作态度、品德修养以及组织管理能力、口头表达能力和操作技能等。因此，知识测试虽然有效，但还必须结合其他测评方法以补其短。一般来说，在企业组织的招聘中，知识测试作为应聘者的初次筛选，成绩合格者才能继续参加面试或下一轮测试。

5. 背景调查

背景调查就是企业在甄选过程中，通过各种正常的、合理的、合法的方法和渠道，对拟聘人员的工作经历、教育背景、兴趣、薪资等多种情况进行调查，以获得拟聘人员背景资料的相关信息，并将这些信息与拟聘者所提供的信息进行对比，作为企业对员工聘用的参考依据，为甄选决策提供重要的证据材料。如宝洁公司、可口可乐公司等许多中外大型企业为了降低企业人才招聘带来的风险，都会对公司研发工程师、配方员、市场销售经理等核心技术岗位和中高层领导岗位以及关键管理和销售岗位的拟聘人员进行背景调查，甚至不惜投入重金委托猎头公司、调查公司等外部机构进行背景调查，从而为员工聘用提供客观、真实的参考依据，避免因人员录用不当产生经济及技术损失和风险。

6. 评价中心测试

评价中心起源于德国心理学家 1929 年建立的一套用于挑选军官的多项评价程序，这种程序被英国、美国采用和改进后得到更广泛的应用，并于第二次世界大战后迅速发展起来。评价中心测试自 20 世纪 80 年代被引入我国，在企事业单位的人员招聘与选拔中有比较广泛的应用。这种方法主要用于甄选和评估管理人员，其核心内容是多种情境性甄选方法。运用这些情境性甄选方法，招聘者可以充分地对应聘者行为进行观察。但评价中心测试的费用较高，花费时间长，所需人力多。而且，参加评价中心测试的考官需要经过专门的训练。因此，这种方法一般在甄选中高级管理人员或较重要职位的人员时才使用。

5.3.2　新型甄选方法

我们正处在一个工作环境复杂多变的信息时代。新的职位层出不穷，固定的工作者——职位匹配的模式正逐渐让位于更具有灵活性的团队工作、弹性工作等工作模式。所有这些变革都对传统的人力资源甄选提出了挑战。为了迎接挑战，新型甄选方法应运而生，如信息化简历、视频面试、大数据背景调查、信息化笔试、新型心理测试、新型评价中心技术等，极大地提升了甄选的效率和准确性。

1. 信息化简历

信息化简历是利用数字技术和信息系统创建、存储、管理和传递的简历形式。与传统纸质简历相比，信息化简历更方便编辑，可通过互联网实现即时传递和大规模分发。职业社交平台（领英、赤兔、脉脉等）、在线招聘网站（BOSS 直聘、前程无忧、智联招聘等）、企业招聘系统以及教育机构和培训机构广泛应用信息化简历，帮助求职者和企业实现对接。

信息化简历存储在数字平台上，求职者可以随时访问和更新，企业也可以方便地进行存档和管理。许多信息化简历平台还开发了人工智能和大数据分析功能，能够自动分析简历内容，将简历与职位要求进行匹配，提高招聘效率和精准度。

与传统简历相比，信息化简历不仅包括文字，还可以嵌入图片、视频、音频和其他多媒体元素，这些元素能够生动地展示求职者的能力和成就。此外，信息化简历可以包含超链接，链接到求职者的个人网站、博客、社交媒体账号或在线作品集，招聘人员可以点击链接，借助人工智能工具（如抓取社交媒体信息的机器人等），进一步了解求职者的背景和能力。总之，信息化简历的优势在于提高效率、丰富内容、易于更新、环保、节约成本以及招聘精准度高。

尽管信息化简历有诸多优势，但也面临一些挑战。首先，信息化简历涉及个人信息的存储和传递，需高度重视信息安全和隐私保护。求职者和企业都需要采取措施，确保简历信息不被泄露或滥用。其次，信息化简历依赖于数字平台和互联网，技术问题可能影响简历的创建、存储和传递，如平台故障、网络问题等可能导致简历无法正常访问或传递。最后，信息化简历形式多样，缺乏统一标准，招聘人员需要熟悉不同形式的简历，可能增加筛选和评估的难度。部分求职者可能不熟悉信息化简历的制作和管理工具，特别是一些年长者或技术使用不熟练的人群，需要经过更多培训和帮助，才能适应信息化简历的使用。

信息化简历作为一种现代化的求职工具，凭借其高效、丰富和便捷的特点，正在逐渐取代传统纸质简历，成为求职和招聘的主流方式。尽管面临一些挑战，但通过不断优化和完善技术，信息化简历将在未来的人才招聘中发挥越来越重要的作用。招聘人员和求职者应积极适应这一变化，充分利用信息化简历带来的优势，实现招聘和求职的双赢。

2. 视频面试

视频面试是指通过网络视频技术进行的远程面试，与传统的面对面面试相比，它能够打破时间和空间的限制，为求职者和招聘方提供更为灵活便捷的沟通方式。随着互联网和视频技术的发展，视频面试已成为现代招聘中一种常见且有效的工具。

视频面试通常需要借助视频会议软件，如腾讯会议等，通过网络进行实时或预录的面试交流。视频面试的形式主要包括实时视频面试和预录视频面试。实时视频面试是在特定时间内，面试官和求职者同时在线，通过视频进行面对面的交流和互动。预录视频面试则允许求职者根据预设的问题，在方便的时间录制回答视频，招聘人员在之后的时间进行评审。

视频面试具有多项优点。第一，它突破了时空限制，使企业能够面试来自全球的候选人，尤其适合跨国公司和需要国际人才的岗位。同时，企业和求职者可以根据各自的时间安排进行协调，预录视频面试更为灵活，不受时间限制。第二，提高了效率，企业可以快速安排多轮面试，记录和回放功能有助于更全面的评估。第三，减少了交通和住宿费用，视频面试节省了成本，并减少了长途旅行对环境的影响。然而，视频面试也具有一些缺点。例如，依赖网络状态和视频设备的稳定性，网络连接问题和设备故障可能影响面试效果；缺乏现场互动的真实感，面试官和求职者难以完全捕捉对方的非语言信号和微表情；隐私和安全问题也是一个重要考量，双方需要确保面试过程中个人信息和内容的安全；对于不熟悉视频技术的求职者来说，视频面试可能增加紧张感和技术操作负担。

为了优化视频面试的效果，企业应选择功能齐全、安全性高的平台，并提供详细的操作指南和技术支持。面试环境应安静、光线良好且整洁，面试官和求职者应注意保持非语言沟通。录制和回放功能可以帮助面试官更好地评估求职者的表现。企业应在面试前向求职者介绍流程和期望，并在面试后及时提供反馈，以保持良好的候选人体验。

随着技术的进步和应用的普及，视频面试还可以进一步融合虚拟现实（VR）、增强现实（AR）、人工智能和大数据分析技术，这样不仅可以打造更加逼真和互动的体验，还有助于招聘者通过面部表情识别、语音情感分析等技术，获得更全面和客观的评估。

3. 大数据背景调查

大数据背景调查是指利用大数据技术和分析工具，通过收集、整合和分析候选人的多种数据来源，全面评估应聘者背景信息和职业履历。这种方法突破了传统背景调查的局限，通过数据驱动的方式提高了调查的准确性、效率和全面性。大数据背景调查已成为现代人力资源管理和招聘过程中不可或缺的一部分。

大数据背景调查利用互联网和各种数据库，收集候选人的信息。这些信息不仅包括传统的教育背景和工作经历，还涵盖社交媒体活动、职业社交网络、公开的法律记录和财务状况等多种数据来源。通过数据挖掘、机器学习和人工智能技术，这些数据被整合、分析和解读，并生成候选人的综合背景报告。

大数据背景调查主要经历数据收集、数据整合、数据分析以及报告生成4个步骤。数据收集即收集候选人的多种数据，以便全面评估其背景信息和职业履历。这些数据包括内部数据（如简历、申请表和推荐信）、外部数据（如社交媒体、职业社交网站、法律和财务记录）以及第三方数据（如信用报告、教育和工作经历验证）。技术人员对这些数据进行清洗、去重和标准化处理，以确保数据的准确性和一致性，再利用大数据分析工具和算法，对整合后的数据进行深入分析，涵盖教育背景、工作经历、专业技能、社交行为、信用记录和法律记录等维度，最终生成详细的背景调查报告，提供全面的风险评估和建议。

大数据背景调查具有显著的优势。它能够涵盖候选人的各个方面，提供比传统背景调查更全面的信息；利用自动化的数据收集和分析工具，大数据背景调查可以在短时间内处理大量信息，提高了背景调查的效率，缩短了招聘周期；它能够通过多维度数据交叉验证，提高信息的准确性和可靠性，为招聘决策提供科学的数据支持，帮助企业作出更明智的选择，降低招聘风险。

大数据背景调查的缺点有：调查内容容易泄露大量个人敏感信息，必须严格遵守隐私保护法律法规，确保数据的安全性和合法性；不同来源的数据质量参差不齐，可能存在不准确、不完整或过时的信息，需要有效的数据清洗和验证机制；依赖于先进的技术和工具，企业需要具备相应的技术能力和资源，并且随着技术的快速发展，企业需要不断更新和优化背景调查系统；可能涉及对候选人隐私和个人自由的侵犯，企业需要在数据收集、使用过程中遵循道德和伦理准则，确保调查过程的公平和透明。

大数据背景调查利用了多种数据来源，提供了比传统背景调查更全面、准确和高效的解决方案。尽管面临隐私保护、数据质量和伦理问题等挑战，但通过科学合理的设计和实施，大数据背景调查能够有效提升招聘质量和管理水平。随着技术的不断进步，大数据背景调查将在未来的人力资源管理中发挥越来越重要的作用。企业应积极探索和利用这一技术，实现高效、精准和智能的人才管理。

4. 信息化笔试

信息化笔试是一种基于计算机和互联网技术的在线考试方式。随着信息技术的迅速发展和广泛应用，信息化笔试已成为现代招聘流程中的重要环节，帮助企业更高效、精准地筛选和评估候选人。

信息化笔试通常通过在线考试系统或平台进行，考生可在指定的时间和地点，通过计算机或其他数字设备完成考试。其形式多样，既可以是在线实时考试，也可以是限时提交的在线试卷。题型上，信息化笔试涵盖自动评分的选择题、判断题、填空题等客观题，以及需要人工评分的主观题（如案例分析等），充分满足不同评估需求。

与传统纸质笔试相比，信息化笔试具有多项优势，能够显著提升招聘的效率和质量。首先，信息化笔试不受地域限制，考生可以在任何有互联网连接的地方参加考试，考试组织者也能灵活安排考试时间和地点，节省了双方的时间和交通成本，适应多样化的需求；其次，信息化笔试省去了试卷印刷、运输和收发等环节，自动评分系统也能即时生成考试成绩，有效减少阅卷时间，从而加快筛选流程；通过随机生成试题和打乱题目顺序等手段，信息化笔试可有效防止作弊，确保考试的公平性和公正性，从而提升招聘的透明度和可信度；信息化系统还能对考生信息、考试安排和成绩记录进行统一管理，方便考试组织者安排考试、查询成绩，并为企业存档和分析历史数据提供支持；最后，信息化笔试减少了纸张使用，响应绿色办公的环保理念，降低了企业的运营成本。

然而，信息化笔试也面临一些挑战。它依赖于计算机设备和网络环境，技术故障（如网络中断、系统崩溃）可能会影响考试的顺利进行，因此需要完善的技术支持和应急预案。这要求企业在技术选择和维护上投入更多资源。此外，考试数据的安全性和考生隐私的保护是信息化笔试需要重点关注的问题，需要采取加密技术、防火墙等措施，确保数据的安全传输和存储，避免数据泄露和滥用。信息化笔试还需要建立和维护高质量的题库，这需要投入大量的人力和资源，确保题目的科学性、合理性和安全性。题库的更新和维护也是一项持续性的工作，要求企业不断投入和优化。

随着信息技术的进一步发展，信息化笔试将在未来的招聘中发挥越来越重要的作用，帮助企业实现高效、精准的人才筛选和评估。企业应积极采用信息化笔试，提升招聘管理水平，实现招聘流程的现代化和智能化。

5. 新型心理测试

近年来，随着科技的发展，涌现出一些新型的心理测试技术，脑象图测评技术便是其中之一。脑象图测评技术是利用脑电图（EEG）设备，通过记录和分析个体在特定任务或情境下的脑电活动，以评估其认知功能、情绪状态和心理特征的一种先进的测评方法。

在人才招聘中，这项技术提供了一种科学且全面的评估工具，能够超越传统的面试和笔试，深入了解候选人的内在能力和状态。通过脑象图测评，企业可以评估候选人的注意力、记忆力、问题解决能力和决策速度等认知功能，同时还可以通过模拟压力情境，观察候选人在压力下的脑电活动，从而评估其抗压能力。此外，脑象图测评还可以结合特定的心理测验，分析候选人的情绪稳定性、适应性和动机水平等心理特征，从而判断其与企业文化的契合度以及未来在团队合作中的表现。尽管这项技术在技术复杂性、候选人接受度和数据解读方面存在一定挑战，但它提供了客观、实时和多维度的数据，使企业能够更准确地评估候选人的综合能力，提高招聘质量。关于更多脑象图测评技术的内容将在第 6 章中详细介绍。

6. 新型评价中心技术

在以互联网为基础的商业组织环境下，人工智能、大数据、社交媒体和移动应用程序的出现使得评价中心技术也有了新的发展，游戏化测评便是"互联网+"、大数据背景下评价中心的一种新兴交叉技术。它融合了传统评价中心中的角色扮演、管理游戏等情境性甄选方法，依托于各类电子设备平台，将游戏或游戏的思维、元素机制等应用于人才测评中，使测评过程在

视频 5.2 人工智能在人才甄选中的应用

变得好玩有趣的同时，能够将组织的不同方面展现给测评对象，使游戏任务情境与岗位

相匹配。通过观察应聘者在游戏中的表现，招聘单位得以确定应聘者与组织的匹配度，进而找到最适合本单位的人才。对于应聘者来说，这一技术可以使自己找到适合的岗位，并获得愉快的应聘体验。关于更多游戏化测评技术的内容将在第 6 章中详细介绍。

5.4　甄选方法评价

人员甄选就是借助各种测试方法来选拔应聘者的过程。这些测试方法是否可靠，对应聘者的测试报告能否正确地反映应聘者的真实情况，对甄选效果影响很大。所以，企业在选择甄选方法之前要了解其"信度"和"效度"，这样有利于甄选方法的选用。当然，企业在招聘工作完成后，还需要对所用甄选方法的可靠性和正确性进行验证，这样有利于下次甄选方法的选用和改进。

5.4.1　信度

对人力资源甄选来说，信度是指甄选研究中进行测量所得结果（预测工具、效标或其他变量）的可靠性、一致性或稳定性。

例如，我们到市场上买 5 斤苹果，对于测量苹果的重量，我们可能运用多种方法：用手拎，用眼观察估计，用杆秤测量，用电子秤测量等。而我们一般会选用电子秤测量的方法，因为这种方法信度更高。信度高低是评价一个测量工具好坏的重要指标，好的测量工具必须稳定可靠，多次测量的结果要保持一致。

在研究信度时，我们需要考虑两方面的问题：稳定性与影响稳定性的原因。而稳定性问题，涉及以下 3 个方面：第一，测量结果一致性的程度，即不同时间、不同测量条件下所得结果之间的一致性程度；第二，测试者所得分数与真实分数之间的接近程度；第三，测量一致性是否可以达到实际应用的程度。影响稳定性的原因，涉及两个方面：第一，哪些因素造成了这种差异；第二，这些误差效应的相对作用如何。

视频 5.3　信度的影响因素

1. 信度系数

在统计学上，信度通常由信度系数来表示。信度系数是真实分数的方差与实得分数的方差的比率。我们用以下公式表示

$$\gamma_{xx} = \frac{S_T^2}{S_X^2} \tag{5-1}$$

式中，γ_{xx} 代表信度系数；S_T 代表真实分数；S_X 代表实得分数。

由于真实分数的方差是无法直接测量的，因此信度是一个理论上构想的概念，只能通过一组实得分数来估计。由于每一个测试的实得分数 X 总是由真实分数 T 和误差 E 两部分组成，上述公式可转化为

$$\gamma_{xx} = \frac{S_X^2 - S_E^2}{S_X^2} = 1 - \frac{S_E^2}{S_X^2} \tag{5-2}$$

式中，S_E代表误差分数。

因此，信度也可以看作总的标准差中测量误差的标准差所占的比例。

一般来讲，信度最高的情况为$\gamma_{xx}=1.00$，但实际情况下基本达不到。一般能力与成就测试的信度系数应在 0.90 以上，有的可以达到 0.95；性格、兴趣、价值观等人格测评的信度系数通常在 0.80～0.85；用于团体间比较的信度系数应不低于 0.70；而只有当信度系数不低于 0.85 时，才可用于个体测试。当信度系数低于 0.70 时，在人力资源甄选中既不能用于团体测试，也不能用于个体测试。表 5-1 展示了几种常见类型的测量工具的信度系数。

表 5-1　几种常见类型的测量工具的信度系数

测 验 类 型	信　　度		
	低	中	高
成套成就测验	0.66	0.92	0.98
学术能力测验	0.56	0.90	0.97
成套倾向性测验	0.26	0.88	0.96
客观人格测验	0.46	0.85	0.97
兴趣问卷	0.42	0.84	0.93
态度量表	0.47	0.79	0.98

2. 测量误差

在日常生活中，我们常常会遇到测量误差。例如，我们用磅秤来测量自己的体重，可能会出现第一次测量出的结果跟第二次测量出的结果不一样的情况，也可能会出现在这个秤上测出的结果与在另外一个秤上测出的结果不一样的情况，甚至还有可能出现由不同的操作者来测量，会得出不同测量结果的情况。这些测量结果与真实结果之间的差异，就是误差。我们对应聘者知识、技能、心理特征等方面的测量，并不具有对生理特征的测量那样的准确性。因此，人员甄选并没有绝对的信度，在一定程度上存在着误差。一般而言，误差越大，甄选测量的信度就越低；误差越小，甄选测量的信度就越高。

甄选测量误差的出现一般与测量系统本身的性质、测量对象的性质、实施测量的情境、估计信度的方法等几个方面有关。由测量系统或工具本身引起的误差，叫作系统误差。由与测量目的无关的偶然因素、操作差异或者外界因素的影响而引起的误差叫作随机误差。系统误差影响测量结果的准确性，但不影响结果的稳定性，而随机误差既影响准确性又影响稳定性。

每一个测量的实得分数 X 总是由真实分数 T 和误差 E 两部分构成的，用公式表示如下

$$X = T + E \qquad (5\text{-}3)$$

式中，X 代表被试者在实际测量中所得分数；T 代表被试者在测量中真实得到的分数；E 代表被试者在测量中的误差分数，即被试者的实得分数中，测量时出现的与测量因素无关的一些因素影响的数量。

这种实得分数由真实分数和误差分数两部分构成的观点是测量理论的一个基本原理。

3. 信度种类

针对不同的误差来源，可以有不同的估计信度的方法。不同方法得出的信度系数，只能说明信度的不同方面具有不同的意义。4 种常见的信度种类及其估计方法有：重测信度、复本信度、内部一致性信度、评分者一致性信度。这些不同的种类分法或者不同的估计方法，一个重要的区别在于，每一种方法对测量误差有不同的认定。这一种方法可能将某因素看作误差，另一种方法却可能将这种因素看作有意义的信息。评估者可以根据自己侧重的误差因素，选用最合适的方法进行信度的估计。

拓展阅读 5.5　生理属性测量与心理特征测量的信度比较

1）重测信度

重测信度又称"稳定性信度"，是指用同一测验工具或方法对同一组被试者施测两次所得结果的一致性程度。重测信度所考虑的是评估时间差异造成的误差及其对测验稳定性的影响，这些影响包括气候、噪声等其他环境因素的变化，以及被试者因疾病、疲劳、情绪波动、焦虑等原因造成的对测量结果的影响。重测信度越高，代表该测量受时间因素的影响程度越小，测量结果越稳定。

评价重测信度时应注意重测间隔时间长短对重测相关系数的影响。间隔时间太短，而试题重复量过大，被试者对测试题记忆犹新，两次测量结果可能会与假性高相关；而间隔时间太长，环境变化和被试者身心情况变化所带来的影响可能会降低相关系数。最合适的时间间隔需根据测试目的和性质以及被试者特点的改变来确定。一般认为，时间间隔最好不超过 6 个月，在 1～3 个月。在甄选总结阶段，进行测评结果报告时，应该附上两次测评的间隔时间，以及在此期间被试者的相关经历，这样才能使结果更具参考价值。值得注意的是，重测信度一般只反映随机性因素所导致的变异度，应试者由于时间差异，智力、能力等得到提高，导致前后一致性程度低，这并不能说明该测量工具的重测信度低。

估计重测信度，最为简单的方法是计算前后两次测评得分的积差相关系数。计算公式为

$$\gamma = \frac{N\sum xy - \sum x \cdot \sum y}{\sqrt{\left[N\sum x^2 - \left(\sum x\right)^2\right]\left[N\sum y^2 - \left(\sum y\right)^2\right]}} \qquad (5\text{-}4)$$

式中，γ 代表稳定性系数；N 代表测评结果数据的个数；x 代表被分析的测评结果；y 代表重复测评得到的结果。

2）复本信度

复本信度又称等值性信度，是指采用两个功能等值但题目内容不同的测验复本来测量同一组被试者所得结果的一致性程度。这里所谓的等值，是指在测评内容、效度、要求、形式上都相同，因而其中一个测评可看作是另一个测评的近似复写，即复本。重

测信度和复本信度的区别在于，重测信度采用与第一次相同的测试项目进行第二次测验，因此可能受到学习、记忆和动机变化的影响；而复本信度则通过使用等值的复本测试替代相同的题目，从而避免了这些问题。

复本测验有两种方式：一种方式是在同一时间里连续进行测验，此时相关系数反映的是不同复本的关系，不受时间影响。而在实际工作中，为了避免施测顺序效应，让一半被试者先做其中一个复本，另一半被试者做另一个复本。这种方式可以判断两次测验内容之间是否等值，因此用这种方法得到的信度系数被称为等值性系数。另一种方式是间隔一段时间后再进行测试。这种方式不仅可以判断两次测验之间内容的等值状况，而且可以反映出时间因素对被试者潜在属性的影响程度。因此，用这种方法得到的信度系数被称为等值稳定性系数，是更为严格的信度考察方法，也是应用较广泛的方法。

3）内部一致性信度

可靠的测量系统的一个重要特征是整个测量系统的各个组成部分是相互关联的，因此，我们可以认为这个测量系统测量的是同一个事物。测量系统内容相似性的一个指标是内部一致性信度。内部一致性信度是指把同一组被试者进行的同一测试分成若干部分加以考察后，分析各部分所得结果之间的一致性程度。这种一致性可以用各部分结果之间的相关系数来判别，所以它又被称为内部一致性系数。这一系数是检测测验本身好坏的重要指标。

例如，某测试一共有 10 道 100 以内的加减法计算题，能够正确计算并回答出其中一道题的被试者，也许就能够正确计算回答出另外 9 道题；那些不能够正确计算并回答出这道题的人，可能也不能正确回答其他 9 道题。在这种情况下，这套测验就是内部一致或均一的，内部一致性信度高。

内部一致性信度是使用最为频繁的信度估计方法之一，通常包含以下两种具体的操作方法：分半信度和同质性信度。分半信度只施测一次，通常在测试后将测试题分为等值的两半，分别计算被试者在两半测试上的得分，得出这两半分数的相关性。奇偶分半法是最常见的分半方法，即将所有测试题按题号分为奇数题和偶数题。同质性信度是指测试内部的各个题目在多大程度上考察了同一内容或特质。所有题目都应该保证只测量了一项内容或特质，同质性信度低时，即使各个测试题看起来似乎是测量同一特质，但事实并非如此，这样就无从判断究竟反映了被试者的什么特征。

4）评分者一致性信度

评分者一致性信度是指不同评分者对同一组被试者进行评定时的一致性程度。这一指标主要测试评分者的主观误差。这种信度估计主要用于对面试与观察评定等主观性较强的测试方法获得的结果的可靠性分析。评分者及其测评的无关差异越小，测评与选拔结果就越可靠。事实上，评分者误差是测量误差的一个重要来源，评分者的知识水平、对测评标准的把握、因心理效应而产生的各种心理误差等，都容易使评分者对同一被试者的评分产生差异。

5.4.2 效度

简单地说，效度即有效性，是指测量到的结果反映所要考察内容的程度。"测试的效度"是简便的说法，实际上效度指的是"测量结果的效度"，是指测量结果的准确性程度，而不是指测试本身。进一步理解什么是效度，需要把握以下几点。

（1）效度不是直接测量得到的，而是根据已有的证据推理得出的。

（2）效度的概念具有相对性。效度是针对测量目标而言的，反映了测量结果对测量目标的体现程度。任何一个人员测评方案都是为特定目标设计的，不存在一种对任何目的都有相同效果的测评方案。因此，在使用和评价某测试时，应该根据其用途，有针对性地考察效度。

（3）效度是连续性的，效度高低只是程度上的差别，它不是"全有"或"全无"的变量。因此，应避免对某一素质测评结果用"有效"或"无效"来衡量，应用"高效度""中等效度""低效度"等评价标准。

（4）效度是测评的随机误差与系统误差的综合反映。测评的随机误差影响测评信度，而测评的系统误差与随机误差影响测评效度。

从测量理论角度，效度的定义可以用相关系数来表示，即与测量目标相关的真实分数方差与总分方差的比率。用公式可以表示为

$$\gamma_{xy} = \frac{S_V{}^2}{S_X{}^2} \qquad (5\text{-}5)$$

式中，γ_{xy}代表效度系数；S_V代表有效分数；S_X代表总分数。

求出的效度系数γ_{xy}值越高，表明所编制的测验准确性越高。一般标准化测验的效度系数在0.4～0.7。效度系数最大等于1，表明测试完全反映了所要测验的内容；最小等于–1，表示测验结果与受试者的实际水平完全相反。实际上，这种完全相关（或正、或负）的极端情况是很少发生的。当效度系数等于0时，表示测验结果与所要测量的内容无关。

1. 信度与效度的关系

信度与效度所考虑的误差不同。信度考虑的是随机误差的影响，效度考虑的误差还包括对测验目的来说无关的变量所引起的系统误差。

信度与效度在同一测验中的关系有4种情况，具体如下。

（1）信度高，效度未必高。测量结果反映被试者实际情况的信度很高，但是，对于测量所要说明的问题来说，它的效度可能很高，也可能不高。

（2）信度低，效度必然低。这就是说，调查结果反映调查对象实际情况的信度很低，它必然不能有效说明调查所要说明的问题。这说明，有不可信的设计，就不可能有可信的调查，更不可能有效说明调查所要说明的问题。

（3）效度高，信度必然高。这就是说，调查结果能有效说明调查所要说明的问题，它所反映的调查对象的实际情况必然是可信的。

（4）效度低，信度未必低。这就是说，调查结果不能有效说明调查所要说明的问题，对于反映调查对象的实际情况来说，它的信度可能很低，也可能很高。

另外，信度与效度同时提高有难度。同一测评要同时拥有较高的信度和效度是比较困难的。如果测评是同质性的，测评的各个部分都以同一因素测评同一属性，那么将会

有高度的内在一致性信度。但是，如果用同质性测评对某种效标进行预测时，可能因为测评分数中构成这部分方差的单一因素与效标分数中构成这部分方差的几个因素缺乏共同性，缺乏建立联系的机会，从而使效度下降。如果测评是异质性的，测评分数中构成这部分方差的几种因素与效标分数中构成这部分方差的几种因素建立联系的机会较多，它的内在一致性信度可能较低，但有较高的效度。解决这一问题的最好办法是避免采用单一测评，尽量采用成套性的测评。

视频 5.4 效度的影响因素

2. 效度种类与估计方法

估计效度的方法有很多，J. W. 弗伦奇（J. W. French）和 W. B. 米歇尔（W. B. Michel）根据测验目标把效度分为内容效度、构想效度和效标关联效度，这种分类为美国心理学会在 1974 年发行的《教育与心理测验之标准》一书所采纳，成为通行的效度分类方法。

1）内容效度

内容效度，是指测验题目对有关内容或行为范围取样的适当程度，即一个测验实际测到的内容与所要测量的内容之间的吻合程度。因此，一个测验的内容效度必须具备两个条件：一是要有明确的内容范围。内容范围可以是一个明确而有限的题目总体，也可以是由编制者界定的一些范围较广的材料与技能，也可以包括具体知识或复杂的行为。二是测验题目应是所界定的内容范围的代表性取样。例如，要想测试员工的工作绩效，就应该先从工作行为角度界定工作内容，然后随机挑选一些任务和工作行为作为测试中的行为样本。

内容效度的确定方法有以下 3 种。

第一种，逻辑分析法。

专家根据自己的知识、经验对评定量表的有效性（逻辑性）做出判断，也称逻辑效度。为使内容效度的判断过程更客观，一般采用下列步骤，如图 5-3 所示。

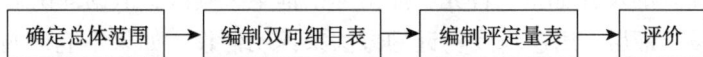

确定总体范围 → 编制双向细目表 → 编制评定量表 → 评价

图 5-3 内容效度的确定步骤

确定测验内容的总体范围，即描述有关的知识与技能及所用材料的来源；编制双向细目表，即确定内容和技能各自所占的比例，并由编制者确定各题目所测的是何种内容与技能；编制评定量表，即测量测验的整个效度及其他特点。最后，从测验内容所测的技能、题目对所定义的范围的覆盖率、题目数量和分数的比例以及题目形式的适当性等方面，对测验做出总的评价。

第二种，统计法。

借用评分者一致性信度、复本信度、重测信度来估计内容效度。如再测法。即对同一组被测者用同一个测评要素试题的两个复本在培训前后实施测评，该测评内容的效度可以由两次测评成绩差异的显著性来加以判断。如果两次测评分数的平均数有显著差异，且培训后优于培训前，则表明测评所测量的内容正是培训的内容，可以认为测评的内容具有效度；如果两次测评分数的平均数无显著差异，则表明测评所测量的内容与培训的内容不符，可以认为测评的内容效度较低。

第三种，蓝图对照分析法。

这一方法是将测试内容与设计蓝图对照，将内容范围的内涵等与蓝图逐一对比检查，再做出分析判断。例如，对知识测评的效度鉴定，是把试题涵盖的知识内容、各部分内容在试卷中的比例、测评目标层次结构等与蓝图或双向细目表逐一对照检查，从而鉴定测评效度。

内容效度适合于评估教育和职业成就测验，其中，内容效度对效标参照测验尤为重要，因为在效标参照测验中，被试者的表现往往以测验内容来解释。内容效度也适用于某些用于选拔和分类的人事测验。在这种测验中，测验内容是实际工作的一个样本，应包含实际工作所需要的技能和知识。在这种情况下，应该通过内容效度的分析来确定测验是否的确测量了实际工作中所需要的技能和知识。但内容效度的评估一般不适用于能力倾向测验和人格测验。能力倾向测验和人格测验不太要求与所取样行为领域的内在相似性，其测验题目的选择更多地受某种假设的指导，这种假设的正确与否最后由测验的其他效度形式来确定。

2）构想效度

构想效度，也称结构效度、建构效度，是指一个测验实际测到所要测量的理论结构或特质的程度。在实际测评中，我们会遇到智力、动机、态度、品德等抽象概念。对这些素质，我们是无法直接测评的，总是需要通过选取一些具体的行为进行测评，以此来推断实际的素质水平。例如，对"善良"这一素质，我们不能直接进行测评，但如果被试者有爱做好事、拾金不昧、关心爱护小动物、资助贫困儿童、尊老敬老等行为，我们可以推断被试者具有"善良"的特质。把抽象素质构想成具体行为特征（指标），是否具有效度是最关键的，这是测验是否能正确反映理论构想的关键。构想效度论及的问题是：如果这个测量工具有效度，不同指标是否会产生一致的结果。

构想效度确立的步骤如下。首先，提出理论框架；其次，依据理论框架推演出有关测验成绩的假设；最后，用逻辑或实证的方法来证明假设。如果不能证明，则应该修改上述假设，直到能做出恰当解释为止。例如，根据一般的智力理论，可提出4项主要的假设：第一，智力随年龄的增长而增长；第二，智商是相对稳定的；第三，智力与学业成就有密切关系；第四，智力受遗传和环境的影响。根据上述假设，编制智力测验，再对测验的结果进行分析。如果受测者的分数随着年龄的增长而增长，其智商在一段时间内保持相对的稳定，智力与学业成就之间有正相关存在，同卵双生子的智力相关高于一般兄弟姐妹，一起抚养的双生子的智力相关高于分开抚养的双生子，这些实际的研究结果就成了肯定该测验构想效度的有力证据。因此，确定构想效度没有简单的逻辑分析或统计分析，需要从各种来源中逐渐累积资料以确定测验的构想效度。

确定构想效度的方法可分为测验内方法、测验间方法、考察测验的实证效度法和实验操作法。

测验内方法主要是通过研究测验内部构造（如测验内容、对题目作出反应的过程、题目间或分测验间的关系）来界定所测评的构想的范围。具体来说：一是分析测验的内容效度。若内容效度高，说明其构想效度也高。二是分析被试者对题目的反应过程。通过观察被试者的操作，询问其如何处理题目，借助必要的统计分析，可以发现究竟哪些变量影响了被试者的反应，因而可以确定是否测评了要测的特质。例如，人格测验中某题目"我喜欢在别人面前说另一个人的缺点"，某被试者回答"否"，当被询问他是怎么考虑时，被试者回答："一个人如果喜欢在别人面前说另一个人的缺点，那他就是个小人。"显然，从被试者的回答中可以看出，这一测试题还反映了被试者的道德观念，受道德因素的制约，如果用这样的题目来测量人格，则构想效度并不高。三是分析测验的内部一致性。对内部一致性进行估计的方法主要有克伦巴赫系数、分半系数、斯皮尔曼-布朗公式等。通过判断测验测的是单一特质还是多种特质，从而确定测验构想效度的高低。测验的一致性可以为构想效度提供证据。

测验间方法的特点是同时考虑几个测验间的相互关联，考察这些测验是否在测量同一特质，通过这种方式来确定测验的构想效度。包括以下几类：一是相容效度。估计被试者在新测验上的分数与原有的、已知的、效度较高的同类测验上的分数之间的相关性。若相关性高，则说明新测验可能有较高的效度。二是会聚效度。要确定一个测验的构想效度，则该测验应与理论和测量相同特质或构想相关的变量之间存在高相关性。例如，一个数学推理能力测验与数学课成绩的相关就是会聚效度。三是区分效度。一个有效的测验不仅应与其他测量同一构想的测验有关，而且还必须与测量不同构想的测验无关。用此种方法确定的效度称区分效度。例如，一个数学推理测验与阅读理解能力测验的相关性显著低，就是区分效度高。因为在测验设计时，已将阅读理解能力作为数学推理能力的无关因素来考虑。四是因素效度。通过对一组测验进行因素分析，找到影响测验分数的共同因素，每个测验在共同因素上的负荷量，即每个测验与共同因素的相关，称作测验的因素效度。

考察测验的实证效度法是指根据测验得分差异把被试者分组，考察其所测特质（行为表现）的差异。测验分数与效标行为的一致性有助于证明测验确实测量了某种构想。

实验操作法是指通过控制某些实验条件，观察其对测验分数的影响，从而获得构想效度的证据。例如，甄选过程中举行两次知识测试，使被试者相信其中一次考试关系重大，另一次考试无关紧要，然后在两场考试前进行焦虑测验，看被试者的两次焦虑测验分数是否存在显著差异，并分析原因。如果有些被试者在两次测验前的焦虑分数无显著差异，则他们根本不存在考试焦虑；如果焦虑分数有显著差异，并且发现这些被试者确实在自认为重要的考试中表现出更高的焦虑水平，那就证明这个测验确实有构想效度。

构想效度是一个有争议的概念。有人认为它反映了效度的本质，所有其他效度概念都包含于构想效度中。但也有人强烈反对构想效度这个概念，认为它无法直接考察，违反了操作论的原则。另外一些人认同这个概念，但建议作些修正。总的看来，构想效度这一概念的最大贡献是把着眼点放在提出假设、检验假设上，使心理测验不再是做出实际决策的辅助工具，而是成为发展心理学理论的重要工具，从而使测验有了更广阔的发展前景。

3）效标关联效度

所谓效标，是指效度标准，即确实能显示或反映所欲测评的属性的变量，是考察鉴定测验效度的一个参照标准，通常是指我们要预测的行为。效标关联效度又称为效标效度，是以某一种测评分数与其效标分数之间的相关来表示的效度。例如，对于一个管理能力测验而言，其效标可以是将来管理工作的绩效。效标关联效度往往用于预测性测验，因而广泛应用于人力资源甄选中。

根据搜集效标的时间，可以将效标效度分为预测效度和同时效度。预测效度的效标材料往往是测量结束后隔一段时间才能获得。预测效度适用于人员选拔、分类和安置的人事测验。常用的效标有专业训练的成绩、实际工作的表现等。而预测效度的效标不能及时获得，要经过一段时间才能收集到，这段时间可能是数周、数月，甚至是数年，这就需要用追踪的方法，对被试者的未来行为表现进行长期观察并积累材料，以衡量测验结果对其将来表现的预测能力。另外，效度的效标材料可以和测验分数同时收集，因为同时效度可以替代预测效度。例如，大学生的测验成绩可以与其在学校的学习成绩相比较，选拔测验的得分也可以与被试者在现有工作中的绩效作比较。同时效度是用途很广、非常实用的一种效度。

可以用来作为效标的变量有很多。效标可以是连续变量（如分数），也可以是分类变量（如职业）；可以是自然的现成的指标（如产量、薪水），也可以是人为设计的指标（如课堂测验）；可以是主观评判，也可以是客观测量。所以，效标可以细分为观念效标和效标测量。观念效标，即效标的实质概念内容；效标测量，即效标的具体度量方法。例如，对于销售人员的销售能力测验而言，其观念效标是销售工作的成功，而效标测量用销售额来表示。再如，对于大学生入学考试来说，"大学学习的成功"是观念效标，而"大学的学习成绩"则是效标测量。如果没有效标测量，观念效标则毫无意义。

为某一测评选择一个有效的效标是件非常重要却非常困难的事情。一方面，效标需要一定的可靠度，我们不能凭主观认为哪一个变量能反映所欲测评的特征；另一方面，选择哪一个变量作为测评的效标还与该测评的种类有关。归纳起来，常见的效标主要有学术成就、等级评定、特殊训练成绩、实际工作表现、团体对照、先前有效的测验等。

测量的各种效度的区别在于各自强调的方面不同。一个测验可以有多种效度，每种效度视使用者的具体目的而定，因此，一般不存在测验的统一效度。但各种效度又是相互联系和相互补充的。内容效度和构想效度既是效标关联效度的保证，又须得到效标关联效度的支持。考察内容效度和效标关联效度又有助于确定构想效度。

5.4.3　常用甄选方法的信度、效度比较

常用甄选方法的信度与效度比较，如表5-2所示。

表5-2　常用甄选方法的信度与效度比较

甄选方法	信度	效度	普遍适用性
面试	当面试为非结构性或所评价的是不可观察的特征时，信度较低	如果面试为非结构性的、非行为性的，则效度较低	低
认知能力测试	高	效标关联度中等，不适合于内容效度	较高，可对大多数工作进行预测，最适合复杂的工作

续表

甄选方法	信度	效度	普遍适用性
人格测试	高	对于大多数人格特征来说，效标关联效度较低，不适合于内容效度	较低，只有少数特征适用于对多种工作进行预测
履历性信息	再测信度高，尤其当信息证据确凿时	效标关联效度较高，但内容效度较低	通常针对特定工作，但已成功地为多种工作设计出搜集方法

还有研究曾以生产率、缺勤率、人事变动率、事故率、工资、晋升、偷窃、销售、领导评定等为效标，对11种素质测评方式进行比较，结果如表5-3所示。

表5-3　常用人员甄选测评方式效标关联效度比较

项目	生产率	缺勤率	人事变动率	事故率	工资	晋升	偷窃	销售	领导评定
智力测验	高	低	中	低	低	中	低	低	高
技能测验	高	中	低	低	低	低	低	低	高
能力测验	高	中	中	中	低	低	低	低	高
兴趣测验	低	低	中	低	低	低	低	低	中
品德测验	中	中	低	中	中	中	中	高	中
面试	低	低	中	低	中	中	低	中	高
评价中心	中	低	低	低	低	低	低	低	中
观察评定	低	低	低	低	高	高	低	中	中
履历分析	中	高	高	高	中	中	中	中	中
同事评定	低	低	高	低	中	高	低	中	高
推荐信	低	低	中	低	低	低	低	低	中

由上可知，不同方法对不同的预测指标而言，效标关联效度有差异。例如，智力测验在预测生产率方面较为有效；而履历分析则在预测员工的缺勤率方面更为合适。此外，研究还指出，不同的评估来源适用于预测不同的工作表现指标。能力测验适合评估与技术熟练度相关的个人任务绩效，责任心评估适用于预测组织公民行为，而人格测试则更适合预测工作动机、团队合作能力和人际交往的有效性。

思考题

1. 甄选的原则和意义是什么？
2. 人员甄选的内容和基本流程是什么？
3. 传统的甄选方法有哪些？
4. 新型甄选方法有哪些？都有何优缺点？
5. 什么是信度？它有哪些种类？
6. 什么是效度？它有哪些种类？
7. 如何提高甄选方法的信度和效度？

即测即练

自学自测　　扫描此码

案例讨论

　　Z公司是内地一家民营企业，近几年发展迅速，产品畅销国内外市场，企业规模不断扩大，对管理人才的需求激增。为了招到高素质的管理人才，公司董事长和总经理每年都亲自到珠江三角洲招聘，但是几年下来效果很不理想：每年年初从深圳招聘的管理人员不到半年就都走了，下半年又不得不重新招聘。如此走马灯一样频繁更换管理人员，给企业发展带来非常不利的影响。

　　高管招聘是否成功受很多因素影响。那么Z公司是如何招聘的呢？以招聘人力资源总监为例，其招聘条件是：10年以上工作经验；名牌大学人力资源管理相关专业毕业；5年以上著名企业人力资源总监工作经验；有思想家的深度、实干家的执行力、演说家的口才；等等。但是给的薪水却不高。招聘信息通过当地人才市场发布，招聘者则住在宾馆守株待兔，应聘者闻讯而来，招聘者看过简历后随即进行面试。这种面试从闲谈开始，话题很广，谈到正题时，面试官会不紧不慢地提出几个早在应聘者意料之中的问题，应聘者不紧不慢地回答。与其说是面试，不如说是聊天，双方可能会尽兴而归，但面试官对应聘者的能力仍然不了解，录用与否完全凭感觉。最终，一名应聘者资历符合招聘条件，面试时他口若悬河、侃侃而谈，讲自己过去的业绩如何好，博得面试官的一致好评而被录用。但是半年之后，发现原来此君是个"表面人才"：口才好，实际管理能力很差。

案例讨论

1. 在上述案例中，Z公司在人才甄选方面存在的问题有哪些？
2. 请为Z公司制订人力资源总监甄选方案，包含甄选标准、甄选方法、甄选流程等。

第6章 人员甄选技术

通过本章学习，学员应该能够：

1. 掌握简历的制作和筛选技巧
2. 掌握申请表的设计和筛选
3. 理解如何调查应聘者的背景信息
4. 掌握如何对应聘者进行知识测试
5. 了解不同类型的职业心理测试，思考其在招聘中的具体应用
6. 掌握结构化面试的概念、题库的设计、评分标准的拟定、面试的方法技巧等
7. 掌握评价中心测试的含义和实施程序，了解不同评价中心技术的特点和适用范围
8. 了解人才测评领域的新型测评技术

宝洁公司的面试

宝洁公司（Procter & Gamble, P&G）成立于 1837 年，总部位于美国俄亥俄州辛辛那提市，是全球领先的消费品公司之一。公司拥有众多知名品牌，包括帮宝适、佳洁士、海飞丝、汰渍等，产品涵盖个人护理、家庭护理和健康护理等多个领域。宝洁在全球 80 多个国家和地区开展业务，服务数十亿消费者，以创新和质量著称。在 2022 年的《财富》全球 500 强排行榜中，宝洁公司名列第 154 位。

宝洁公司在用人方面秉持"适用招聘"的理念，注重人才的潜力以及与公司文化的契合度。宝洁重视员工的个人发展和职业成长，为员工提供了众多的培训和发展机会，鼓励员工在工作中展现创新和主动性。公司通过多种招聘渠道，特别是校园招聘，吸引了一批专业性强、素质高的人才。宝洁的选人流程包括在线评估和多轮面试，旨在全面考察候选人的综合素质和能力，以确保人岗匹配，从而发挥人才的最大价值。

宝洁的面试一般分两轮。第一轮为初试，采用面试经理与应聘者一对一的方式进行。面试官通常是有一定经验并受过专门面试技能培训的部门高级经理，一般这个经理是求职者所应聘部门的经理，面试时间为 30~45 分钟。第二轮面试大约需要 1 小时，面试官至少是 3 个人，为确保招聘到的人才是用人部门真正所需要的，复试都是由各用人部门高层经理亲自面试。宝洁的面试过程可以分为以下 4 大部分：一是相互介绍，为面试的实质阶段进行铺垫；二是交流信息，一般面试人会按照既定的 8 个问题及其变体进行

提问，要求每一位应聘者能够对他们所提出的问题作出一个实例的分析，而实例必须是亲身经历过的；三是由应聘者向主考人员提几个自己关心的问题；四是面试评价。面试结束后，面试人立即整理记录，根据求职者回答问题的情况及总体印象作评定。其中第二部分是面试的核心，这8个问题由宝洁公司的高级人力资源专家设计，无论应聘者如实回答还是编造回答，都能反映其某一方面的能力。宝洁公司希望得到每个问题回答的细节，并且在面试过程中，面试官会随时打断求职者的回答，这种对细节的高度要求和现场面试带来的压力，让个别求职者感到难以适应，尤其是那些没有丰富实践经验的应聘者很难很好地回答这些问题。这8个问题为：

（1）举例说明你如何制定了一个很高的目标，并且最终实现了它。

（2）请举例说明你在一项团队活动中如何发挥主动性，并且起到领导者的作用，最终获得你所希望的结果。

（3）请详细描述一个情景，在这个情景中你必须搜集相关信息，划定关键点，并且决定依照哪些步骤能够达到所期望的结果。

（4）举例说明你是怎样用事实促使他人与你达成一致意见的。

（5）举例证明你可以和他人合作，共同实现一个重要目标。

（6）举例证明你的一个创意曾经对一个项目的成功起到至关重要的作用。

（7）举例说明你是如何通过专注于最重要的优先事项评估一种情况并取得好的结果的。

（8）举例说明你怎样获得一种技能，并将其转化为实践。

视频 6.1　人员初步甄选

宝洁公司面试的特点是全面、细致、注重实际表现以及与公司的文化契合度，旨在找到最适合宝洁工作环境的候选人。

（根据宝洁公司相关资料整理）

6.1　人员初步甄选技术

6.1.1　简历的筛选

目前简历筛选一般有两种方式：一种是人工筛选，一种是计算机筛选。

1. 人工筛选

人工筛选的好处在于，可以使操作者了解比较多的有关应聘者的综合信息，筛选的准确性比较高；但它的不足之处在于，工作量大，所需时间长，如果企业进行专场招聘，招聘人员桌前常常会堆满小山似的简历。人工筛选简历还需要对参加筛选的人员进行简单的培训，明确筛选原则和标准，才能得到相对客观的结果。具体地说，人工筛选简历的关注要点如下。

（1）外观行文：重点关注简历的整体外观，如整洁与否、排版是否美观合理、语法用词是否准确得当、是否有错别字、标点符号的使用是否准确等。一些企业还会要求应聘者填写英文简历，借助简历来了解应聘者的英文水平。也有一些企业要求应聘者手写简历，通过字迹了解应聘者的相关素质。

（2）工作经历：了解应聘者有无与应聘岗位相关的工作经历，从中获取应聘者对岗位的兴趣等信息。例如，某人应聘的是销售代表岗位，其简历中显示其在做了两年销售代表后转到后勤岗位，如果应聘者没有其他说明，这个信息对该候选人"经历"这一考察因素而言，就应该是负面信息。另外，在简历筛选中，还应该关注到应聘者所在的行业或企业，如应聘者是否具有行业龙头企业或品牌企业的从业经历、是否有在竞争对手企业的从业经历等。

（3）起始时间：筛选简历时，应该关注应聘者岗位变动的起始时间，看其在时间上有无重叠、空白或矛盾之处。

（4）回避要素：简历筛选人既要关注应聘者工作经历中的出彩之处，也要关注其闪烁其词的地方。应聘者对于其工作经历变动的关键环节，应该有所交代。如果此类信息缺乏，需要面试官在面试中进行挖掘。

（5）应聘原因：着重分析应聘者以往工作变动的原因和本次应聘的动机。只有了解到其应聘的动机，才能判断其工作的稳定程度。

（6）教育背景：分析应聘者教育背景中与本招聘岗位相关的部分，包括其接受的教育、培训以及家庭背景等对于胜任本岗位的利弊。

（7）薪酬要求：包括其原有的薪酬标准及本次薪酬要求。简历筛选人应关注其薪酬是否一直在上升、上升的幅度等，从侧面了解其能力轨迹；同时，判断其价值观以及本企业薪酬标准与其期望的匹配程度。

（8）素质信息：筛选者应关注应聘者在简历中所展现的能力要素，以及这些能力与岗位的匹配程度。一些文职类岗位，甚至可以从行文、语法、用词等方面了解到应聘者的岗位知识和技能情况。值得注意的是，简历筛选人应该尽量从应聘者的简历中搜寻出不实的信息。

2. 计算机筛选

微软、宝洁、思科等知名外资企业在中国大多利用计算机筛选简历。应聘者登录招聘公司的网站，填写申请表的同时，计算机已经开始筛选。对于通过其他途径收到的简历，通常扫描后进行检索。计算机筛选简历，可以大大减少人员的工作量，保证筛选效率，但筛选的效度相比人工筛选要低。

计算机筛选简历，需要仔细研读相关职位要求和说明，确立应聘岗位的各项能力素质要求，并提炼出关键词。选择关键词时应注意如下事项。

（1）应聘者的撰写习惯：应聘者习惯或可能的表达方式。例如，"人力资源经理"岗位，有的企业会称作人事行政经理、主管等，有的企业则由办公室主任分管鱼责；还有的企业则由企业管理部、人力中心、干部处、干部科等负责管理。所以，在确定关键词时，要关注到是否有相近词语、可替代的词语，尽量不要有遗漏。

（2）应聘者群体：一般而言，对于校园应聘者和社会应聘者的筛选标准应该有所不同。对于校园应聘者，一般应关注毕业院校、专业、成绩、主修或选修的课程、社会实践、组织或参加的活动、勤工俭学、特长、兴趣爱好、奖学金、校园职务、其他奖项、潜力、相关资质证明、理想和目标等。

而对于有一定工作经验的人而言,关注点是其原工作单位的品牌和性质、行业经历、工作经历、职位变动、工作内容、期望薪酬、原工作单位离职原因、就业期望、受训经历、职业特长、业绩描述、资质证书、专业造诣等。由于社会应聘者的来源范围广,简历撰写习惯差异很大,如果筛选集中在一些硬件上,很容易遗漏真正有能力的人员,所以在有条件的情况下,还是应该尽量采用人工筛选简历。

(3)简历模板:如果采用计算机筛选简历,企业可以根据岗位特点,让应聘者统一按规定格式填写简历,或者在网站上设置"应聘申请表",引导应聘者按要求填写简历要项,可以保证筛选的有效性。表 6-1 所示的应聘申请表展示了企业招聘社会应聘者时应该收集的主要信息。

表 6-1 应聘申请表

应聘职位　　　　　　　　　　　　　　　　　　　　　　　　　年　月　日

姓名		性别		年龄		婚否		身高	
血型		视力		健康状况		职称		工龄	
毕业学校				毕业时间		专业		专业成果	
通信地址				邮编		电话			
原工作单位				原工种					
主要经历									
专业技能及特长描述									

无论是计算机筛选还是人工筛选,主要都在于筛选关键信息或确定关键词。企业在简历筛选中往往容易关注到应聘者的硬件,如学历、毕业院校、专业、工作经历、资格证书等,而对应聘者的综合素质信息提取不足。这样很容易与优秀的候选人失之交臂。企业在制定简历筛选的标准时,不仅要仔细研读职位相关的所有信息,而且在确定筛选关键信息或关键词后,还必须进行模拟检验,以保证效果。

6.1.2 职位申请表的设计及筛选

1. 职位申请表概述

职位申请表是指组织为收集申请人与应聘岗位有关的信息而专门设计的一种规范化表格。它是企业设计的、让申请者填写的、反映应聘者基本情况的表格。

一份制作精美的申请表可以反映申请者以下 5 个方面的信息:一是可以对一些问题作出相对客观的判断,以审查申请者是否具备岗位或企业所需要的某种素质;二是可以评价申请者过去的大致情况;三是可以了解申请者过去工作的稳定性;四是可以对申请者是否符合岗位和企业的最低要求作出判断;五是可以比较和评价申请者的相对优势和劣势。

按照申请表的适用范围可以把申请表分为两种类型:通用型和专用型。所谓通用型申请表是普遍适用于企业所有岗位或大部分岗位的申请表。这种类型的申请表比较常见。而专用型申请表是适合于某一类特定职位,并根据其特点专门设计的申请表格。例如,某企业中的研发主管与其他诸如人力资源或财务总监的求职申请表一般是不同的。

　　按照申请表是否作为选拔的依据，可以把申请表分为两种类型：普通型和加权型。普通型申请表是企业为了了解申请者一般的背景信息而制作的一种规范化的表格，这种表格主要是为了避免由应聘者自发提供相关信息而可能带来的信息遗漏等（表 6-1）。

　　加权型申请表是指根据应聘岗位所需条件与工作成绩之间的关系而制作的一种可以量化的申请表。它可以根据企业现有员工在某些条件上的实际情况的不同，为申请表中的各项信息资料赋予不同的权重，进而计算出申请表每个项目的总分，并依据这些总分来筛选应聘者的申请表。

　　表 6-2 所示就是一个根据企业现有员工的工作成绩情况，对申请表项目赋予权重的例子。表中显示，根据对现有企业员工的调查，企业中没有工作经验的员工工作出色的比例仅仅是 22%，而有推销经验的员工工作出色的比例是 81%。所以，根据现有员工的基本情况，可以把没有工作经验这一信息赋予 2 分的权重，而把具有推销经验这一信息赋予 8 分的权重。其他项目信息依此类推，这样就可以对一张申请表的所有项目赋予分数，进而计算整个申请表的总分。很显然，申请表总分高的申请者与本企业工作出色员工的基本情况更接近，将来更有可能成为企业中工作出色的员工。所以，申请表的总分可以直接用来筛选申请表。

表 6-2　申请表项目加权量化表

项目		工作出色人数比例/%	加权分数
婚姻	未婚	60	6
	已婚	80	8
	离婚	10	1
学历	小学	52	5
	中学	45	5
	大学	61	6
	研究生	64	6
工作经验	无	22	2
	生产	43	4
	推销	81	8
	管理	77	8

2. 加权型申请表的制作

　　从人力资源选拔过程来看，如果运用普通型的申请表，仅限于对申请者基本信息的了解，对企业的选拔工作没有多大帮助。为了提高选拔的效率和准确性，在选拔中尽量采用加权型申请表。加权型申请表尤其适用于下列招聘和选拔情形：一是从事类似职位工作的人数比较多或申请者很多；二是每位员工在职位上的人事记录全；三是培训成本高的职位；四是人员流动性高的职位；五是单位采用面试等其他方法的成本太高。

　　要制作一份好的加权型申请表，需要做一些申请表项目的设计和统计工作，最终的目的是要找到申请表项目与所需要招聘人员胜任特征的相关性。这主要包括 4 个步骤，如图 6-1 所示。

收集员工信息 ▷ 选择符合需要的项目 ▷ 检查申请表格式 ▷ 再次检查确认

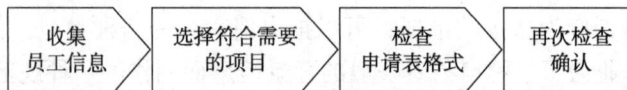

图 6-1　加权型申请表制作步骤

1）收集员工信息

收集员工的基本信息是制作申请表的第一步，因为申请表是对员工基本信息的总结和提炼。这时有两种情况：一种情况是企业已经有旧的申请表；另一种情况是企业没有申请表。如果企业有旧的申请表，这时需要做的就是对旧的申请表所包含的内容进行补充或删除，但这个工作的前提是对现有员工的基本信息进行统计。在对企业员工基本信息进行统计时可以借助人力资源信息系统或其他电子化的企业员工信息系统。

如果企业没有申请表，那么就需要对企业现有员工的信息进行充分了解，除了可以参考人力资源信息系统外，还可以通过查阅档案和采用问卷调查法来了解员工的现有信息。

2）选择符合需要的项目

一般而言，申请表所包含的项目数量不确定，一般的申请表包括的项目数量为 50 个左右。申请表一般所包括的内容有：背景，具体包括性别、年龄、婚姻状况、居住情况、身高、体重、兴趣和爱好、个性特征等；教育和培训经历，包括受教育水平、学历、成绩、掌握的语言、获得的奖励等；工作经历，具体有上任雇主姓名和联系方式、企业类型、岗位职责、任职时间和职位、过去或现在的薪酬、上任公司工作期限、离职理由、上任雇主评价、证明人姓名和证明信、目前工作状况（有其他工作还是失业）等；工作特殊要求，如技术技能、特定技能等；职业意识，例如最适合的职业道路、理想工作、职业规划、需要的协助等。

在制作加权型申请表时，最为关键的是要看哪些信息与应聘岗位所需要的胜任特征有关系，这样才能预测员工未来的工作成绩。所以，制作申请表有两个基础性工作，即工作分析和项目区分度分析。工作分析可以参照本书前面内容。项目区分度分析可以参照胜任特征模型建立的基本逻辑和思路来进行，以便寻找能够把工作成绩优秀的员工和工作成绩普通的员工区分开来的员工的基本信息。项目区分度的分析可以按照如下 6 个步骤开展。

（1）选择效标：确定企业衡量工作成绩的标准，是财务方面的指标，还是劳动生产率、客户满意度，还是个人的学习和创新能力等。这时需要找到真正能区分员工工作成绩高低的工作行为的测量指标，可以按照平衡计分卡的模式来选择效标。

（2）根据效标将员工分组：确定衡量工作是否优秀的效标后，可以根据这些效标在企业中抽取工作成绩优秀和工作成绩普通的两组员工。如果企业的规模很大，根据一般的统计原则，可以抽取工作成绩最高的 27% 作为工作成绩优秀的代表，工作成绩最低的27% 作为工作成绩非优秀的代表。在选取员工数量时，一定要注意统计上的大样本原则，因为如果人数太少，统计的结果会有很大误差，所以要抽取足够数量的两组员工。

（3）比较两组员工在申请表每一项目上是否存在差异：只有那些两组存在显著差异，也就是优秀组显著高于非优秀组的项目，才是申请表中包含的项目。而确定两组在每个项目上的差异，可以采用统计上的差异显著性检验方法，差异显著的就是要找的项目，同时显著性越高，其质量越好，但这时需要进行统计处理。

（4）赋予各项目以权重或分数：给各项目赋予权重是一个关键环节，这主要有 3 种方法：一是相关法，二是垂直百分比法，三是横向百分比法。相关法是通过统计了解某项目对员工是否优秀的影响程度，如果影响程度大，则赋予较大的权重；反之，如果影响程度小，则赋予较小的权重。影响程度可以通过相关系数来考察。垂直百分比法虽然带有主观性，但实施相对比较容易。这种方法的弱点是，当两组的差距不大时，是否存在显著差异的判断就存在很大的主观性。表 6-3 就是垂直百分比法的一个例子，并以任期长短作为效标。工作经验不同的人任期长短有很大差异，这样就可以根据其差异特征赋予各类经验以一定的权重分数。横向百分比法，通过表 6-2 可以看出权重或分数大小与某项目上优秀人员的比例相关。

表 6-3　垂直百分比法赋予权重表

效标	经验			
	长任期组/%	短任期组/%	百分比差异/%	权重
行政	25	55	−30	−1
销售	66	36	+30	+1
技术	51	22	+29	+1

（5）计算总分：把申请表中各个项目所得分数相加，求得申请表的总分，通过比较总分就可以比较和筛选各申请表。例如，表 6-2 中一位已婚、大学毕业、具有管理经验的员工的申请表总分是 22（8 + 6 + 8）分。

（6）根据总分设立最低分：如果在基本情况方面为岗位设立一个最低要求，那么就可以根据总分来筛选申请表，那些分数低于所设定最低分的申请表将被淘汰。

当然，在确定申请表所含项目时，除了上述对工作成绩有影响的因素外，还应该考虑以下一些条件：一是某个项目是个体能够控制的，那些个体无法控制的项目作为筛选申请者的标准不合适；二是项目是与工作相关的方面；三是每个项目的回答是可证实的；四是申请表不能侵犯申请者的个人隐私。

3）检查申请表格式

确定申请表的项目后，需要以一种简洁明了的格式将这些项目呈现出来。在确定格式时，要考虑两个主要因素：一是便于申请者作答；二是便于后期统计。为了使申请者便于作答，申请表的语言需要以中性方式来表达，同时尽量采取选择题的作答方式，因为这样会节省申请者的时间。为了便于后期统计，在设计格式时尽量考虑到后期量化和编码的问题。具体来看，有两个方面需要注意：一方面，在项目呈现顺序上，把那些区分度高的项目排在前面；另一方面，在提问方式上，可以采用申请表的提问方式，主要包括以下 6 种形式。

（1）是或否的选择。

（2）连续性单项选择，如在 5%、6%、7%三者间进行选择。

（3）非连续单项选择，如在单身、已婚两者间进行选择。

（4）非连续多项选择，如在过敏、头痛、关节痛三者之间进行选择。

（5）种类不同，如在读书、听音乐、散步之间进行选择。

（6）程度不同，如在很喜欢、有点喜欢、不太喜欢、不喜欢4种不同程度间进行选择。

4）再次检查确认

确定好各项目和题目的格式后，最后需要对每个项目从以下3个方面去考察，以便使设计的项目符合选拔的要求，达到考察的目的。

（1）申请表中的项目是否提供了所需要的信息？

（2）申请表中的项目与工作有没有联系？

（3）申请表中的项目能否区分合格和不合格的申请人？

表6-4是某金融机构的求职申请表，所包含项目比较全面，几乎包括了申请者所有的基本信息。

表 6-4　某金融机构求职申请表

申请岗位或职位： 第一选择： 第二选择： 第三选择：					贴照片处
1. 基本资料					
姓名		性别	出生年月日		身高	

（表格内容：基本资料、教育状况、工作经历、技能培训、奖励记录、处分记录等）

1. 基本资料

姓名		性别	出生年月日		身高	
身份证号码		婚姻状况		子女（个）	
籍贯	省县（市）	政治面貌		民族	
户籍地址		入党（团）时间		联系电话	
居住地地址					
档案所在单位及地址					
其他联系人	姓名：　关系：　电话：				

2. 教育状况

学历	起止时间	学校名称	专业	所获证书/学位	学习形式
高中/中专					
大专					
本科					
硕士/MBA					
博士					

3. 工作经历

起止时间	单位名称	职务/岗位	主管姓名及电话	年薪（税前）	离职原因

4. 技能、培训

计算机能力		外语能力	
职称	获得日期	评定机关	
培训时间	培训机构	培训课程	
所获证书及成果			

5. 奖励记录

6. 处分记录

7. 配偶情况

姓名		出生年月日		户籍地址	省县（市）
学历		学位		专业	
结婚时间		毕业院校			
工作单位		职务		职称	

8. 直系亲属情况

姓名	关系	出生年月日	工作单位	职务/岗位

9. 个人特性

应聘理由	
目前及将来事业目标	
性格长处及短处	
特长	
习惯及爱好	

10. 其他

① 是否有过犯罪记录？	否□	是□　如是，请简述
② 是否服务过本公司？	否□	是□　岗位/时间
③ 是否有亲戚或朋友服务于本公司？	否□	是□　姓名/关系
④ 是否能向原单位了解相关情况？	否□	是□

⑤ 您如何获知本公司的招聘信息？

⑥ 希望工资水平：　　　元/年（税前）　可接受工资水平：　　　元/年（税前）

⑦ 可报到时间：

本人郑重声明：以上资料一切属实，如有填报不实之处，愿承担相应责任。

申请人签名：

　　　　　　　　　　　　　　　　　　　　　　　　　　年　　月　　日

知识测试成绩	综合		业务		英语		合计	
面试综合评价								
用人部门意见						年　　月　　日		
人力资源部门意见						年　　月　　日		

3. 筛选申请表的方法

对应聘申请表的初审及评价是招聘录用系统的重要组成部分。初审的目的是迅速地从应聘者信息库中排除明显不合格者，以挑选出符合招聘条件、有希望被聘用的应聘者。因申请表和简历的筛选过程中并未与应聘者有直接的接触，所以评价标准往往以招聘条件的硬性指标为主，如工作经验、学历、年龄等。

对申请表的筛选应注意以下几点。

1）判断应聘者的态度

在筛选申请表时，首先要筛选出那些填写不完整和字迹难以辨认的材料。为不认真的应聘者安排面试浪费时间和精力，可以将其淘汰掉。

2）关注与职业相关的问题

在审查申请表时，要评估个人材料的可信性，注意应聘者以往经历中职务、技能、知识与应聘岗位之间的联系。在筛选时要注意分析其离职的原因、求职的动机，并对那些频繁离职的人员加以关注。

3）将可疑之处作为面试的重点提问内容

不论是简历还是应聘申请表，很多材料都会或多或少地存在内容上的虚假。在筛选材料时，应该用铅笔标明这些疑点，在面试时作为一项重点考察的内容加以询问。为了提高应聘材料的可信度，必要时应检验应聘者的各类证明身份及能力的证件。

认真审查申请表，将那些明显不适合这个岗位的人挑选出来。根据工作说明和人员招聘条件将剩下的申请人排序，参考下列标准对每一位申请人进行评估：第一，达不到最低标准；第二，符合标准；第三，超出标准。

对所有的申请人进行认真甄别和排序之后，就可以将结果引入表 6-5 的比较模型进行比较。

表 6-5   申请人条件比较表

申请人	身体情况			教育培训			知识经验			特长才能			性格特征			专业特长		
	1	2	3	1	2	3	1	2	3	1	2	3	1	2	3	1	2	3
1																		
2																		
3																		
4																		
5																		
6																		
7																		
8																		
9																		

6.1.3 背景调查技术

1. 背景调查概述

背景调查是指在招聘过程中，对候选人的背景信息进行核实和评估，以确认其提供的信息的真实性和完整性，确保其符合职位要求。背景调查的目的是获得应聘者更全面的信息，不被应聘者提供的虚假或夸张的信息迷惑，从而减少招聘风险，确保公司选择的候选人具有良好的职业操守，符合岗位要求的资质。

在人才市场处于供大于求的状况下，应聘者面临极大压力，被迫在应聘时对自己进行包装：简历越做越精美，工作经历越来越丰富，其实水分很大。那些学历低、工作经验不足的应聘者为迎合用人组织的需要，弄虚作假，致使假文凭、假职称证书泛滥。背景调查是拒假于门外的有力武器，放弃背景调查意味着组织失去了基本的免疫力。

背景调查按照不同的分类标准可以分为不同的类型。按照调查的对象和内容进行分类，可分为证明人核实、证照核实和培训核实。证明人核实是从应聘者上一任工作的直接领导和同事那里获得相关信息，尤其是直接领导提供的材料有很大的参考价值。证照核实是指从学校、认证机构核实应聘者提供的学位、证书、执照等证明材料的真伪，必要的话，可以到相关机构对其是否有犯罪前科、信用记录等进行调查。培训核实是为了确定应聘者是否完成相关培训，从而判断其职业技能和能力，为提高工作效率奠定基础。按照调查的方式进行分类，可以分为招聘单位自行调查和委托专业机构调查两类。

招聘单位自行调查即招聘单位人力资源部门根据应聘者提供的信息，自行核实应聘者有关资料的真实性。通常对于初级和中级职位，组织自行调查就可以达到目的。委托专业机构调查即委托中介机构对应聘者提供的信息进行调查。这种类型一般适用于高级管理岗位和关键岗位招聘，由于这些岗位对组织的运作影响很大，需要请专业的中介机构进行调查。选择中介机构时，一定要对机构的服务、经验、收费、时间等情况进行比较。如果应聘者是由猎头公司推荐，则猎头公司应负责应聘者的背景调查。

2. 背景调查的内容

背景调查需要核实个人简历中的信息，核查应聘者有无过失或严重违纪行为，发现应聘者简历以外的信息，调查结果可以作为预测将来绩效的依据。企业应在工作岗位、申请表和个人简历等有关内容分析的基础上，制作背景调查表。通常调查的内容如下。

1）教育和专业培训背景

组织应调查应聘者所提交的正式教育的类型和期限，有时可以向其导师核对背景信息。美国公司强调大学教育，并花费很大力气发展同高校的关系；日本公司强调同高校的长期关系，以便高校向公司推荐合适的学生。

2）职业资格和认证的信息

为了提升各个行业的运营标准和专业度，很多职业和岗位都有专门机构组织的职业资格考试和认证。如财务方面有注册会计师考试，通过了这项考试，则证明应聘者有过硬的专业能力。还有些考试，如人才中介师考试，只有通过考试的人员才能取得执业证书并从事相关工作。正因为这些考试或认证有权威性，有一些急功近利的人会伪造虚假的执业证书或提供虚假信息以获取职位，因此，对于这些职业资格和认证应该进行确认，以免录用不符合要求者。

3）工作职位、经验和成就

详细核实应聘者的工作起止时间、所在部门、职位、职责、上下级关系。尽管申请表或简历可以列出这些信息，但要把这些与特定的职业要求联系起来则很难。有些应聘者在申请表或简历中描述的工作经验很丰富，在面试中也夸夸其谈，招聘者很难判断其真实的能力，因此可从其历任公司那里获取具体的业绩数据和相关信息，来判断其能力。

3. 背景调查的实施

1）背景调查的时机

对于背景调查的时机有两种不同的观点。一种观点认为应在完成申请表或个人简历分析后、面试等其他甄选开始之前进行。这样可以避免不适合的应聘者进入后续的甄选过程。另一种观点认为背景调查最好安排在面试结束后与上岗前的间隙中进行，此时大部分不合格人选已经被淘汰，对淘汰人员自然没有调查的意义。剩下的合格者数量很少，进行背景调查的工作量相对少一些，并且根据几次面试的结果，对应聘者的资料已经熟悉，此时调查，在调查项目设计时更有针对性。根据调查结果，决定是否安排上岗，以免在上岗后又发现问题，令公司和人力资源部门进退两难。

一般而言，对于重要的且应聘人数较少的岗位，可以考虑采取第一种观点，因为这类重要岗位对应聘者的要求较高，因此需要通过较为复杂的甄选过程，其甄选的单位成本较高，先将不合适的人员淘汰掉，可以降低后期的招聘成本。而对于人数多、岗位要求相对不高的情况，可采用第二种观点，避免前期背景调查的成本过高，周期过长。具体而言，选择什么时机进行背景调查，要基于招聘成本。

2）背景调查的实施方和调查目标部门

背景调查大多数情况下由人力资源部门来进行，对于一些高级职位或很难获取信息的职位可以委托中介机构进行，但要注意选择一家具有良好声誉的中介机构，明确提出需要调查的项目和时限要求。

调查者可以根据调查内容将目标部门分为5类，分头进行调查。

第一类：学校学籍管理部门。

在应聘者毕业的院校查阅应聘者的教育情况，核实应聘者的教育经历是否属实、应聘者受教育的形式（如是全日制还是非全日制教育）、在学校的成绩和表现，这些信息用以核实学历的真实性，有效防止应聘者以假文凭、假证书蒙混过关。另外，组织可以通过学信网对应聘者的学历进行检验。我国已经对近年来颁发的高等教育毕业文凭进行了电子注册，用人单位可以通过网络方便地检验出学历的真伪。对没有进行电子注册的文凭，可以通过与高校有关部门联系来证实。

第二类：曾与应聘者有雇佣关系的公司。

从以往与应聘者有雇佣关系的公司那里可以了解到应聘者的任期、职位、工作部门、工作业绩、表现和能力等信息，用以帮助确定应聘者工作经验的真实性。但需要注意的是，在进行这部分信息调查时，应该从历任公司的人力资源管理部门和上任上司那里了解情况，而不是一般同事和非直接上级。同时，对于评价的客观性需要加以鉴别，有的上司为防止优秀员工被挖走，而故意消极评价，以打消竞争对手的挖人意图；有的直接领导对应聘者有些个人看法，因而故意给出较低的评价。因此，在收集这方面信息时应该确保公平性和客观性。

第三类：应聘者的熟人。

指由有关人员写推荐信，从应聘材料提供的与应聘者熟悉的人那里获取信息。但研究表明，这种方法所得出的结果对应聘者未来工作业绩的预测效果不佳，原因是大多数推荐信或证明材料所显示的应聘者信息是积极的，因而很难利用它们对应聘者进行区分。写推荐信的人通常都是应聘者自己选定的，这就不排除应聘者选择自己熟悉或对自己评价较高的人来写推荐信。

第四类：档案管理部门。

一般而言，从原始档案里可以得到比较系统、原始的资料。目前，档案的保管部门是国有单位的人事部门和人才交流中心，按照规定，他们对档案的传递有一套严格的保密手续。因此，档案的真实性比较可靠，而员工手中自带的档案参考价值就大打折扣。但目前人才中心保管的档案存在资料更新不及时的问题，员工在流动期间的资料往往得不到补充，完整性较差。相比较而言，国有单位人事部门对自己员工的资料补充较好，每年的考评结果都会入档。

第五类：应聘者所接触的客户或合作机构。

应聘者以前的客户或合作机构与应聘者在工作上有许多实质性的往来，尤其是重要的客户，在和应聘者的长期接触过程中，对应聘者的工作能力和业绩都有所了解。因此，他们是收集应聘者信息的一个很好的渠道。从另一个角度来说，外部人员的评价信息对应聘者的个人信息有很好的补充作用。

4. 背景调查须注意的问题

1）遵循相关法律法规

在进行背景调查时，必须遵守《中华人民共和国个人信息保护法》《中华人民共和国劳动合同法》《中华人民共和国劳动法》相关的法律法规。一是要确保背景调查过程中的各项操作符合法律规定，避免因违规操作引发的法律风险。二是要确保应聘者的隐私权不被侵犯：在进行背景调查前，必须获得应聘者明确的书面同意，还应告知调查的目的、范围和可能影响，应聘者有权拒绝不合理的调查要求；背景调查应通过合法途径获取信息，调查的内容应与职位要求相关，不应涉及与工作无关的私人信息，避免过度调查；所有获取的信息应严格保密，仅限于招聘相关人员知晓，防止应聘者信息泄露，保护其隐私。三是背景调查应公平公正，对所有候选人一视同仁，避免因性别、年龄、种族、宗教等因素进行歧视性调查。

拓展阅读 6.1　背景调查如何取得应聘者的同意？

2）注意提问技巧

背景调查并非简单的询问，需要一定的技巧。第一，调查的问题不可过多，否则会引起对方的怀疑和不耐烦。第二，尽量选择可靠、安全的调查方式。例如，信函调查必须开具企业介绍信和《诚信调查授权声明》复印件，对于特别重要的岗位可以安排面谈调查，必要时还可以求助专业人才服务机构，请求调查援助。第三，多角度选择调查对象和调查方式。总体上要坚持"偏听则暗，兼听则明"的原则，对于重要的岗位应该采取至少两种调查方式，调查对象除了调查应聘者列出的同事和上级外，还可调查与其有过业务往来的重要客户及其家属等。

3）允分考虑回答的可信度

在进行背景调查时，对于评价类问题应尽量要求对方以描述性语言对应聘者进行评价。为了避免减弱背景调查的效用和可信度，企业在作出录用决定前需要考虑以下几个方面。

（1）是否存在夸大与隐瞒：应聘者上任公司的证明人不想以前的同事失去一次工作机会，于是夸大其过往工作表现或隐去一些不当行为，而不愿作过多负面评价。

（2）是否存在不充分评价：证明人害怕因不适当的评价而承担责任甚至引起纠纷，不愿过多评价。

（3）是否存在恶意低评：证明人可能对应聘者的离职心存芥蒂，而给予其较低的离职评价。

（4）是否存在轻率评价：证明人对背景调查反感，有抵触情绪，所以对应聘者的评价比较轻率。

（5）证明人拒绝提供有关证明信息。

6.1.4　知识测试

1. 知识测试概述

在现代，知识测试广泛应用于各类招聘和选拔中，它是指招聘者根据岗位需求，通过书面考试的形式，评估求职者的知识、技能和综合素质。知识测试的内容通常包括基本知识、专业知识、逻辑思维、文字表达等方面，以便全面考察求职者的能力和素质。通过知识测试，企业可以初步筛选出符合岗位要求的候选人，为后续的面试和选拔提供依据。

知识测试作为一种传统且有效的人才选拔方式，至今仍在企业人才选拔中起着重要作用，它具有很多优点。知识测试试题编制一般经过深思熟虑，反复推敲，多方咨询，能涵盖较多的考点，可以对应聘者的知识、能力进行多方面的测试，具有较高的信度和效度，科学性强。试卷评判相对客观，体现出公平、准确的特点。知识测试还可以同时对大批应聘者进行测试，成本相对较低，费时少、效率高，同时应聘者的心理压力也较小，较易发挥正常水平。此外，试题和结果可以作为一种档案材料长期保存，以备以后参考查询。

但是，这种考察方式也具有较大的局限性。知识测试对试卷命题质量要求较高，如果试卷命题主观随意性大，质量不高，则甄选结果会出现偏差，甚至无效。知识测试也无法考查应聘者的思想品德修养、工作态度、口头表达能力、灵活应变能力、组织管理能力、操作能力等素质或能力，容易出现"高分低能"现象，使组织得不到真正需要的人才。应聘者可能由于猜题、欺骗、舞弊而获得高分，招聘者对应聘者表述不清的问题不能进行直接询问，不能了解其真实水平。正是由于存在这些问题，知识测试往往作为其他甄选方式的补充。

2. 知识测试内容

知识测试的目的之一是衡量应聘者对应聘职位的职责所要求具备的知识的掌握程度，重点是岗位知识测试。因此，考试的内容必须与岗位要求有关系，一般包括以下3个方面。

1）基础知识

基础知识是根据岗位需要所应具备的一定的文化知识，包括自然科学和社会科学知识。主要了解应聘者对基本常识、相关知识的掌握程度或知识面的广度。例如，公务员考试通常包括人际沟通协调技巧、法律知识、行政管理、宏观经济、公文写作、时间管理等；外交人员的招聘考试可能涉及对当前国内、国际重大事件的看法，以及各国的文化、民俗等内容；公共关系人员的招聘考试可能涉及心理学知识、公关礼仪、人文知识等。此外，招聘组织的基本情况也越来越多地出现在知识测试的内容中，用以了解应聘者对组织的了解和认同程度。

2）专业知识

专业知识指的是具备履行行政岗位职责或从事专业技术工作所需要的相应专业学科的理论知识。专业知识必须是以软科学为主的知识。所谓软科学是相对于硬科学而言的，传统的能够精确定量又有严格因果关系的学科称为硬科学，如工程技术、数学、物理、化学；而软科学则是不能精确定量又没有严格因果关系的、不能用传统的数学方法和逻辑方法来处理的科学，如管理科学、心理科学、领导科学、社会科学等。领导的非程序化决策正是需要这些科学。例如，招聘营销经理，专业知识测试内容可包括市场营销、会计、广告、公关策划、消费心理学等方面的知识。

3）外语考试

外语考试的目的是了解应聘者对某一门外语的掌握程度。随着我国对外交流的增多，近几年实施外语考试的组织逐渐增多，不仅是外资企业，一些政府部门和国营、民营企业，为了拓展业务或是学习国外的先进技术、管理经验等，也经常派人出国参观、考察、学习。因此，各类组织对应聘者外语水平的要求也越来越高。外语考试的形式可以分为知识测试和口试两类。人员招聘中的外语考试与学校里的外语考试相比，前者更注重实际应用，而后者较强调基础知识。所以，人员招聘中的外语考试范围相对较小，题型相对较少，但与应聘者将要从事的工作联系较为密切，甚至有些考题直接来自实践。

人的知识结构有专才和通才之分。所谓"专才"就是掌握一两门专业知识和技能的专门人才；"通才"指的是掌握邻近学科知识，如哲学、自然科学、社会科学的一般知识，特别是现代科学技术的一般知识。通才型知识结构的特点是既有精深的专业知识，又有宽广的知识面，基础扎实。领导者的知识结构原则上必须是通才，而不能是专才，否则就不宜担任领导。

3. 知识测试题型

知识测试的题型有很多种，从试题答案是否唯一可划分为客观题和主观题两类。

1）客观题

客观题的答案是唯一的、封闭的。试题就某一个知识点要求应聘者做出精准的回答，试卷或是设定了每道题的固定答案，或是让应聘者补充完整唯一的内容，回答有偏差就不能得分。客观性的试题有明确的参考答案，不需要批阅人主观的判断，而且，批阅起来也很方便，可以大大提高批阅效率。现在很多大型考试采用计算机批阅客观题的形式，节省了很多批阅时间。

客观题的优点：第 ，题目的分值小，适宜大量出题，考点可覆盖的面广；第二，评分依据唯一的答案，评判更科学、客观；第三，方便采用电脑阅卷等现代化的批阅工具，大大提高了效率。

客观题的缺点：第一，编写试卷的难度大，如编写单项选择题，每个题目需要找出3～4 个干扰项；第二，不易于对综合分析能力、运用能力和文字表达能力进行测试；第三，有一定的漏洞，考生容易猜答案，降低了考试的信度。

常见的客观试题有填空题、选择题、判断题、改错题等。下面就选择题和填空题作简要介绍。

选择题由两部分构成：题干和选项。题干是问题的陈述部分，选项包括正确答案和干扰信息。选择题分为单选题和多选题，选项一般为 4～5 个。相对而言，多选题的难度大一些。选择题的答案固定，批阅和统计都比较容易，因此被广泛使用。

填空题由未完成的陈述句构成，要求考生填写其中空出的关键词。填空题旨在考查应聘者对知识的认知和记忆，而不是理解和应用。需要注意的是，填空题的空词部分应该是知识核心词汇，没有异议，而且不宜太长，以便于考生的理解。同时，答案必须是唯一的，便于使用统一的评分标准。

2）主观题

主观题的答案往往是开放性、非唯一的，给应聘者很大的自由度，能够看出应聘者的综合能力和思维深度。题目的判断由批阅人结合答案参考要点和自己的主观经验给分，因此会受到批阅人的个人认识、判断力的影响。

主观题的优点：首先，试题的内容综合度高；其次，具有一定的发散性，鼓励应聘者自由发挥，有利于考查知识的运用能力、深层次的认识思维能力；最后，主观试题命题量少，题干比较简单。

主观题也有它的缺点：首先，测试的内容范围有局限性，分数占的比重大，考生一道题目的得失对结果的影响偏大；其次，主观题没有统一的答案，容易受到批阅人主观因素的影响；最后，批阅主要靠人工来完成，效率比较低，不能用现代化的评分手段替代。

常见的主观题有简答题、论述题、作文题等，以下仅就简答题和论述题作简要介绍。

简答题是主观型题目，针对某一明确的知识点进行发问，答案也比较明确。简答题能够考查应聘者对知识点的理解，题目编制容易，不受猜测影响，比较容易批阅。

论述题是非常典型的主观题型，题目要求应聘者对某一个现象或者问题进行深入的分析，并能够有说服力地说明自己的观点。论述题不要求有统一的答案，有一定的灵活性，鼓励应聘者自由发挥。这种考试方式能够测评出应聘者组织材料的能力、综合分析能力和文字表达能力，有时还能测出创造力。但是，由于没有统一的答案，评分时会受到一些主观因素的影响。

4. 知识测试的实施

知识测试的实施一般包括以下几个步骤。

1）成立知识测试考务小组

知识测试过程中有大量的工作要准备，通过成立知识测试考务小组可以有效推动整个过程的实施，具体包括计划的制订、试题的编制、考务的组织等。

2）制订知识测试的实施计划

为了使知识测试能有序进行，需要制订详细的实施计划。计划的具体内容主要包括知识测试的目的和科目，知识测试的组织与安排（知识测试的负责机构或负责人、测试规模的大小、测试实施时间和地点的安排、监考人员和阅卷人员的安排等），知识测试的效果预测以及组织测试的预算等方面。

3）组织人员编制知识测试试题并进行测试

根据招聘职位的要求，确定要考查的指标，以此为基础确定试题的类型、内容、难易程度、题量和标准答案（或参考答案）等内容。有些岗位招聘的人员多、周期长、重复性强，可考虑建立题库系统。题库的建立可以避免经常进行题目的编制，同时可以通过试题更新来不断充实题库，完善知识测试体系，也可为未来员工的培训提供素材。在试题编制完成之后，可以选择一部分相关人员进行测试，在此基础上对试题进行审核与修订，以确保试题的信度和效度。

4）知识测试的实施

知识测试的实施包括考前通知、考场管理和考卷保管等内容。考前通知是根据考试计划的时间、地点通知应聘者和安排培训监考人员；考场管理指考试现场的布置、考务的组织、监考等工作；考卷保管指考试结束后的考卷回收和存放管理。

5）知识测试阅卷评分

对回收的试卷，安排阅卷人员进行阅卷评分，安排工作人员审核分数，最终形成知识测试成绩报告。

6）知识测试结果运用

对于知识测试的最终成绩，一般有两种用法：一种是按照分数从高到低的原则选取一定数量的人员进入下一轮的甄选，这是一种选拔性的方式，能起到择优的作用；另一种是达到一定分数的人员进入下一轮的甄选，这个分数一般已事先确定好，以体现公平性，这种方式在一定程度上减少了唯分数论导致的高分低能的风险。

目前，有些组织已经建立了知识测试的在线考试系统，事先将测验的试题导入考试系统，安排应聘者在线测验。这种方式一方面提高了知识考试中客观题的批阅效率，另一方面非常方便进行各类测验信息的统计比较，对知识测试效率和效果的提高起到了辅助作用。

6.2　甄选测试技术

6.2.1　职业心理测验

1. 职业心理测验概述

在日常生活中，我们常会在各种渠道接触到一些性格测试，比如，通过选择最符合自己行为或想法的选项来评估性格特征，这就是心理测验的一个常见例子。美国著名学者阿纳斯塔西对心理测验的定义是"心理测验实质上是行为样组客观和标准化的测量"。职业心理测验就是把传统心理测验用于人事领域或者人力资源方面，是判定个体差异的工具。具体来说，就是在分析岗位所需的心理特征的基础上，通过一系列手段将人的某些心理特征数量化，以测量个人的职业兴趣、技能、性格特质以及工作价值观等方面差异的一种科学测量方法，其结果是对个人能力和发展潜力的一种评定。这类测验的目的是通过科学的方法挑选合适的人安排到工作岗位上，使得人适其职，职得其人，既有利于提高组织的效率，又有利于个体的全面发展。

视频 6.2　职业心理测验

与其他测评方法相比，职业心理测验有许多独特的优势。首先，职业心理测验基于科学的心理学理论，能够有效预测个体的未来行为。现有的心理测验技术成熟，具有较高的信度和效度，能够科学地评估心理特征。其次，职业心理测验具有公平性，只要实施过程严格遵守规范，便能确保测试结果客观公正，不易受到主考官的晕轮效应、类我效应、近因效应等主观因素的影响。最后，职业心理测验便捷高效，适合大规模实施，能够快速了解个体的能力和心理状态，为组织决策提供依据。

职业心理测验的缺点也是比较明显的。首先，职业心理测验的准备工作需要投入大量的人力、物力和财力。随着时代的发展，人的心理特征结构不断变化，传统测验已无法满足需求，需要不断修订和更新，尤其是大规模职业选拔测验，需要花费大量精力编制、测试与修改。其次，职业心理测验对施测者的能力要求很高，需要选择合适的施测者并进行培训，以确保测验过程和评估的客观性。最后，测验结果容易受到被测者主观性的影响，他们可能提前准备答案或在测验中隐藏真实想法，从而导致结果失真。

传统心理测验从内容上划分，可以分为人格测验、能力测验、智力测验、兴趣测验、情绪和心理健康测验；从形式上可以分为纸笔测验、计算机测验、行为观察测验、投射测验、笔记分析测验等。而职业心理测验为了实用的需要，常常把传统心理测验按照特殊目的进行抽取、组合，并给予新的名称，常见的有职业成就测验、职业兴趣测验、职业能力测验和职业人格测验。

2. 职业心理测验的组织实施

职业心理测验的组织实施是一个系统化的过程，涉及从准备、实施到结果分析和反馈的多个步骤（图 6-2）。以下是职业心理测验组织实施的主要步骤和要点。

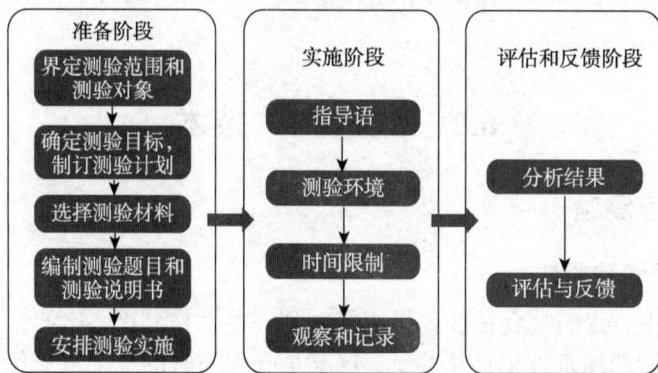

图 6-2   职业心理测验实施程序

1）准备阶段

准备阶段是职业心理测验的第一个阶段，这一阶段的工作质量将直接影响到测验的后续实施和评估，良好的准备工作能够提高整个测验活动的效果。这一阶段主要包括 5 个方面。

（1）界定测验范围和测验对象。界定测验范围是指通过查阅相关文献，对组织想要测量的某种特质或概念进行操作化定义，以便减少操作过程中的误差；界定测验对象是确定组织想要测验的人群及其基本特征。不同测验量表的适用人群有一定的差异，测验对象的界定有利于选择测验工具。

（2）确定测验目标，制订测验计划。在确定测验的范围和对象后，施测者需要明确实施测验的目标，再根据需要将目标分解为可操作的概念，以便编制测验题目。还需要制订一个详细的心理测验计划，包括心理测验的具体时间、地点、参与人员等，保证之后的实施有序进行。

（3）选择测验材料。正式编制题目前，需要收集充足的材料。材料的收集需要围绕所确定的测验目标进行，且需要符合测验对象和测验范围。不同的内容范围，材料的选择来源也有所不同。

（4）编制测验题目和测验说明书。测验题目的编制是整个测验活动最重要的环节之一，在编制时要保证信度和效度，只有测验的有效性和一致性良好才能得出可信的测验结果，还要选择有代表性的题目，题目数量适中，难度适中，题目之间要有较好的区分度。一套科学、有效的职业心理测验问卷需要不断修订和改进。编制者初步选出题目后，需要进行一系列测试来获得客观的结果，从而对题目进行评价，并根据这个评价进一步修订测验的题目、组合和顺序，使测验题目日臻完善。由于测验问卷的编制者不一定是具体实践中测验的操作者，为了保证正确使用，在完成一套完整的职业心理测验问卷后，编制者还需要编制相应的测验说明书，说明书的内容包括使用目的、使用方法、注意事项、标准答案和评定方法等。

（5）安排测验实施。在测验题目准备好后，接下来就需要为测验实施做准备。首先，应该提前准备好所有相关材料，并安排合适的场地和时间。其次，施测者自身要做好测验的准备工作。通常情况下，测验的施测者与问卷的编制者不是同一个人，这就要求施测者在测验前要充分熟悉测验的材料、流程和注意事项，以确保测验过程的流畅和专业。再次，施测者还需根据测验的具体要求准备相应的道具和材料，如纸笔、模型和设备等。最后，需要通知被测者参加测验。一般而言，测验前应该事先告知被测者，让被测者对测验有充分的心理准备，避免影响测验效果。

2）实施阶段

完成心理测验前的准备工作后，就可以进入具体实施阶段。此阶段需遵循标准化原则，施测者不能根据主观理解随意修改测验信息或暗示答案，以免影响结果。

（1）指导语。在测验过程中，确保指导语的标准化至关重要，在测验实施期间必须使用统一的指导语。指导语可分为两类：一类是针对被测者的，包含测验的要求和所需材料，通常位于测验材料的开头。此指导语应简洁明了且可操作，主要内容包括作答形式、时间限制、计分方式、保密规定等。另一类是针对施测者的，包含对测验的进一步解释、注意事项以及意外情况的处理方法。

（2）测验环境。测验环境也是保证测验能否顺利实施的一个重要因素。在测验时要避免外界的干扰，选择安静而宽敞的地点，适当的光线和通风条件也是必需的，还可以在测验地点外面贴上"请勿打扰"的标识来防止打扰。

（3）时间限制。在职业心理测验中，有的测验类型要求施测者严格遵守规定的时间，不能随意调整和变动，例如智力测验和能力测验一般要考察个体的反应速度，因此必须限制答题时间。另一些则是没有时间限制的，例如人格测验通常会给被测者充足的时间完成测验。因此，是否需要设置时间限制要根据测验的性质而定。如果有时间限制，必须将关于时间的限制事先告知被测者。在作答的过程中，施测者可以根据需要进行适当的提醒。

（4）观察和记录。施测者的观察和记录也是评估被测者的主要依据，因此施测者需要严格按照测验说明书所要求的标准化程序进行观察和记录。测验前施测者应充分了解测验的规则和要求，施测时精神集中、仔细观察、及时记录，尽量避免掺杂主观情感。

3）评估和反馈阶段

评估和反馈阶段是职业心理测验的最后阶段，也是非常重要的一个环节。这一阶段主要包括分析结果和评估与反馈两项内容。

（1）分析结果。在得到测验结果后，应根据测验的目的选择适当的参照指标进行分析并提供合理解释。结果分析主要有常模参照测验和标准参照测验两种方法。常模参照测验通过将被测者的成绩与其他个体或群体进行比较，以发展量表、商数、百分等级等方式解释，推断其在团体中的位置；而标准参照测验则是将个体的成绩与特定标准比较，评估个体的知识掌握程度，常用于成就测验。尽管这两种方法的参照指标不同，但它们并不互相排斥，通常结合使用，从而既能了解个体的真实情况，也能评估其在团体中的相对位置。

（2）评估与反馈。在完成结果分析后，需要赋予这些结果现实意义，结合测验说明书对结果进行实际的解释，并将其应用于人力资源管理中。在解释测验分数时，应考虑个体的经历、背景、测验情境及可能的误差，避免单纯根据分数武断下结论。测验结果经过合理解释后便可以在实际的人力资源管理工作中应用，这个阶段要注意测验结果的沟通和反馈。

在向被测者和使用者报告分数及解释结果时，要使用简洁易懂的语言，避免专业术语，以便于理解。同时，应考虑结果对当事人的影响，尤其是在个体自我认知不充分时，需谨慎处理，做一些必要的思想工作。

职业心理测验的实施过程环环相扣，要求严格标准化操作，任何一环的疏忽或者失误都会对结果产生很大影响，甚至可能导致前功尽弃，因此，招聘单位在使用职业心理测验时，应充分考虑自身能力，为施测者提供专业培训，确保心理测验的准确性。

3. 职业成就测试

职业成就测试用于了解应聘者的专业知识和技能，按测试功能的不同，可以分为学业成就测试和职业成就测试，前者主要用于教育领域，后者主要用于组织团体或企事业单位，为人员选择、职业发展、培训和绩效评估提供科学依据。目前已经有一些成熟的职业成就测试，其中有代表性的有韦克斯勒个人成就测试和伍德考克–詹森个人成就测试。

1）韦克斯勒个人成就测试

韦克斯勒个人成就测试（Wechsler individual achievement test，WIAT）是一种用于评估个体在多个学习领域中的成就水平的标准化测验。该测试由美国心理学家大卫·韦克斯勒（David Wechsler）开发，适用于 4 岁至成年人的广泛年龄段，提供了详细的评估内容，包括字词识别、阅读理解、数学计算、数学推理、拼写、句子组成和口头表达等方面。测试通常由专业心理学家或经过培训的人员进行单独施测，以确保测试的准确性和可靠性。WIAT 的结果可以帮助招聘单位了解个体的学习优势和劣势，为个体的培训或职业发展提供科学的依据和指导。此外，WIAT 还广泛应用于诊断学习障碍、评估教育成效以及制订个性化教育计划，通过科学的方法和系统化的评估，帮助个体更好地了解自己的学习能力和发展潜力。

自 1992 年首次推出以来，WIAT 经过了多次修订，每次修订都增强了其评估个人学习成就的能力。第二版（WIAT-II）于 2001 年推出，该版本将适用的年龄范围扩展至 4~85 岁，并改进了测试结构（如表 6-6 所示），同时引入了更新的常模，修订了分测验，提高了测试的可靠性和有效性。第三版（WIAT-III）于 2009 年推出，进行了更新，以改善测试的实施过程并缩短测试时间。分测验包括听力理解、口头表达、单词阅读、伪词解码、阅读理解、口头阅读流利度、字母写作流利度、拼写、句子写作、作文、数学问题解决、数字运算和数学流利度（加法、减法、乘法）。WIAT-III 可以单独进行，提供以上测试的综合分数。第四版（WIAT-4）于 2020 年推出，这是目前的最新版本。WIAT-4 引入了新的分测验和扩展的评分能力，包括音韵处理、正字处理、写作流利度和扩展的正字处理综合分数。新增的分测验如语音能力、正字流利度、解码流利度、句子写作流利度和正字选择。该测试支持众多专业人士使用，适用于 4~50 岁 11 个月的个体，并直接与其他韦克斯勒量表（如 WISC-V 和 KABC-2 NU）相连接，用于全面评估听、说、读、写和数学技能。

表 6-6　WIAT-II 的测试结构

成分	分测验	测试内容
阅读	语词阅读	字母识别、语音知觉、字母的语义识别、字词识别的准确性能力
	假词解码	应用语音解码的技能，要求被测者大声读出卡片上符合英语拼写规则但无意义的单词
	阅读理解	各种阅读理解技能，包含单词、句子、文章 3 类题型
数学	数位运算	识别和书写数字、解答书面计算题、解答简单方程式的能力
	数学推理	数量概念，多步骤问题，有关金钱、时间和测量的问题，几何问题，阅读和解释图表问题，统计与概率问题，整数、分数和小数问题，识别数学图案等方面的能力
书面语言	拼写	拼写所听到字母、字母组合和单词的能力
	书面表达	书写过程，包含字母书写、单词流畅性、句子、段落和文章
口语	听力理解	词与图匹配、句子理解、图与词匹配的能力
	口头表达	有效使用口头语言与他人交流的一般能力，包含句子复述、单词流畅性、文章理解力、提供指示 4 个部分

2）伍德科克–约翰逊个人成就测试

伍德科克–约翰逊个人成就测试（Woodcock-Johnson tests of achievement，WJ ACH）是以卡特尔–霍恩–卡罗尔（CHC）理论为基础编制而成的标准化成就测试，自 1977 年由伍德科克等人首次发表后，目前已发展到第四版（WJ Ⅳ ACH）。WJ 测试适用于从幼儿到成年人的广泛年龄段，其设计目标是通过多种分测验，全面评估个体在阅读、数学、书写和知识应用等方面的成就和学习能力，也广泛应用于鉴别特定学习障碍及其他特殊人群的临床评估之中。目前该测试已被多个国家引入并修订，是世界范围内使用广泛的成就测试评估工具之一。

2014 年修订形成的第四版伍德科克–约翰逊个人成就测试共包含 20 项测试，涵盖了阅读、数学、书写和学术知识 4 个领域的内容。其中，阅读、数学和书写 3 个领域涉及基本技能、流畅性和应用的测试，学术知识涉及科学、社会科学和人文学科的测试。这 20 项测试分为两个部分，前 11 项为标准测试，后 9 项为扩展测试。标准测试中编制了 3 种形式的平行测试，分别是 A、B、C。由于 WJ Ⅳ ACH 常由多位专家进行评估，或是在一年中的多个时间进行评估，因此使用 3 个平行测验可以避免对相同测验内容的练习。基于项目反应理论模型，对每个子域中的项目进行分析、校准，确保每个项目都包含在适当的领域之中。测验提供了多种转换分数，并支持评估者通过在线评分系统查看个体实际分数与预测分数的差异和变化。这一测试主要用于诊断个体在学习上的优劣势，当与伍德科克-约翰逊第四版认知能力测试（WJ Ⅳ COG）和口语测试（WJ Ⅳ OL）配合使用时，可以评估个体在成就与认知、语言方面能力的差异。该测试适用于 2 到 90 岁的人群，大部分的测试能够在 10～15 分钟完成。

4. 职业兴趣测试

职业兴趣测试（vocational interest tests，VIT）是心理测试的一种方法，它可以表明一个人最感兴趣的并最可能从中得到满足的工作是什么。该测试将个人兴趣与那些在某项工作中较成功的员工的兴趣进行比较，用于了解一个人的兴趣方向以及兴趣序列。

职业兴趣作为一种特殊的心理特点，由职业的多样性和复杂性反映出来。一方面，现代社会职业划分越来越细，社会活动的要求和规范越来越复杂，各种职业间的差异也越来越明显，对个体的吸引力和要求也就截然不同；另一方面，个体自身的生理、心理、教育、社会经济地位和生活环境背景不同，所乐于选择的职业类型、所倾向于从事的活动类型和方式也就不同。现代人力资源管理的基本原则是将合适的人放在合适的岗位上。因此，企业在招募新员工时，就非常有必要对申请人员进行职业兴趣测评。通过测试，企业可以得知它所能提供的职业环境是否与申请者的职业兴趣类型相匹配，即企业可以考察到申请者是否适合在本企业的职业环境中工作。

职业兴趣测试涉及的主要理论有霍兰德职业兴趣理论、择业动机理论、职业锚理论等。霍兰德职业兴趣理论认为人格与职业有某种对应关系，该理论将人格分为现实型、研究型、艺术型、社会型、企业型和常规型 6 种类型，不同人格类型适合从事不同类型的工作；择业动机理论是期望理论应用于择业领域而形成的理论，该理论认为择业动机＝职业价值观×职业要素评估×竞争系数×竞争能力×随机性，择业动机受到个人主观因素和客观因素（社会环境）的共同影响，其中个人对职业价值的评估和他获得这项职业的可能性大小发挥着最主要的作用；职业锚理论认为职业锚是人们择业选择的核心点，是人们内心最看重的部分，也是驱动人们进行职业选择时所依据的最本质的东西，该理论将职业锚分为技术型、管理型、创造型、自主与独立型、安全型 5 种类型，每种职业锚所关注的择业重点不同。

进行职业兴趣测试常用的技术方法有霍兰德职业兴趣量表、斯特朗-坎贝尔职业兴趣量表和库德职业爱好调查表等。

1）霍兰德职业兴趣量表

美国职业咨询师、心理学家霍兰德（John Lewis Holland）以职业兴趣理论为基础，先后编制了职业偏好量表（vocational preference Inventory，VPI）和自我导向搜寻量表（self-directed search，SDS）两种职业兴趣量表，作为职业兴趣的测试工具。

霍兰德职业偏好量表（以下简称"VPI"）于 1958 年编制，经过大规模的测验和修订，该量表能帮助被测者发现和确定自己的职业兴趣与能力专长，以指导求职择业。VPI 的构建基于一个基本假设，即职业偏好是一个人动机、人格、知识和能力的体现。此外，还假设职业偏好能够反映个体应对人际关系和环境问题的偏好方法。VPI 包含 160 个陈述或项目，每个项目要求受试者回答他们喜欢或不喜欢某种职业活动或职业环境，每个项目对应霍兰德 6 种职业兴趣类型中的一种，即现实型（R）、研究型（I）、艺术型（A）、社会型（S）、企业型（E）、常规型（C），分别计算受试者在每种职业兴趣类型上的得分。再根据各类型的得分，对照常模，确定受试者的主导职业兴趣类型，并提供职业选择和发展建议，帮助受试者作出更符合其兴趣的职业决策。

霍兰德在 1970 年首次发布了自我导向搜寻量表（以下简称"SDS"），它提供了一种自我指导的职业兴趣评估工具，强调个体在职业探索中的自主性。其测试内容包括多个部分：第一部分，心目中的理想职业，被测者需要按照喜好的顺序列举出 3 个最想从事的工作或者最喜欢的专业。第二部分，感兴趣的活动，要求被测者在给定的活动中选择自己感兴趣的活动（表 6-7）。第三部分，擅长获胜的活动，要求被测者在给定的活动中选择自己最擅长的活动。第四部分，喜欢的职业，要求被测者从所列举的具体职业中选出自己喜欢的职业。第五部分，能力类型简评，要求被测者通过与同龄者比较，对自己各方面的能力进行评估，分数越高代表能力越高。第六部分，统计和确定职业倾向，要求被测者统计第二部分到第五部分的得分。第二部分到第四部分统计每个类型上回答"是"的数量，第五部分则直接统计自评得分，统计完成后将每部分的分数对应填写在表格里，进行纵向累加，根据累加的分数即可判断出个体的职业倾向。第七部分，看重的东西——职业价值观，要求被测者列举出自身的职业价值观，即在求职的时候比较看重什么，此处为被测者列举 9 种人们在选择工作时通常会考虑的因素，要求被测者按照重要性排序。

表 6-7　SDS "感兴趣的活动" 题目示例

您喜欢以下活动吗？

R 型	选项	I 型	选项
1. 装配、修理电器	是/否	1. 阅读科技类书报杂志	是/否
2. 维修自行车、摩托车	是/否	2. 做实验	是/否
3. 开卡车或拖拉机	是/否	3. 科研活动或自己设定一个问题进行研究	是/否
4. 用木头做东西，如盒子、简易探？	是/否	4. 设计制作飞机、舰船模型	是/否
5. 开摩托车或汽车	是/否	5. 猜谜、做数字游戏或文字游戏	是/否
6. 学习五笔字型打字	是/否	6. 阅读某专业的论文	是/否
7. 日常用品有小毛病自己修理，如手电、眼镜、收录机	是/否	7. 解决数学难题	是/否
8. 制作家具或布置居室	是/否	8. 解一盘棋局	是/否
9. 选配、制作家庭音响影院系统	是/否	9. 读侦探小说或悬疑小说	是/否
10. 上工艺制作课	是/否	10. 上数学、几何课	是/否
11. 操作机器，或使用家庭工具机械	是/否	11. 上物理课	是/否

VPI 和 SDS 存在以下区别：一是适合的评估方式不同，与 VPI 相比，SDS 更强调自我导向，强调个体在职业探索过程中的自主性和积极性，适合希望主动探索职业兴趣的个体，而 VPI 更适合在职业咨询师或心理学家的指导下进行；二是评估内容不同，VPI 以职业条目作为量表项目，SDS 则在 VPI 的基础上又补充了职业愿望、活动、潜能和自我评估等分量表项目，VPI 更侧重于职业活动和环境的兴趣评估，而 SDS 更为全面，包含对活动、能力、职业兴趣和自我评估的多维度考察；三是应用场景不同，VPI 适用于职业咨询、职业规划以及研究，特别是在需要快速评估个体职业兴趣的情况下，SDS 适用于教育和职业指导，尤其适合希望深入了解自己的职业兴趣和能力的在校学生和职业转换者。

自初版推出以来，VPI 经历了多次修订和改进，目的是确保量表内容与时俱进，保证量表的可靠性和准确性。具体修订内容有：新增和更新项目以反映新兴职业和现代职业活动；删除或修改不再适用或不准确的项目；提供新的评分方法使得结果解读更加简便和直观；提供详细的解释指南，帮助个体和职业咨询师更好地理解评估结果；增强对不同文化背景和年龄段人群以及特定人群（如学生、职业转换者、退休人员）的适用性；部分修订版本引入了计算机和在线评估方式，使得评估过程更加便捷和高效。通过这些修订，VPI 在职业咨询和职业规划中持续发挥着重要作用，在职业兴趣测量方面产生了重要影响，许多职业选择方面的问卷均以此为基础。

2）斯特朗–坎贝尔职业兴趣量表

斯特朗–坎贝尔兴趣量表（Strong-Campbell interest inventory，SCII）最初由美国心理学家爱德华·K. 斯特朗（Edward K. Strong, Jr.）于 1927 年开发，后来由大卫·坎贝尔（David P. Campbell）进行了修订和扩展。斯特朗于 1927 年出版了斯特朗职业兴趣量表（Strong vocational interest blank，SVIB），这也是世界上第一个正式的职业兴趣量表。在编制量表的过程中，斯特朗选取了两组对照样本，一组为对自身工作感到很满意的员工，另一组为没有特殊偏好的群体，然后让这两组群体分别填写一系列关于职业的问题。根据两组结果，区分出差异显著的项目，共 420 个，针对 10 种职业进行评价，由此编制了职业兴趣量表。

最初的量表存在较大缺陷，一方面，斯特朗使用的问卷是完全凭借经验设计的，没有经过严谨的数理统计检验，信度和效度上存在一定的问题；另一方面，这个问卷仅适用于男性，无法推广到更广泛的群体中。针对后一问题，斯特朗于 1933 年推出了第一个女性测验量表。1938 年和 1946 年，斯特朗分别对男性和女性测验量表进行了修订。之后坎贝尔接手修订工作，并于 1966 年和 1969 年分别完成了对男性量表和女性量表的再次修订。坎贝尔在修订量表的过程中，顺应社会趋势，将男性和女性量表合二为一，最终于 1974 年公开出版了斯特朗–坎贝尔兴趣问卷。该问卷后来又经过数次修订，信度和效度都有了大幅提升。

斯特朗–坎贝尔兴趣量表包括 5 个子量表，分别为一般职业主题量表（general occupational themes，GOT）、基本职业兴趣量表（basic interest scales，BIS）、具体职业量表（occupational scales）、特殊量表（special scales）和管理指标量表（administrative indexes）。每个量表包括的题目数量不同，编制量表依据的理论也不同。一般职业主题量表以霍兰德职业兴趣理论为基础，有 6 个主题量表，每个量表包括 20 个题目，共 120 个题目；基本职业兴趣量表的题目一致性很高，属于同质性量表；具体职业量表则提供了关于被测者的兴趣与效标组兴趣之间的一致性；特殊量表包括学术满意度量表和内、外向量表两部分，前者反映了在学术环境中的满意程度，后者反映了被测者与他人合作的意愿；管理指标量表则是对个体结果进行的统计。

斯特朗–坎贝尔兴趣量表现在已改名为斯特朗职业兴趣量表（Strong interest inventory，SII）。

3）库德职业爱好调查表

库德职业爱好调查表（Kuder occupational interest survey，KOIS）由美国心理学家库德（Frederic Kuder）于 1966 年出版。它共有 100 个项目，分为 5 个分量表：验证量表、职业兴趣评估表、职业量表、大学主修专业量表和实验量表。

验证量表实际上是测谎量表，用来测量被测者是否如实回答了问卷中的问题，这一部分的分数是确定整个问卷是否有效的依据。职业兴趣评估表包括 10 种职业兴趣领域，可得到 10 种职业范围的分数，再将这 10 种分数转换成霍兰德的 6 种职业类型的分数。职业量表考察被测者的兴趣和从业者兴趣的一致性，这部分量表也是总体量表的核心。大学主修专业量表用来测量被测者的兴趣和那些主修不同学科的大学四年级学生的兴趣之间的一致性。实验量表用来确定整个量表的效度。该调查表延续了之前的回答方式，要求受试者从每组 3 个陈述中选择最喜欢和最不喜欢的活动。这种方式有助于减少社会期望效应和个体的自我偏见，从而更准确地反映他们的真实兴趣。库德职业兴趣量表（以下简称 KOIS）的结果可以生成受试者的兴趣轮廓图，显示他们在各兴趣领域的相对得分，识别出他们的主要职业兴趣。

KOIS 的多次修订和更新确保了其内容的现代性和准确性。每次修订都基于大量的实证研究和用户反馈，更新了题目和评分系统，以更好地反映现代职业世界的需求。最新版本的 KOIS 结合了当代职业环境的变化和新兴职业，提供了更为精细和准确的职业兴趣评估。尽管 KOIS 在不同文化背景下的适用性可能有所不同，需要进行适当调整，但其简便易用和广泛适用性使得 KOIS 成为职业咨询领域的一个重要工具。

5. 职业能力测试

职业能力（occupational ability）是人们从事某种职业的多种能力的综合。如果说职业兴趣或许能决定一个人的择业方向，以及在该方面所乐于付出努力的程度，那么职业能力则能说明一个人在既定的职业方面是否能够胜任，也能说明一个人在该职业中取得成功的可能性。

职业能力可分为一般能力和特殊职业能力。一般能力即智力，是在许多基本活动中表现出来，且各种活动都必须具备的能力，包括思维能力、想象能力、记忆力等；特殊职业能力则指某个职业领域需要的特殊专业知识和技能，比如，程序员必须具备编程能力等。

智力与能力理论的研究历史悠久，产生了众多理论，这些理论不仅深刻影响了人们对智力和能力本质的认知，还为智力测验和能力测验的发展奠定了基础，使得这些测验逐渐被人们广泛理解和接受。智力理论发展的前期，研究重点在于智力的构成要素以及这些构成要素之间的关系，代表性的理论有斯皮尔曼（Charles Spearman）提出的智力二因素理论和瑟斯顿（Louis Leon Thurstone）提出的群因素理论。智力二因素理论认为智力由一般因素和特殊因素组成；群因素理论认为智力应包含 7 种不同的心智能力，即语词理解、语言流畅、数字运算、空间想象、联想记忆、知觉速度和一般推理。吉尔福特（Joy Paul Guilford）认为对智力的分析应该是多维度的，并将智力分为操作、内容、结果 3 个层次。卡特尔（Raymond B. Cattell）提出了流体智力和晶体智力的理论，区分出了流体智力与晶体智力。晶体智力主要指个体已经内化到自身的能力和知识，比如，语言理解能力、逻辑归纳能力等；流体智力则代表个体感知、记忆以及对基本观念进行思考的一种能力，比如，知觉反应能力、空间推理能力等。这一理论在智力研究中具有重要影响。弗农（Philip E. Vernon）提出了智力的层次论，从高到低依次将智力分为一般智力因素、言语-教育能力、空间-机械能力、特定能力因素 4 个层次。20 世纪 60 年代后，计算机技术的发展使智力的相关理论研究走向了因素分析与信息加工整合的新方向。加德纳（Howard Gardner）提出了多元智力理论，认为智力与个体所处的社会和文化环境密切相关，是一种完成任务的能力，也是创造未来的能力，包含 7 个组成部分，分别是言语-语言智力、音乐-节奏智力、逻辑-数理智力、视觉-空间智力、身体-知觉智力、自知-自省智力和交往-交流智力。加德纳的理论提供了一种新的视角来看待智力，强调智力的多样性和个体差异，引发了人们关于智力理论更深入的思考。

职业能力测试是在智力理论与能力理论的指导下，通过评估个人所具备的非生活经验积累的能力，以预测其在某一职业领域的发展潜力。职业能力测试可以划分为一般能力（智力）测试和特殊能力（能力倾向）测试，下面将对这两类测试进行介绍。

1）一般能力（智力）测试

（1）个体智力测验常用量表。

①比内-西蒙智力量表（Binet-Simon intelligence scale）。测验项目为 59 个，包括记忆、言语、理解和手工操作等，以通过多少项目作为区分智力的标准。因其简陋和非标准化而不再使用。

②斯坦福-比内智力量表（Stanford-Binet intelligence scale）。由美国斯坦福大学的 L. 推孟（L. Terman）根据比内-西蒙智力量表修订而成。他使用比率智商和离差智商概念，以 IQ 作为个体智力水平的指标，将量表的适用年龄扩展到 1.5～18 岁，选取了 2100 名常模样本。

③韦克斯勒成人智力量表（Wechsler adult intelligence scale）。它包括 11 个分测验，每一个分测验评估一种智力要素或能力。这 11 个分测验可分为两类，即言语测验和操作测验。前者评估以言语来表现的能力，如常识、判断能力、概念掌握、抽象概括、注意力集中和瞬时记忆等；后者评估操作能力，如注意力分配、精细观察力、视觉-运动技能、计划能力和空间知觉综合能力等。每一分测验又包括若干不同项目，按由易到难的顺序排列。

（2）团体智力测验常用量表。

①陆军测验（甲种、乙种）（Army Alpha Test）。陆军甲种测验由 8 个分测验组成，

包括指使测验（照令行事测验）、算术测验、常识测验、异同测验（区别同义词和反义词）、字句重组测验、填数测验、类比推理测验和理解测验。陆军乙种测验属于非文字测验，由 7 个分测验组成，包括迷津、立方体分析、补足数列、译码、数字校对、图画补缺和几何形分析。

②瑞文推理测验（Raven's progressive matrices，RPM）。英国心理学家 J. C.瑞文（J. C. Raven）于 1938 年设计的一种非文字智力测验。分为 3 个水平：瑞文标准推理测验，适用于 5.5 岁以上智力正常人；瑞文彩图推理测验，适用于幼儿和低智力者；瑞文高级推理测验，适用于智力高者。3 个水平的瑞文推理测验由两种题目组成，一是从一个完整图形中挖掉一块，另一个是补充一个图形矩阵中的欠缺。

③认知能力测验。由爱德华·桑代克（Edward Thorndike）编制，分为 4 个组成部分：初级型，适用于低年级儿童，包括口头表达、词汇、关系概念、多重智力和数量概念；文字测验，适用于小学四年级以上，包括词汇、句子填充、词语分类、词语类推；数量测验，适用于小学四年级以上，包括数的大小比较、数列补充和建立关系；非文字测验，适用于小学四年级以上，包括图形分类、图形推理和图形综合。

2）特殊能力（能力倾向）测试

特殊能力测试的目的在于评估个体在某一方面的发展潜能，用以预测个体在接受适当的训练后，从事某种工作可能获得的成就大小。

（1）一般能力倾向成套测试（general aptitude tests battery，GATB）。最初是美国劳工部自 1934 年起花了 10 多年时间研究创制的。它是对许多职业群同时检查各自的不适合者的一种成套测验，曾风行全世界。这套测验由 15 个分测验构成，其中 11 个是纸笔测验，其余 4 个是操作测验。15 个分测验分别是工具匹配（tool matching）、名字比较（name comparison）、画纵线（H marking）、计算（computation）、平面图判断（two-dimensional space）、打点速度（speed）、立体图判断（three-dimensional space）、算术应用（arithmetic reason）、词义（vocabulary）、打⊥记号（⊥ mark marking）、形状匹配（form matching）、插入（place）、调换（turn）、组装（assemble）和分解（disassemble）。

一般能力倾向成套测试（以下简称 GATB）可以测定 9 种能力倾向，这 9 种能力倾向对完成各种工作是必要的。

G——智能（intelligence）。一般的学习能力。对说明、指导语和诸原理的理解能力，推理判断能力，迅速适应新环境的能力。

V——言语能力（verbal aptitude）。理解言语的意思及与它相关联的概念，并有效地掌握它的能力。

N——数理能力（numerical aptitude）。在正确、迅速地进行计算的同时，能进行推理并解决问题的能力。

Q——书写的知觉（clerical perception）。对词、印刷物、票据之细微部分正确知觉的能力；直观地比较辨别词和数字，发现错误或校对的能力。

S——空间判断能力（special aptitude）。对立体图形以及平面图形与立体图形之间关系的理解能力。

P——形状知觉（form perception）。对实物或图形之细微部分正确知觉的能力；根据视觉能够进行比较辨别的能力；对图形的形状和阴影的细微差异及长宽的细小差别进行辨别的能力。

K——运动协调（motor coordination）。正确而迅速地使用眼和手或手指协调并迅速完成作业的能力；正确而迅速地作出反应动作的能力；使手能跟随眼所看到的东西迅速运动，进行正确控制的能力。

F——手指的灵活度（finger dexterity）。迅速而正确地活动手指，用手指能很好地操作细小东西的能力。

M——手腕灵活度（manual dexterity）。灵活地活动手及腕的能力；拿取、放置、调换、翻转物体时手的精巧运动和腕的自由运动能力。

GATB 有 15 种职业能力倾向类型，如表 6-8 所示。

表 6-8　GATB 的职业能力倾向类型分类

职业能力倾向类型	职业
G-V-N	人文系统的职业
G-V-Q	特别需要言语能力的事务职业
G-N-Q	自然科学系统的职业
G-N-Q	需要数理能力的一般事务职业
G-Q-K	机械事务的职业
G-Q-M	机械装置的操纵、运转及警备、保安职业
G-Q	需要一般性判断的注意力的职业
G-S-P	美术作业的职业
N-S-M	设计、制图作业及电气职业
Q-P-F	制版、描图的职业
Q-P	检查分类职业
S-P-F	造型、手指作业的职业
S-P-M	造型、手臂作业的职业
P-M	手臂作业的职业
K-F-M	看视作业、身体性作业的职业

（2）鉴别能力倾向成套测试（differential aptitude test，DAT）。这是一种多重能力倾向测验。1947 年由美国心理公司发行，主要用于中学生的教育和职业咨询。全套测验包括 8 个单独施测、单独记分的分测验，它们分别是：言语推理、数字能力、抽象推理、文书速度和准确性、机械推理、空间关系、拼写、语言运用。该测试既可直观反映个人在 8 种能力倾向上的内部差异，又可表明个人在每种能力倾向上相对于同年级团体的相对位置。

（3）机械能力倾向测试（mechanical aptitude test，MAT）。这是一种对个体做各种机械工作潜能的测验。机械能力倾向表现为空间想象、知觉速度与敏锐度以及机械知识的综合。

（4）文书能力倾向测试（clerical aptitude test，CAT）。主要测验阅读理解的速度、文件整理的速度与准确性、物品与人名的速记、文字校对的正确性、计算的迅速与准确性、必要的管理知识以及社会适应性。

比较著名的文书能力倾向测验有明尼苏达办事员能力测验。对于文书工作，数字、文字的知觉能力非常重要。该测验的两个分测验各有 200 道题。第一个分测验是数目校对。每一对数字有 3～12 位数不等，其中有些相同，有些不同，要求被测者比异同，把不同的找出来。第二个分测验是人名校对，也是要求把不同的找出来。这种测验并不难，但要求迅速正确，主要是测评知觉的广度、速度与正确性。

6. 职业人格测试

拓展阅读 6.2　主要的类型和特质理论

人格（personality）是一系列稳定且独特的心理品质，这些品质具有跨时间和跨情境特点，能够影响个体内隐的及外显的特征性行为模式。

人格的研究历史悠久，学者从不同的角度理解人格的结构、发展和形成机制，产生了多样的人格理论派别，主要有类型和特质理论、心理动力学理论、人本主义理论、社会学习和认知理论、自我理论等。

类型和特质理论根据人的特殊行为把人用全或无的方式进行分类，或者把特质看成在人格维度上的连续分布，来构建人格。古希腊医生希波克拉底（Hippocrates）提出的气质类型学说，斯普兰格（Eduard Spranger）的性格类型学说，阿尔波特（Gordon Allport）的特质理论，卡特尔（Raymond Cattell）提出的人格 16 因素和艾森克（Hans Eysenck）的整合人格理论、人格结构的四层次模型，多位学者提出的五因素模型等都属于这一派别。这一派别的理论对职业人格测试的影响也最为深远。

心理动力学理论认为强大的内在驱动力塑造人格并引发行为。弗洛伊德（Sigmund Freud）的人格理论进行了大胆的尝试，对人格发展的起源和进程、心理的本质、变态人格的各个方面以及通过治疗改造人格的方式进行了解释。

人本主义理论从个人、意识经验与成长潜能整合的角度理解人格；社会学习与认知理论则强调对个体行为差异的理解，把人格看成以往生活强化的结果，强调个体对环境的知觉和主观解释上的差异；自我理论强调自我概念的重要性，可以更加全面地理解人格。基于这些理论，学者发展出不同的人格测试工具。

人格测试就是使用业已标准化的测验工具，引发被测者陈述自己的看法，然后测试者对结果进行统计处理、研究分析，从而对人的价值观、态度、情绪、气质、性格等素质特征进行测量与评价的一种心理测试方法。

在招聘工作中，对应聘者的人格测验也是一项极为重要的工作内容，尤其是在选择那些经常要和其他人有人际交流的候选人时，这种人格特性的测验尤为重要，如对将从事推销、公共事业、监督和管理、访谈等工作的人。把人格测验引入招聘工作中，有助于在对应聘者的知识、能力和技能考察的基础上，进一步考察其工作动机、工作态度，情绪的稳定性、气质、性格等心理素质，使考察更全面、科学和客观，从而保证能够选拔出具有较高知识素质、能力素质和心理素质的优秀人才。

常用的人格测试方法有自陈式量表和投射测验两种。自陈式量表（self-report inventory）是一种客观测验，被测者要回答关于思想、情感和行为的一系列问题。客观测验的计分和施测相对简单，也有定好的规则，一些客观测验的计分甚至解释都可以通过计算机程序来完成，最后的分数通常就是一个沿着某单一维度分布的简单数字（如适应到不适应），或者在不同特质上的一系列得分（如冲动、依赖、外向），用这些得分来和常模进行比较。

投射测验（projective test）广义上是指那些把测评目的加以隐蔽的一切间接测评技术。狭义上是指一种特殊的测评手段，即把一些无意义的、模糊的、不确定的图形、句子、故事、动画片等呈现给被测者，问其看到、听到或想到了什么，以此作为反馈信息，并在此基础上加以分析处理和解释。由于人格会无意识地渗透到刺激反应中，通过被测者的情境解释，就可获得对其人格的认识。投射测验使用的材料没有明确的结构和意义，不受文字限制，为被测者提供了广阔的联想机会和空间，被测者也难以伪装和防卫，适用于不同文化背景的人群。但是由于投射测验结果的解释和计分相对困难，主观性强，投射技术只能有限地用于高级管理人员的选拔，而大多数情况下运用于临床心理诊断。

目前在招聘中应用较多的自陈式量表主要有卡特尔 16 种人格测验（16PF）、艾森克人格测验（EPQ）、迈尔斯–布里格斯类型指标（MBTI）和大五人格测验，使用较多的投射测验有罗夏墨迹测验和主题统觉测验。下面将对这些测验进行简要介绍。

（1）卡特尔 16 种人格测验（16 personality factor questionnaire，16PF）。由美国伊利诺伊州立大学人格和能力测验研究所雷蒙德·卡特尔（Raymond Cattell）开发。卡特尔使用阿尔波特等人从字典中搜集的 17953 个描述人格的词汇，按意义进行了归类和整理，得到 171 个与人格有关的基本词，然后选择 208 名被测者，让他们参照这些词，以评定量表的形式对其熟悉的人进行评定。经相关分析和因素分析，得到 12 种根源特质。之后，卡特尔又根据实证研究增加了 4 种特质，编制成 16PF 问卷。16PF 中各因素间都是相互独立的，因素间相关很小。16 种人格因素的名称、字母代号及分析性描述如表 6-9 所示。

表 6-9　16 种人格因素的名称、字母代号及分析性描述

代号	因素名称	高分特征	平均分特征	低分特征
A	乐群性：表示热情对待他人的水平	对他人的关注程度高于平均水平，并且很容易与他人交往，对他人热情接待	对他人的关注与感兴趣的程度处于平均水平	对工作任务、客观事物或活动所倾注的关注水平要高于对他人的关心程度
B	聪慧性：刺激寻求与表达的自发性	有很高的自发表达水平，思维活动非常迅速，但同时也表明，在言行之前并不总是深思熟虑	表达的自然流露程度和多数人一样，在进行决策时，会认真思考	在决策之前会进行非常仔细的思考，这种深入思考的能力表明比大多数人更全面地思考，达到更深刻的理解
C	稳定性：应付日常生活要求的知觉水平	能够控制生活的现实需要，并且能够比大多数人更沉着、冷静地应对这些要求	和大多数人一样能平静应对生活中的变化	受生活变化的影响很大，难以像大多数人一样沉着地应对这些生活要求
E	特强性：力图影响他人的倾向性水平	喜欢去影响他人	觉得和大多数人一样能平静地应对生活中的变化	受生活变化的影响很大，难以像大多数人一样沉着地应对这些生活要求

代号	因素名称	高分特征	平均分特征	低分特征
F	兴奋性：寻求娱乐的倾向和表达的自发性水平	通常较为活泼和任性，具有高于平均水平的自发性	能量水平、言行的自发性处于平均水平	是一个认真的人，喜欢全面地思考问题。认为别人会将其看成一个严肃对待生活的人
G	有恒性：崇尚并遵从行为的社会化标准和外在强制性规则	崇尚社会强制性标准和规则，并愿意遵从	倾向于接受外来强制性标准和规则，但并不僵硬地去遵从。有时更倾向于灵活地运用规则，而不是逐字逐句地去遵从	不喜欢遵从严格的规则和外在强制性指导，较之多数人更少地遵从书本原则
H	敢为性：在社会情境中感觉轻松的程度	在社会情境中比大多数人都表现自如，较之其他人更少感觉到来自他人的威胁	像大多数人一样，在社会情境中感到较为轻松	在社会情境中，尤其是在周围的人都不熟悉的情况下，会感到有些害羞和不舒服
I	敏感性：个体的主观情感影响对事物判断的程度	对事物的判断较容易受自己的情感和价值观影响。对某个决策的判断更多地基于它看起来是否正确，而不是对它进行冷静的逻辑分析。因此，在对事物进行评价时，更关注自己的品位、价值观和感觉	在需要判断和决策时，倾向于注意事实以及它们的实用意义，同时也意识到有关问题的情绪性后果和价值。实际上，判断事实倾向于在主观与客观之间取平衡	在进行判断和决策时，倾向于注重逻辑性和客观性
L	怀疑性：喜欢探究他人表面言行举止之后的动机倾向	有一种疑人倾向，认为他人的言行背后隐藏着某种动机，而不是将他人的言行按其表面意义理解	倾向于认为他人是值得信任和真诚的。可能会对值得怀疑的目的较为警觉，但当完全了解他人之后，会乐于接受他们	通常乐于信任他人所做的是真诚的，并对他人给予无怀疑的信任
M	幻想性：个体在关注外在环境因素与关注内在思维过程两者之间寻求平衡的水平	勤于思考，并不拘泥事情本身的细节，而倾向于思索有限事实之外的东西	在关注某一件事时，既关注事件的事实和细节，又会从更广阔的思路去考虑	是一个现实主义和脚踏实地的人，更倾向于直接去做某件事情，而不是花时间去论证其可行性
N	世故性：将个人信息私人化的倾向	不愿轻易透露个人信息，是一个爱保守个人秘密的人	对多数人都较为公开地展示自我	待人公开、直率，较之大多数人来说，更乐于解释有关自己的各种信息
O	忧虑性：自我批判的程度	觉得自己有很人的困惑，或者觉得自己比别人活得更艰难。自我批判意识较强，对现实中的失误倾向勇于承担个人责任	对自己的长处或缺陷有较现实的认识，能为自己的失误承担责任，能够从这些失误中吸取教训	和大多数人相比，很少自我怀疑
Q1	实验性：对新观念与经验的开放性	对新观念与经验有强烈的兴趣，对变革有很高的开放性	对新观念与经验的开放程度和大多数人一样	强调按既定方法行事的重要性。和大多数人相比，很少倾向于冒险尝试新的做法与观念

续表

代号	因素名称	高分特征	平均分特征	低分特征
Q2	独立性：融合于周围群体及参与集体活动的倾向性	倾向于独立解决问题和作出自己的选择和决定	力求在融合于群体及独立于群体这两个极端中寻找平衡	希望成为组织中的一员，并热爱组织活动
Q3	自律性：认为以清晰的个人标准及良好的组织性对行为进行规划的重要性程度	通过对事情的事先计划和准备来对事情进行控制。有十分清晰的个人标准，并认为以此来规划自己的行为很重要	对事情进行事先计划和组织的倾向与多数人相同	不像大多数人一样去对事情进行控制和事先的计划和组织。更乐于任由事情变化，并可以容忍某种程度上的无组织性
Q4	紧张性：在和他人交往中的不稳定性、不耐心以及由此所表现的躯体紧张水平	和大多数人相比，体验到高度的紧张，经常感到不满和厌恶	通常所体验到的躯体紧张水平和大多数人差不多	和大多数人相比，躯体紧张水平较低，很少感到对别人不耐烦和不满

16PF 是评估 16 岁以上个体人格特征最普遍使用的工具，广泛适用于各类人员，对被测者的职业、级别、年龄、性别、文化等方面均无限制。测验由 187 道题组成。每一人格因素由 10～13 个测验题组成的分量表来测量，共有 16 个分量表。

16 种因素的测验题采取按序轮流排列，即从第 1 题到第 16 题分别按序对应于 16 种人格因素。然后再转回来，从第 17 题到第 32 题同样按序对应 16 种人格因素。这十几道题目的含义比较相似，通过反复询问减少被测者选择时出现的误差。题目出现的顺序是不固定的，遵循轮流出现的原则，使被测者无法通过上一题的内容猜测下一题的性质，有效降低了被测者猜题造成的误差。每一测验题有 3 个备选答案。施测时主试通过指导语等尽量创设条件让被测者诚实作答。并向被测者说明，做题时应以对问题的第一印象尽快回答，每题只可选一个答案，不可遗漏任何测验题。做完整套测试一般需要30～45 分钟。测试可以用记分模板来计算原始分，也可以用计算机来评分。对照 16 种人格因素分析性描述可对基本的人格特性进行判断。

16PF 不仅能明确描绘 16 种基本的人格特性，而且可以根据实验统计结果所得的公式，推算出许多可以描绘人格类型的双重人格因素。双重人格因素的推算，并不是直接利用原始分，而是由几个有关的基本因素的标准分，经过数量的均衡，连同指定的常数相加而成。常数和均衡数量的多少，是卡特尔根据多年实验研究和统计分析而得出的。主要双重人格因素类型有适应与焦虑型、内向与外向型、感情用事与安详机警型以及怯懦与果断型。

16PF 因信度、效度都比较高，目前在人才测评中广泛使用。但是这套问卷也存在很大的缺点：为了保证效度，问卷对一种人格特质设置了较多相似的题目，导致总体施测时间比较长，被测者在测验过程中可能会失去耐心，从而随意填写问卷。

（2）艾森克人格测验。1975 年，英国著名心理学家艾森克在整合人格理论的基础上编制了艾森克人格测验量表（Eysenck personality questionnaire, EPQ）。这个量表最早形成于 1952 年，当时只有神经质这一个维度，题目数量是 40 道；1959 年，艾森克对这个量表进行修订，增加了外倾性维度，并将题目增加为 48 道；1964 年，艾森克又对这个量表进行修订，首次在问卷中添加了测谎的内容，同时将题目增加到 57 道；到了 1975 年，艾森克的人格测验问卷已经比较成熟，这时问卷中增加了精神质维度，题目数量达到 90 道。为了使问卷更有针对性，他根据成年人和青少年的特点划分出两种类型。1985 年，艾森克对量表中信度较低的部分进行了改进，将题目数量确定为 100 道，同时开发了精简版的问卷，共有 48 道题目，这有助于问卷的推广和应用。艾森克人格测验（以下简称 "EPQ"）属于自陈式人格测验的范畴，即被测者本人回答问题，通过一些多选一或必答的问题，展现个人的人格特质。该测验包括以下 4 个分量表。

第一个：E 量表测量个体内外倾向性。在这个量表中得到较高的分数代表着较高的外向程度，具体表现可能是好交际、渴望刺激和冒险，情感易于冲动；分数低表示性格内向，可能是好静，富于内省，除了亲密的朋友之外，对一般人缄默冷淡，不喜欢刺激，喜欢有秩序的生活方式，情绪比较稳定。

第二个：N 量表测量个体神经质。这种神经质反映的是正常行为，与病症无关。在神经质方面得分高的群体人格特质表现为容易焦虑担心、性格急躁、情绪不稳定、反应较为激烈等；得分低的群体人格特质表现为反应较慢、情绪平和、控制力强、不容易冲动行事等。

第三个：P 量表测量个体精神质。精神质并非暗指精神病，它在所有人身上都存在，只是程度不同。在精神质这一维度得分较高的人群，其人格特质表现为自尊心和攻击性较强、性格冷淡等。艾森克认为在这一维度上有较高得分的人与高创造力相联系。在这一维度上，低分没有明确的现实意义，但是通过大量的实证观察，一些低分的人往往表现出抑郁、孤独等心理特征。

第四个：L 量表是测谎量表。该量表主要考察被测者是否在填写问卷的过程中说谎，通过测验被测者的掩饰、自身掩蔽或测定社会性朴实、幼稚的水平，也能在一定程度上反映个体的心理状态。测谎量表的分数较高意味着被测者可能比较喜欢修饰自己，分数低的人则倾向于接受自己的真实状态，心态比较单纯。测谎量表不仅可以判断其他部分的量表测量结果是否真实，也可以反映个体的社会心态。

EPQ 经过多次修订和验证，适用于不同人群，具有较高的信度和效度，且测验形式简单，易于实施和解释，应用广泛，在包括人力资源管理在内的多个领域发挥着重要作用。

（3）迈尔斯–布里格斯类型指标。迈尔斯–布里格斯类型指标（Myers-Briggs type indicator，MBTI）由美国心理学家布里格斯（Briggs）和她的女儿迈尔斯（Myers）于 1942 年编制，1944 年发表。量表的编制建立在荣格的理论基础之上。荣格通过临床观察和心理分析得出了个体行为差异的 3 个维度：一是精神能量指向，指的是内外向程度；二是信息获取方式，指的是感觉和直觉的差异；三是决策方式，指的是思考与情感。迈尔斯认为荣格的著作对大众而言过于复杂难懂，于是尝试将荣格的认知功能整理得更加易于理解，并在荣格研究的基础上，通过对人类行为的长期观察与记录，增加了判断和知觉两种类型。该量表也是一种自陈式评估量表，包含个性的 4 个基本特征，要求被测者在这 4 种基本类型中作出选择。

第一，外向型（E）–内向型（I）。该维度测量的是个体内心状态与外界影响的相互作用程度。外向型的人从人际交往中获得能量，喜欢外出，表情丰富，合群，喜欢多样性和行动，擅长自由沟通。他们在做事前常常先讲再想，容易冲动、后悔和受到他人影响。相反，内向型的人则能从独处中获得能量，喜欢静思、冥想，倾向谨慎和不表露情感。他们通常独立、负责、细致，不怕长时间做事，喜欢先思考再行动，避免打扰。

第二，实感型（S）-直觉型（N）。该维度测量的是个体收集信息时注意的指向。实感型的人通过五官感受世界，注重真实和实际，喜欢用已有技能解决问题，重视细节和具体明确的事物，脚踏实地，能够忍耐和小心处理问题。他们倾向于做重复的工作，不喜欢展望未来。直觉型的人通过第六感洞察世界，注重可能性和理论，喜欢学习新技能和处理新问题，重视创新和整体观念，不喜欢细节，容易凭爱好做事并迅速得出结论。

第三，思考型（T）-情感型（F）。该维度测量的是人们的思考和决策方式。思考型的人用逻辑和客观的方式决策，坚信自己的观点，较少考虑他人的意见，注重公平和正义，不喜欢调和，具有批判和鉴别能力，遵循规则，工作中较少表现情感。情感型的人则用主观和综合的方式决策，考虑决策对他人的影响，注重和谐和宽容，喜欢调解问题，注重环境和工作中的情感，喜欢从赞美中获得满足，也希望得到他人的赞美。

第四，判断型（J）-知觉型（P）。该维度测量的是一个人的生活方式和生活态度。判断型的人倾向于封闭定向，结构化和组织化，时间导向，决断力强，认为事情都有正误之分，喜欢命令和控制，反应迅速，喜欢完成任务，但不善于适应变化。知觉型的人则倾向于开放定向，灵活和自发，喜欢探索和开放式结局，喜欢收集新信息而不是作结论，喜欢开始许多新项目但往往不完成，容易优柔寡断，注意力分散。

以上 4 个维度分别有自身的两极，这样的排列组合形成了 16 种人格类型，每种用 4 个字母表示，代表一种个性（表 6-10）。进行测验时，被测者需要对 4 个维度的题目进行回答，计分时将每个维度下的所有题目得分汇总，得到该维度的倾向分，再将 4 个维度上的倾向分综合起来，即可判断被测者的人格类型。如 ENTJ 是外向、直觉、思考、判断型，这种人格被认为是果断理性的，目标导向，有行动力和决断力，善于分析问题，具备良好的沟通和人际交往能力，具备这种人格的人在领导、策略和分析方面表现出色，适合那些需要决策能力、长远眼光和解决复杂问题的职业。这些人格类型可以分为 4 个大类：传统型（SJ 型）、艺术型（SP 型）、理性型（NT 型）、理想型（NF 型）。

通过 MBTI 的测验结果，人们可以从不同角度深入了解自己的个性特征，并且基于这些特征选择最适合自己的职业。在实践中，MBTI 的应用范围越来越广泛，在职业选择中发挥着重要的参考作用。

（4）大五人格测验。以五因素模型为基础开发的测验工具有很多，其中最为出名的大五人格测验是由保罗·科斯塔（Paul Costa）和罗伯特·麦克雷（Robert McCrae）在 1985 年开发的 NEO 人格问卷（NEO personality inventory，NEO-PI-R）。NEO-PI-R 包含 240 个项目，旨在评估个体在 5 个主要人格维度（外倾性、责任感、开放性、亲和性和神经质）以及各维度下的具体特质上的表现。每个主要维度包括 6 个具体特质，使得测验能够提供更详细和全面的人格评估。NEO-PI-R 通常以纸质或电子问卷的形式进行。每个项目是一个陈述，被测者根据自己的实际情况进行回答，使用 5 点量表（从

"非常不同意"到"非常同意")来评分。NEO-PI-R 的评分系统将被测者的回答转换为
5 个主要维度和具体特质的分数。分数可以用来绘制人格概况图，提供对个体性格特质
的详细描述。高分和低分分别表示在该特质上或强或弱的表现。例如，高外向性得分表
示个体更喜欢社交和活跃，而低外向性得分表示个体更内向和保守。

表 6-10　MBTI 的 16 种人格类型

态度		功能		类型	描述
		主导	辅助		
内向（I）	判断（J）	实感（S）	思考（T）	ISTJ	以实感主导、以思考辅助的内向型
			情感（F）	ISFJ	以实感主导、以情感辅助的内向型
		直觉（N）	思考（T）	INTJ	以直觉主导、以思考辅助的内向型
			情感（F）	INFJ	以直觉主导、以情感辅助的内向型
	感知（P）	思考（T）	实感（S）	ISTP	以思考主导、以实感辅助的内向型
			直觉（N）	INTP	以思考主导、以直觉辅助的内向型
		情感（F）	实感（S）	ISFP	以情感主导、以实感辅助的内向型
			直觉（N）	INFP	以情感主导、以直觉辅助的内向型
外向（E）	感知（P）	实感（S）	思考（T）	ESTP	以实感主导、以思考辅助的外向型
			情感（F）	ESFP	以实感主导、以情感辅助的外向型
		直觉（N）	思考（T）	ENTP	以直觉主导、以思考辅助的外向型
			情感（F）	ENFP	以直觉主导、以情感辅助的外向型
	判断（J）	思考（T）	实感（S）	ESTJ	以思考主导、以实感辅助的外向型
			直觉（N）	ENTJ	以思考主导、以直觉辅助的外向型
		情感（F）	实感（S）	ESFJ	以情感主导、以实感辅助的外向型
			直觉（N）	ENFJ	以情感主导、以直觉辅助的外向型

大五人格模型广泛应用于各种人事测评中，许多实证研究的数据也验证了其预测效
度。巴里克（Barrick）和芒特（Mount）在 1991 年针对不同职业、不同工作性质、不
同年龄的样本进行的大五人格特质和工作绩效是否有显著关系的研究中发现，责任感最
能广泛应用于预测担任不同职位者的工作绩效。大五人格模型传入中国后，学者对其进
行了本土化的修正，增加和修改了某些人格维度。针对中国员工的实证研究表明，人格
五因素与绩效显著相关，但不同维度的预测关系各不相同，责任感和绩效的相关度相比
其他人格变量更高；与工作绩效相比，情绪稳定性与关系绩效的相关性更高；与他评绩
效相比，自评绩效与人格自评得分的相关性更高；不同岗位的外倾性、责任感与绩效的
相关性不同。

（5）罗夏墨迹测验（Rorschach inkblot test，RIT）。由瑞士精神病学家赫尔曼·罗
夏（Hermann Rorschach）在 1921 年建立。测验由 10 张经过精心制作的墨迹图构成。
其中 7 张为水墨墨迹图，3 张为彩色墨迹图，墨迹图示例如图 6-3 所示。这些图片在被
测者面前出现的次序是有规定的。主试的说明很简单，例如："这看上去像什么？""这

可能是什么？""这使你想到什么？"主试要记录被测者反应的语句，每张图片从出现到开始第一个反应所需的时间，各反应之间较长的停顿时间，对每张图片反应总共所需的时间，被测者的附带动作和其他重要行为等。目的都是诱导出被测者的生活经验、情感、个性倾向等心声。

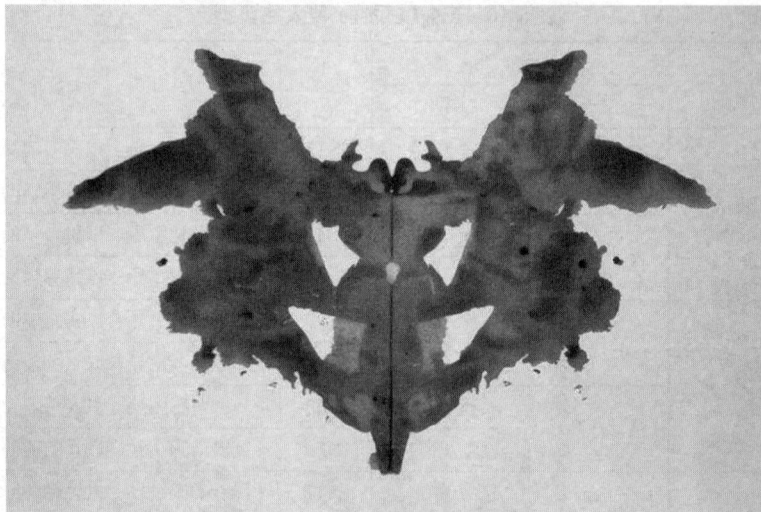

图 6-3　墨迹图示例

罗夏墨迹测验的计分主要在以下 4 个方面。

①领域的记号。这是根据回答中所使用的墨迹图像领域作出的反应分类，其领域包括对墨迹图的全体反应（简写为 W）、普通大部分反应（D）、普通小部分反应（d）、异常部分反应（Dd）和空白部分反应（S）。如被测者将空白部分作为图案进行反应，而将墨迹部分作为背景，则将该反应记号为 S。

②决定因子记号。这是对被测者根据墨迹图像本身的（或所想象的）性质中的什么因子来决定回答的反应分类。反应决定因子包括形态（F）、运动（M）、浓淡（C.K.R）和色彩（C）。对于一个主要领域的反应一般有一个主要决定因子，如仅以墨迹的形态特性作为决定因子的反应，形态就是主决定因子，记号为 F。但有时一个反应会有两种或两种以上的决定因子，如"美丽的蝴蝶"，其主要决定因子是形态（根据情况，也可能有浓淡和运动），色彩则是附加决定因子，记号为 FC。

③内容的记号。这是对回答的内容种类作出的反应的分类。反应内容包括人（H）、人的部分（Hd）、性（Sex）、动物（A）、植物（Pl）、建筑物（Arch）、艺术（Art）、抽象（Abst）等 24 类，如反应为"像蝴蝶"，则内容记号为 A。

④平凡性或独创性。将最频繁出现的反应分类为平凡反应（P）；根据主试的经验，在 100 个记录中只出现一次的反应分类为独创反应（O）。

如果被测者整体反应高则具有高度综合能力，但缺乏精细的分析能力；运动反应高则具有想象力和移情倾向；色彩反应高则性格外向，情绪不稳定；形状反应高则具有良好的自我控制能力，情绪活动和谐；浓淡反应高则可能预示有不安的情绪。

（6）主题统觉测验（thematic apperception test，TAT）。主题统觉测验由美国哈佛大学 H.A.默里（H. A. Murray）和 C.D.摩根（C. D. Morgan）于 1935 年编制而成。该测验共有 31 张图片，包括 30 张内容隐晦的黑白图片和 1 张空白卡片，每张都标有字母。图片内容以人物或景物为主（图 6-4），有的图片为各种年龄和性别的被测者所共用，有的则只用于男性或女性。测试过程中并不要求展示全部 31 张图片，通常根据被测者的年龄、性别和测试需求，选取 20 张左右进行评估。进行测验时，主试根据被测者性别以及是成年人还是儿童，抽选出相应的 19 张黑白图片，按次序呈现给被测者，要求被测者对每一张图片根据自己的想象和体验，讲一个内容生动、丰富的故事。同时必须说明事情发生的原因、可能出现的结果及个人的感想。故事越生动越好。另外，还要求被测者在空白卡片上想象出一幅图画，然后根据这幅图编造出一个相应的故事。测验完毕后，主试与被测者进行一次谈话，以便深入了解故事的内容。每套测验的两个系列分两次进行。一般来说，后 10 张图片的内容是较为奇特、复杂、容易引起情绪反应的。两次测验结束后主试要与被测者进行一次谈话，以了解其编造故事的来源和依据，作为分析结果时的参考。

图 6-4　主题统觉测验图片示例

因为故事的内容一部分受当时知觉的影响，另一部分，即想象部分，则是个人意识与潜意识的反映。也就是说，被测者在编造故事的时候，会不知不觉地把自己内心的情绪、愿望和理想，用故事情节反映出来，即把个人的心理活动投射到故事之中。主试通过对被测者编造的故事的分析，找出被测者的需要、态度和情感，从而测出其性格特征。换句话说，人们在解释一种模糊的情境时，总是倾向于将它与自己过去的经历和当前的愿望结合起来；在面对测验卡讲述故事时，也会想到过去的经历，并在故事中表达自己的感情和需要，而不论其是否意识到这种倾向。

主题统觉测验被评定的主要需要变量、情绪变量有恭顺、成就、攻击、自责、关怀、顺从、受保护、进取、归属、自主、矛盾、情绪变化、沮丧、焦虑和怀疑等；被评定的主要压力变量有归属、攻击、支配、关怀、拒绝和身体危险等。

6.2.2 结构化面试

结构化面试是面试实践中应用较广泛的一种面试方法，它弥补了传统面试的不足，又借鉴了标准化测验的优点，有助于企业在较短的时间内筛选出合适的人才。此面试方法具有内容确定、程序严谨、评分统一、形式灵活等特点。从近年的面试实践经验来看，其测评的效度、信度较高，比较适合规模较大，组织性、规范性较强的录用和选拔考试。

1. 结构化面试概述

1）结构化面试的含义和特点

结构化面试就是通过工作分析，确定面试的测评要素，在每一个测评的维度上预先编制好面试题目并制定相应的评分标准。面试过程遵循一种客观的评价程序，对应试者的表现进行数量化的分析，给出一种客观的评价，不同的评价者使用相同的评价标准，以保证判断的公平合理性。

"结构化"强调面试问题、评价标准和评价程序的规范化和标准化，目的是减少面试官的评价偏差，提高面试信度和效度。有研究发现，结构化是一种重要的缓冲变量，结构化面试比非结构化面试具有更高的信度和效度。具体来说，结构化面试的特点有以下几个。

（1）以工作分析为基础设计面试问题。结构化面试需要进行深入的工作分析，以明确在工作中哪些事例能体现良好的绩效，哪些事例反映了较差的绩效，由执行人员对这些具体事例进行评价并建立题库。结构化面试测评的要素涉及知识、能力、品质、动机、气质等，尤其是有关职责和技能方面的具体问题，更能够保证筛选的成功率。

（2）测评要素的结构化。测什么、用什么题目来测试要根据测试前所做的工作分析来确定，并按一定的顺序及不同分值比重进行结构设计。还要在测评要素下明确测评要点，即观察要点。测评要点下面即测试题目，每个测试题目都有出题思路或答题参考要点，供面试官评分时参考。

（3）测评标准的结构化。它突出地表现在要素评分的权重系数有结构，每一测评要素内的评分等级有结构（一般在评分表中分优、良、中、差4级），应试者最后的面试成绩经过科学方法统计处理（去掉众多面试考官要素评分中的最高分和最低分，然后得出算术平均分，再根据权重合成总分）。作为对面试官评分科学性的估计以及对面试官打分公正性的监督，还可以设标准分一项，看每一位面试官打分与标准分的离散度。

（4）面试官组成的结构化。在结构化面试中，面试官不是随意配置的，而是有一定数量（一般为5名左右）的要求。面试官是依据选人岗位的需要，按专业、职务以及年龄、性别以一定比例科学配置的，其中有一名是主面试官，一般由他负责向考生提问并把握整个面试的总过程。面试官还可以有不同的分工，每人专门负责某项问题的提问。

（5）面试程序及时间安排的结构化。结构化面试是严格遵循一定的程序（如面试官的设置、考场的选择、监督机制与计分程序的设立等）进行的，一般每个应试者的面试时间在10～30分钟。

2）结构化面试的优缺点

结构化面试的优点有很多。其一，结构化面试具有很强的职位针对性。结构化面试的第一步是进行深入细致的工作分析，在充分了解职位需求的基础上，确立需要考察的要素。其二，标准化结构化面试是一种标准化的测评方法，针对应聘同一职位的不同应试者，结构化面试采用标准程序，面试的题目、提问方式和评价标准都是相同的，这大大提高了评价结果的客观性、准确性和实用性。

但是，它也有一定的缺点。首先，结构化面试的形式不够灵活，对面试内容的规定较死板，缺乏灵活性和变通性。如果面试官缺乏面试经验和技巧，很容易导致面试官照本宣科、应试者机械回答的沉闷局面。其次，无法获得深层次的信息。由于结构化面试的问题、提问顺序都是事先安排好的，因此必须严格按照程序进行，且由于时间的限制，面试官不能就某些问题进行进一步追踪。最后，鉴别功能有待强化。结构化面试主要应该鉴别应试者在工作能力上的差异和在个性特征上与工作及组织的匹配性。从结构化面试鉴别功能的发挥来看，虽然它能够对测评要素进行一定程度的区分，但总体而言，鉴别功能有待加强。

2. 结构化面试题库的设计

1）确定面试题库试题时应遵循的基本原则

（1）针对性原则。该原则是指面试题应根据面试的具体情况，围绕岗位要求、应试者的状况和面试本身的特点来设计。遵循这一原则的原因在于：其一，面试总是为特定的岗位选人，所以面试题设计通常要紧紧围绕招聘岗位在能力素质上对面试的具体要求（包括哪些素质要求是重要的、决定性的，哪些素质要求是附带的），充分体现不同职类、不同职位工作要求的特点，突出需测试内容的重点。其二，面试题目设计会考虑到应试者群体的状况，包括他们的受教育程度、专业背景、工作经验等，如果试题背离了应试者群体的实际状况，那么题目设计得再好也难以达到选拔的目的。其三，面试具有与笔试不同的特点，面试题目设计一般与笔试有较大的区别，如在面试中一般不会设计一些纯知识性的问题，而更侧重考查职位所要求的能力、潜力和个性品质。

（2）代表性原则。代表性原则是指面试内容既不能过于简单，又不能过于繁杂，应在某一方面或某一环节上具有一定的代表性，足以测试某一特定素质。

（3）可行性原则。面试是短时间的抽样测评，不可能面面俱到。灵活性、应变性的题目不宜过多过杂，难以测试的项目，如道德品质，最好列为参考项目。可行性原则也包含从应试者实际出发的原则，面试题内容的深浅难易要顾及应试者的情况，不宜一味求新、求异、求难。如果录用缺乏实际工作经验的应届毕业生，应着重一般素质（尤其是发展潜力）的测评；如果应试者有一定的工作经验或专业工龄，可着重进行特殊素质的测评。因此，对不同类型的应试者在项目的权重分配上可考虑有所区别。

2）面试题库试题的类型

通过工作分析，界定了工作要求和任职资格，确定了测评内容和要素，下一步就要根据这些测评要素设计具体的面试题，组成试题库，编制面试提纲。面试题的设计关键在于所设计的问题是否能测试出所要测的特性来。

结构化面试题一般以开放性问题为主，以便给应试者更大的发挥空间，有时也可以设计一些封闭式的问题，如"是否"类问题，但这类问题由于考查不了应试者的有关素质，所以在面试实践中比较少用。按面试题目设计的功能和题目性质来分，常见的结构化面试题有以下类型。

（1）背景性问题。这类问题通常考查应试者的背景。在面试开始时，面试官往往用3～5分钟的时间来了解应试者的工作和生活方面的基本情况、教育背景和工作经历。此类问题主要有3个方面的作用：一是让应试者放松，自然地进入面试情境，形成融洽交流的面试气氛；二是验证和澄清简历上的有关个人信息；三是为后续的面试提问提供引导，便于面试工作的深入展开。例如："请用3分钟时间简单介绍一下你自己""你对自己将来要达到的事业目标有什么设想？请你简单谈一谈。"

（2）知识性问题。知识性问题主要是考查应试者对要从事的工作所必需的一般知识和专业知识的了解和掌握。一般知识是指从事该工作的人都应具有的一些常识，例如，财会人员应了解必要的财务制度，人事经理应了解必要的劳动人事制度和法规。专业知识指专业领域的专门知识。

（3）智能性问题。智能性问题主要是考察应试者对一些事物和现象的理解、分析判断能力。通常会选择较复杂的社会热点问题，考察应试者的综合分析能力。这类问题一般不要求应试者发表专业性的观点，也不需要对观点本身的正误作出评价，而主要是看应试者是否能言之有理。

（4）意愿性问题。意愿性问题一般考查应试者的求职动机与拟任职位的匹配性，内容会涉及应试者的价值取向和生活态度等多个方面。例如："根据专业和能力的情况看，你可选择的职业范围很广，为什么选择我们部门呢？""你为何想离开原工作单位？又为什么选择现在的岗位？""这次应聘倘若未能如愿，你将有何打算？"

（5）情境性问题。情境性问题是假设一种情境，考察应试者的反应。此类试题是建立在心理学基础上的，即一个人说他会做什么，与他在类似的情境中将会做什么是有联系的。此类试题考查应试者的应变能力，计划、组织、协调能力，情绪稳定性和个性特征等方面。例如："假设有这样一种情况，你的工作负担已经很重了，可上级却又给你安排了另一项任务。你觉得已没有精力再承担更多的工作，但又不想与领导发生冲突，你会怎样对待这个问题？"

（6）行为性问题。行为性问题关注的是应试者过去的行为，问的是应试者实际上做了些什么、怎么做的、有什么结果，此类试题可考查应试者的人际交往能力、组织协调能力、解决实际问题的能力等。例如："生活、工作中需要与各种各样的人交往，请你回忆一下，你遇到的最难打交道的一个人或几个人。为了把事情办成，你做了哪些努力？结果如何？"

（7）压力性问题。这种问题通常会故意给应试者施加一定的压力，看其在压力情境下的反应，以此考查应试者的应变能力与忍耐性。此类问题可能会触及应试者的"痛处"。例如："据我们了解，你在3年内换了4个单位，有什么证据可以证明你能在我们单位好好干呢？"

（8）连串性问题。连串性问题一般也是为了考查应试者承受压力的能力，包括在有压力的情境中的思维逻辑性和条理性等，也可以用于考查应试者的注意力、瞬时记忆力、情绪稳定性、分析判断力、综合概括能力等。例如："我想问 3 个问题：第一，你为什么想到我们单位来？第二，到我们单位后有何打算？第三，你报到几天后，发现实际情况与你原来想象的不一致时会怎么办？"

3）编制面试题库的环节

设计、编制面试题库环节有 5 个基本环节，即职位分析、制订面试题编制计划、编制题卡、面试题分析、面试题组合。

（1）职位分析。面试测评项目，要反映职位的任职素质条件，因此，设计面试测评项目，首先要弄清楚拟录用职位的要求，任职者须具备什么样的素质条件。如果面试设计者自己都不知道职位需要什么样的人，录用称职的、优秀的人员就无从谈起。所以，职位分析是面试题设计的基础。

（2）制订面试题编制计划。制订面试题编制计划，就是对整个面试题编制工作进行总体设计，把最基本的框架先确定下来，以便后面的工作据此展开。事实证明，制订好面试题编制计划，是使编题工作按部就班、顺利完成的保证。制订面试题编制计划时应该明确以下问题：一是明确为何测评及测评结果的用途；二是根据职位分析结果，进一步明确对哪些素质项目进行测评以及测评结果的质量要求；三是对应试者的总体情况，如学历、专业、工作经历等构成有所了解，使命题有针对性；四是明确采用哪些面试题题型；五是明确选用哪些素材；六是明确工作程序与工作进度。

（3）编制题卡。对于规范化的面试，为了满足面试官临场选择、组合面试题的需要，最好编制《面试题卡》或《面试题本》。《面试题卡》应包括试题、答案、用途、标准、备注等几项内容。

"试题"即题面，包括"给定条件"和"作答要求"两部分，当"给定条件"很明显或应试者容易想到时，也可省略。"答案"即面试题的答案，针对有唯一正确答案的情况，须给出正确答案；针对没有统一答案的，须给出"可接受答案""理想的答案模式"；针对既没有统一答案，也没有"理想的答案模式"的情况，主要考查应试者回答问题过程中表现出来的思维逻辑等方面的内容，应给出需观察的行为要点。"用途"即该面试题的测评意图、测评要素或预期效果等。"标准"即面试官评价的操作性指标及水平刻度，以便面试官进行结果评定或打分等。"备注"主要是对操作实施中需注意的有关事项予以说明。

（4）面试题分析。面试题编制好以后，要对其质量进行评估，包括试题的可行性、鉴别力、难度等指标。最好的鉴别方法是先选择一些"应试者"进行测评，通过试用来发现试题可能存在的质量问题，以便对试题进行修订和完善。

（5）面试题组合。对于结构化面试来说，还需要根据测评目的、测评项目、测评时间、题目类型等进行面试题组合，组配成《面试题本》。面试实施中，面试官应以此为依据对应试者进行面试，针对应试者的作答也可以提出一些相关的问题。

4）面试评定表的设计

面试评定表由若干评价要素构成，它是面试过程中面试官现场评价、记录应试者各项要素优劣程度的计量工具。

  面试评定表的构成主要包括以下几个方面：第一，序号、姓名、性别、年龄；第二，应聘的部门与职位；第三，面试考查的重点内容及评价要素，每项要素的权重；第四，面试评价的标准与等级；第五，评语栏；第六，面试评委签字栏；第七，面试时间。

  由于面试主要是通过面试官对应试者的观察、分析、判断来测评的，往往带有一定的主观性。为提高面试官对各测评要素的认识，提高其判断力，保证评分的统一性和客观性，在设计面试评定表时，应特别注意评价标准及等级的制订。评价等级一般可以分为定性与定量两种方式。定性方式是按成绩或能力的"优、良、中、差"或"一级、二级、三级、四级、五级"等进行标度，如表 6-11 所示。定量方式就是采用赋予分值的形式进行标度，如表 6-12 所示。

表 6-11 面试评定表（定性）

序 号		姓 名			性 别		年 龄		
应聘职位				所属部门					
面试内容		仪表	专业知识	工作经验	综合分析能力	语言表达能力	应变能力	态度	事业进取心	稳定性	总分
权重		5	10	10	15	15	15	10	10	10	100
评分标准	优5										
	良4										
	中3										
	差2-1		4-1	4-1	5-1	5-1	5-1	4-1	4-1	4-1	
实得分数											
评语及录用建议											
面试官		（签字）			日期：				年 月 日		

表 6-12 面试评定表（定量）

序 号		姓 名		性 别		年 龄	
应聘职位			所属部门				
分数等级面试内容	A	分数	B	分数	C	分数
仪表	端庄整洁	5	一般	3	不整	1
专业知识						
工作经验						
综合分析能力						
语言表达能力						
反应能力						
事业进取心						
态度						
稳定性						
评定分数						
评语及录用建议						
面试官	（签字）		日期：		年 月 日	

3. 面试官与面试场所的选择

1）选择并培训面试官

面试官的选拔需要严格把关，必须选择那些品德优秀、能力出众的人。只有面试官德才兼备，才能确保面试过程的公平和有效，从而选拔出优秀的候选人。

合格的面试官应具备良好的个人品质，必须正直、公正，有良好修养，这样才能给每位应试者留下良好的印象。面试官要能够公正、客观地评价应试者，不因个人的主观好恶和情绪变化等影响评价结果；还应该具备相关专业知识，因为在面试过程中或多或少地会考查应试者的专业知识水平和能力，有时专业知识的提问被看作面试的一种技巧。丰富的社会经验也是面试官应具备的条件之一，面试评价总体来说是一个非量化评价的过程，面试官具备丰富的社会经验才能准确地把握应试者的特征。面试官还应具备良好的自我认知能力，如果不能够对自我有一个健全的认识，就无法准确地评价他人。此外，面试官还必须了解组织和职位的要求，掌握人员测评理论与技术，能够熟练运用各种面试技巧、识人技巧，从而全面、综合、深入地了解应聘者；在面试过程中还要能有效地控制面试的进程，保证面试的顺利进行。

面试官是面试成败的关键，对面试官的培训是不可或缺的。研究和实践都证明，经过培训的面试官不论是评分的信度还是评分的效度都明显比没有经过培训的面试官要高。另外，结构化面试的规范性和程序性要求很高，在面试实施前必须对他们进行集中培训。

面试官的培训内容可以分为理论知识和实践技巧两部分。理论方面的培训主要是使面试官掌握面试中的人员测评知识、了解职位要求、熟悉面试程序和掌握评价标准；实践技巧的培训主要是通过模拟的方式练习面试过程中经常用到的各种技巧。同时，培训要强调面试官的决策过程，并指出常见的决策错误和克服这些错误的方法。

2）选择和布置面试场所

面试的具体组织实施工作很烦琐，包括面试场所的选择和布置、候考室和考务用品的配备、应试者的面试通知与联系、面试顺序的确定等。这些工作看起来很不起眼，但任何一项工作没做好，都有可能影响面试的顺利实施。

对面试考场的基本要求有 4 条：一是考场所在位置的环境必须无干扰，安静；二是考场面积应适中，一般以 30～40 平方米为宜；三是温度、采光度适宜；四是每个独立的面试考场，除主考场外，还应根据应试者的多少设立若干候考室，候考室应与主考场保持一定距离，以免相互影响。

面试考场的布置也是很有学问的，就面试官与应试者的位置安排来说，通常有以下两种形式：一种是圆桌会议形式（A），多个面试官面对一位应试者。另一种是一对一的形式，又分为以下几种形式：①面试官与应试者成一定的角度而坐（B）；②面试官与应试者相对而坐，距离较近（C）；③面试官与应试者相对而坐，距离较远（D）；④面试官与应试者坐在桌子的同一侧（E）。

上述面试官与应试者不同的位置安排，产生的面试效果是不同的。在面试中，采用A 这样的形式，排列成圆桌形，气氛较为严肃。采用 B 这样的形式，面试官与应试者成一定的角度而坐，避免目光过于直视，可以缓解应试者的紧张心理，同时也有利于面试官对应试者的观察。采用 C 这样的形式，面试官与应试者面对面而坐，双方距离较近，目光直视，容易给对方造成心理压力，使得应试者感觉到自己好像在法庭上接受审判，使其紧张不安，以致无法发挥正常的水平。当然，在想特意考查应试者的压力承受能力时可采用此形式。像 D 这样的形式，双方距离太远，不利于交流，同时，空间距离过大也加大了人们之间的心理距离，不利于双方更好地进行交流。采用 E 这样的形式，面试官与应试者坐在桌子的同一侧，心理距离较近，也不容易造成心理压力，但面试官的位置显得有些卑微，也不够庄重，而且也不利于面试官对应试者的表情、动作进行观察。因此，在通常情况下，最好采用 A、B 这两种位置安排来进行面试。

4. 面试提问的方式与技巧

1）面试提问的方式

在面试中，面试官要获得关于应试者不同方面的情况，如心理特点、行为特征、能力素质。由于要测评的内容是多方面的，这就要求主考官根据评定内容的不同采取相应的面试提问方式。招聘面试中常用的提问方式有以下几种。

（1）连串式提问。连串式提问一般用于压力面试中，即面试官向应试者提出一连串相关的问题，要求应试者逐个回答。这种提问方式主要是考察应试者的反应能力、思维的逻辑性和条理性。例如，"你在过去的工作中出现过什么重大失误？如果有，是什么？从这件事上你吸取的教训是什么？如果今后再遇到此类情况，你会如何处理？"

（2）开放式提问。开放式提问，就是指针对提出的问题应试者不能使用简单的"是"或"不是"来回答，而必须另加解释才能回答圆满。因此，面试官提出的问题如果能引发应试者给予详细的说明，则符合"开放式提问"的要求。面试时一般用开放式的提问，以便引出应试者的思路，考查其真实水平。例如，"你在大学期间，从事过哪些社会工作？你的专业课开设了哪些？你认为这些课将对工作有什么帮助？什么原因促使你在两年内换了 3 次工作？"这类提问的目的是从应试者那里获得大量的信息，并且鼓励应试者回答问题，避免被动。提问方式常用"如何……""什么……""为什么……""哪个……"等。

（3）引导式提问。引导式谈话中，一方问的是特定的问题，另一方只能作特定的回答。面试官问一句，应试者答一句。这类问题主要用于征询应试者的某些意向，需要较为肯定的回答。如"你担任车间主任期间，车间有多少工人？主要生产什么产品？"这就是典型的引导式提问，应试者只要回答一个数字，说出产品名称即可，而不必作出解释。

（4）非引导式提问。对于非引导式提问，应试者可以充分发挥，尽量说出自己心中的感受、意见、看法和评论。这样的问题没有特定的回答方式，也没有特定的答案。例如，面试官问："请你谈一谈担任学生干部时的经历。"这就是"非引导式"谈话。面试官提出问题之后，便可静静地聆听对方的叙述，而不必再有其他的表示。与引导式谈话相比，在非引导式谈话中，应试者想说什么就说什么，这样可以提供更丰富的资料。应试者的阅历、经验、语言表达能力、分析概括能力都得到了充分的展现，这样有利于面试官作出客观的评价。

（5）封闭式提问。这是一种可以得到具体答案的提问方式。这类问题比较简单、常规，涉及范围较小。例如，工作经历，包括过去的工作职位、成就、工作成绩、个人收入、工作满意与否以及调动原因等；学历，包括专业、学习成绩、突出的学科、最讨厌的学科、课程设置等；早期家庭状况，包括父母的职业、家庭收入、家庭成员等；个性与追求，包括性格、爱好、愿望、需求、情绪、目标设置与人生态度等。

（6）清单式提问。在这类提问中，面试官除了提出问题外，还需要给出几种不同的可供选择的答案。目的是鼓励应试者从多种角度来看待这个问题，并提出多种思考问题的参考角度。例如："你所在的企业存在的最主要的问题是什么？营业额、缺勤、产品质量差还是其他？"

（7）假设式提问。假设式提问主要是面试官根据应聘职位的工作任务，向应试者提出与工作相关的问题，并要求其拿出解决方案。例如："如果你是那个肇事的司机，你会怎样处理？""如果你是办公室主任，你将如何处理这个秘书？"

（8）压迫式提问。这种提问方式带有某种挑战性。一般来说，面试官要尽力为应试者创造一个亲切、轻松、自然的环境，使应试者能够消除紧张心理从而充分发挥。但有些情况下，面试官会故意制造一种紧张的气氛，给应试者一定压力，通过观察应试者在压力情况下的反应，来测定其反应能力、自制力、情绪稳定性等。

（9）重复式提问。重复式提问是面试官向应试者反馈信息以检验其是不是对方真正意图，或检验自己得到的信息是否准确。例如："你是说……""根据我的理解，你的意思是……"

（10）确认式提问。确认式提问表达出面试官对应试者提供的信息的关心和理解，目的在于鼓励应试者继续与之进行交流。例如："我明白了，这很有趣。"

2）面试 5 个阶段的提问技巧

在了解了面试的提问方式后，还有一些提问的基本技巧在面试的 5 个阶段中经常被运用。

（1）建立融洽关系阶段。这个阶段虽然时间很短，但非常重要，因为它确定了整个面试的基调。该阶段要使面试的导入自然、亲切，帮助应试者放松心情，营造和谐、友善、融洽的氛围。因此，面试官可以从关心应试者的角度向应试者提问最熟悉的问题。例如："我们这里难找吗？"

（2）导入阶段。这个阶段是帮助仍有些紧张的应试者进一步放松自己，此时最好提 2~3 个开放式问题，让应试者可以适应并开口说话，而面试官也可以积极地倾听他们的回答，作出一些初步的判断。此阶段的问题设置应该是比较粗略的，从而可以使面试官有机会进一步提问。

例如："你能陈述一下上一份工作的日常活动吗？"该问题实际上可以起到多种作用：让应试者谈论自己熟悉的话题，从而放松心情；面试官有机会对他的语言表达能力和组织能力作出判断；面试官有时间观察应试者的身体语言；面试官可以从中获得进一步提问的信息。

（3）核心阶段。这是面试过程中最实质性的阶段。该阶段中，面试官应根据工作要求和职责规定，收集有关应试者的全部信息，并灵活运用前面所提及的提问方式，深入地了解应试者。

（4）确认阶段。该阶段是给面试官一个核实应试者信息的机会。此时不用再引出任何新话题，提一些开放式和封闭式的问题就可以核实上一阶段了解不够清楚的信息。

（5）结束阶段。该阶段是面试的"最后机会"阶段。面试官要先确保之前的提问收集了作出录用决策所需的全部信息。此时，面试官首先要感谢应试者的回答和合作，然后可以总结一下所得到的信息，最后给应试者一个提出自己的问题的机会。

视频 6.3　STAR 法则

6.2.3　评价中心技术

评价中心（assessment center，AC）被认为是当代人力资源管理中识别有才能的管理者最有效的工具。它起源于 1929 年德国心理学家建立的一套用于挑选军官的多项评价程序。在工业组织中开创使用评价中心技术先河的是美国电话电报公司。此后，许多大公司开始采用这项技术，并建立了相应的评价中心机构来评价管理人员。国内学者对评价中心的研究始于 20 世纪 80 年代后期。

在目前的管理人员评价中，测评管理能力最有效的方法就是评价中心技术，尤其在选用管理人员时，评价其是否具备较好的管理能力，这种方法较为常用。有研究表明，评价中心技术的预测效度在现有各种方法中是最高的。

视频 6.4　评价中心技术

它是一种包含多种测评方法和技术的综合测评系统，通过对目标岗位的工作分析，在了解岗位的工作内容与职务素质要求的基础上，事先创设一系列与工作高度相关的模拟情境，然后将被测者纳入该模拟情境中，要求其完成该情境下多种典型的管理工作，如主持会议、处理公文、商务谈判、处理突发事件等。在被测者按照情境角色要求处理或解决问题的过程中，主试按照要求，观察和分析被测者在模拟的各种情境压力下的心理、行为表现，测量和评价被测者的能力、性格等素质特征。

拓展阅读 6.3　美国电话电报公司评价中心技术的实施

1. 评价中心的概念

评价中心又被称为情境模拟测评，它将各种不同的素质测评方法相互结合，通过创设一种逼真的模拟管理系统和工作场景，使被测评者模拟处于该环境系统中，让其处理相应的工作。

2000 年 5 月，在美国加利福尼亚州举行的第 28 届国际评价中心会议对其作出如下定义：评价中心是从多角度对行为进行标准化的评估。它使用多种行为测评技术，对测评对象在特定的行为模拟情境中的行为表现作出判断，由多位受过培训的测评师进行测评，所有测评师的意见将通过开会讨论或统计的方法进行汇总。对每个行为不同的看法以及评分都整合起来，测评师由此确定测评对象在各个指标或者其他变量上的行为表现的评估结果，在此过程中应当运用有效的统计分析方法，以确保符合专业认可的标准。根据该定义，评价中心的特点可以概括为 4 点：

（1）多技术、多方法的综合应用。评价中心不是一种单独的测试方法或技术，而是多种测评方法与技术的综合应用。单个的心理测试、面试或工作情境模拟都不能称为评价中心。

（2）以通过对目标岗位的工作分析所获得的工作内容和职务素质要求作为出发点来设计测评技术。这点突出强调了评价中心设计的针对性。

（3）应用与目标岗位工作具有高度相关的情境模拟练习。评价中心一般包括一组情境模拟练习，情境模拟测评是评价中心最为显著的特点，尤为强调对相关工作的情境模拟性。

（4）多名评价人员共同作出评价。每一名被测者的评价结果都要由数名评价人员经过多次讨论共同得出。

这 4 个方面的有机整合是保证评价中心能有效地对被测者作出客观公正素质评价的基本前提。

2. 评价中心的主要方法

评价中心是多方法、多技术的综合体，有广义和狭义之分。广义的评价中心包含传统的心理测试（评价被测者的人格、能力、职业兴趣等特质）、面谈（主要是结构化面谈）和情境模拟等。狭义的评价中心主要是指以情境模拟为核心的系列测评技术，本书采用评价中心的狭义定义。比较经典的评价中心方法包括公文筐测试、无领导小组讨论、管理游戏、角色扮演、案例分析、演讲、搜寻事实等。评价中心方法比较如表 6-13 所示。在后文中将对最主要的几种评价中心技术进行详细介绍。

表 6-13 评价中心方法比较

测评方法	方法概述	考查的能力
公文筐测试	应聘者假定为职位人员，在其办公室桌上堆放着一大堆亟待处理的文件，包括信函、电话记录、报告和备忘录，要求应聘者在规定的时间内完成文件的处理工作	计划能力、组织协调能力、分析判断能力、沟通协调能力、决策能力、授权能力、团队管理能力、时间管理能力、文字表达能力、信息的收集和利用能力、处理问题的条件性程度和灵活性程度及人际敏感性等
无领导小组讨论	把应聘者划分为不同的小组，每组人数 6~8 人，不指定领导者，大家地位平等，在此基础上根据提供的案例进行讨论，最后达成一致意见，并以书面或口头形式汇报。整个讨论过程考评者并不参与，完全由应聘者控制讨论进程	组织协调能力、团队合作能力、说服能力、综合分析能力、决策能力、自信心、进取心、责任感、灵活性、情绪稳定性等
管理游戏	给几个应聘者分配一定的任务，这些任务必须通过合作才能较好地完成，有时引入一些竞争因素，通过对游戏项目的完成判断应聘者的能力	沟通能力、语言表达能力、综合分析能力、团队合作、领导能力、决策能力、应变能力等

续表

测评方法	方法概述	考查的能力
角色扮演	考评者设置一系列尖锐的人际矛盾与人际冲突，要求应聘者扮演某一管理角色并进入角色情境去处理各种问题和矛盾。考评者对应聘者在不同角色情境中表现出来的行为进行观察和记录	判断能力、创造能力、谈判能力、沟通能力、决策能力、语言表达能力、应变能力等
案例分析	考评者提供给应聘者一些在管理中遇到的各种现实问题，要求他们提出一系列的建议，形成一份书面报告提交相关部门	综合分析能力、逻辑思维能力、独创性、决策能力、策划能力等
演讲	给应聘者随机抽取一个题目，让其准备5~10分钟，然后进行演讲，演讲时间一般在5~10分钟。通过演讲让应聘者阐述自己的观点和理由	分析推理能力、逻辑思维能力、反应理解能力、语言表达能力、言谈举止和风度气质等
搜寻事实	考评者向应聘者提供关于某一问题的模糊信息，应聘者需要对这些模糊信息进行判断，甄别出有价值的信息。应聘者可以就不清楚的地方向考评者进行提问。如果应聘者的提问能够切中问题的要害，那么他将获得更多有价值的信息。提问和回答结束后，应聘者需要给出问题的解决方案。为了使测验更有效，考评者事先要做好充足的准备以应对应聘者可能提出的各种问题	信息获取能力、分析判断能力、决策能力和抗压能力等

3. 评价中心的实施程序

1）明确使用目的

评价中心是企业人力资源管理中的一个辅助手段。在使用评价中心技术前，应与企业高层沟通，确定是否要使用、使用的主要目的、评价对象的层级等。

评价中心方法最好在缺乏评价对象未来绩效数据的情况下使用。评价对象的目标职位与现任职位的差别越大（如从推销员提升为销售部门主任），就越需要评价其执行未来工作的胜任能力。职务的管理工作成分越大，评价中心所评价出来的管理潜力往往越准确。确定评价对象的层级时要注意两点：一是该层级要有足够的评价对象，使用评价中心技术最为经济；二是要有足够的评价者，且至少比评价对象的层级高一级或两级。

2）确定目标岗位的胜任特征

目标岗位是指招聘和选拔的人才将被安置的岗位。胜任特征主要是直接与个体的工作绩效表现紧密相关的内在因素，因而是预测个体工作绩效的有效评价指标，评价中心以此作为测评工作的基准。测评前，要确定岗位的胜任力模型，并界定有关胜任力的维度定义。如果忽略这一环节，即使在测评上投入再多的精力也是无的放矢，评价的结果很可能会南辕北辙。

3）设计测试方案

这一步骤的主要目的是明确胜任力的测量方法。首先，针对目标岗位的胜任力要求，选择合适的测评工具和练习。此时须注意几个原则：每个练习必须与测评的胜任力标准直接相关；每个练习的难度适中；内容丰富，具备与岗位相关的情境；测评工具和练习经过专家的精心设计，具有合理的信度和效度；针对客户的组织机构特点、时间、费用要求，对测评工具进行修正。其次，设计胜任力评价矩阵。评价矩阵包括测评工具和胜任力两部分内容，每个素质维度必须通过多个测试手段进行观察，以保证测试的效度。最后，制订评价行动计划，包括确认评价目标、设计测评流程和测试的时间进度表；将测试时间表提供给每位测评师，保证测试能够按照时间进度进行，确保测试条件的公平性和一致性。表 6-14 是某企业测试时间进度表。

表 6-14　某企业测试时间进度表

_____年_____月

日　期	测评项目	时　间	测试对象	评委组成	地　点
×月×日	无领导小组讨论	9:00—11:10	第 1 组受测者	A 组评委：李××、张××、王××、刘××、程××	××会议室
			第 2 组受测者	B 组评委：姜××、任××、周××、韩××、耿××	××会议室
		14:00—16:00	第 3 组、第 4 组受测者	第 3 组：A 组评委 第 4 组：B 组评委	
×月×日	心理测验	9:00—11:00	全体受测者		××室
	公文筐测试	14:00—17:00	全体受测者		××室
×月×日	半结构化面谈	9:00—9:45	1 号受测者	A 组评委：李××、张××	××室
			2 号受测者	B 组评委：王××、刘××	××室
			3 号受测者	C 组评委：姜××、任××	××室
			4 号受测者	D 组评委：周××、韩××	××室
		10:00—10:45	5~8 号受测者	依次为 A、B、C、D 组评委	
		11:00—11:45	9~12 号受测者	依次为 A、B、C、D 组评委	
		14:00—14:45	13~16 号受测者	依次为 A、B、C、D 组评委	
		15:00—15:45	17~20 号受测者	依次为 A、B、C、D 组评委	
		16:00—16:45	21~24 号受测者	依次为 A、B、C、D 组评委	

4）培训测评师

作为评价中心的核心技术，情境模拟测试具有很强的主观性，测试效果的好坏在很大程度上依赖于测评师的技术水平。测评师要从专业人士中挑选，并且具有丰富的测评实践经验，即使是最优秀的测评专家，在测试前也要接受有针对性的培训。培训的内容通常包括：熟悉测评的素质维度（胜任力）和测试工具，了解特殊测验的一些操作实施细节；主持情境模拟测试的方法与技巧；测试过程中行为观察、记录、归类和行为评估技巧；统一的评价标准和尺度，提高测评师评价的一致性；测评师在培训中要将刚掌握的东西进行实际演练。测评师每年至少应参加 1~2 次评价中心的测评活动，以保持状态。

5）测试

在正式实施评价中心前，应该找一个与被测者类似的群体做一次测试，尽量收集测试过程中的反馈信息，以便完善测试的内容和程序等。

6）单独评价测试结果

在评价中心的各项活动中，每个评价人员都要对被测者进行观察，尤其要观察被测者所说的和所做的具体事情，观察过程中不允许评价人员作解释性说明。在一个评价练习结束后，每位评价人员要将其观察记录归类并进行评估，按照各个胜任力中成功行为的特征独立地评价其等级水平。通常每个行为特征分为以下 6 个等级。

5——显著高于成功管理行为的特征标准。

4——有些高于成功管理行为的定性定量标准。

3——符合成功管理行为的定性定量标准。

2——有些低于成功管理行为的定性定量标准。

1——显著低于成功管理行为的标准。

0——没有足够资料表明等级。

7）整合测试结果

评价结束后，评价人员会逐一讨论被测者所有测量和观察的结果，直到确定一个所有评价人员都认可的等级为止。由评价人员宣读各自对被测者的观察和记录结果，具体内容可包括被测者的行为表现等，尤其是与成功管理行为有关的行为表现和初步的等级。一般而言，宣读结果的顺序是面谈结果、纸笔测验结果、心理测验结果、情境模拟测试结果。越是重要的评价技术，越要靠后宣读。当所有评价人员宣读结束后，大家共同讨论行为等级。讨论过程中，评价人员可以改变其最初的评价等级，直到取得一致的等级。有时候，根据评价目的还会做一些额外讨论，指出每位被测者未来的发展方向和培养方法。

8）撰写测评报告

评价人员以书面形式写出对被测者的评价等级，并给出其在今后几年的发展建议。然后，将书面报告呈送给企业人力资源部，为企业最终的人力资源决策提供依据。

4. 公文筐测试

1）公文筐测试的概念与特点

公文筐测试（In-Basket Test）是评价中心最常用和最核心的技术之一，一般适用于组织中高层管理人员的选拔和培训。它通过模拟现实管理情境中的任务，测试被测者的决策能力、时间管理能力、问题解决能力以及沟通技巧等多方面的管理能力。

公文筐测试，又叫文件筐测试、文件处理测试、篮中训练法。在这种测试活动中，主试向被测者提供某些岗位经常需要处理的文件，包括电话记录、请示报告、上级主管的指示、待审批签发的文件、备忘录、各种函件等。这些文件根据同类岗位相关的各种典型问题设计而成。测试前，主试需要向被测者进行背景介绍。所有这些文件都要求在一定的时间（一般为 2~3 个小时）和规定的条件下处理完毕。通常要求被测者在较紧迫的情况下处理这些文件，并根据自己的经验、知识去解决问题，作出批示、处理信件、准备会议的议事日程等，完全采用真实情境中的方式。处理完毕，被测者还要以口头或书面的方式说明这样处理的原则和理由。如果主试不清楚或想深入了解某部分内容，可以与被测者进行交谈，以澄清模糊之处。然后主试把有关行为逐一分类，再予评分。

公文筐测试将被测者置于模拟的工作情境中去完成特定的任务，测试的文件基本涵盖了企业中高层管理者日常处理的各种文件，充分展现了一个中高层管理者实际的工作情境，具有高仿真性。与通常的纸笔测试内容相比，公文筐测试题目可以根据不同的岗位特征进行个性化的设计，形式灵活，内容生动，能充分吸引被测者的答题兴趣。

公文筐测试可以适用于不同的文化背景、地域与企业规模，具有普遍适应性，效度表现良好。此外，公文筐测试除了能够发现现有人员的管理能力特点，挑选出有潜力的管理人才之外，还可以应用于人才培训。但是公文筐测试也有缺点，例如题目编制的成本较高，编制过程较为复杂，需要投入较多的人力、物力和财力；评价标准缺乏客观性，评价一致性较低；被测者的真实能力有可能被隐藏，被测者的沟通与人际交往能力也无法测试；公文筐测试的时间一般为 2～3 个小时，测试与评价所需时间较长。

2）公文筐测试的维度

公文筐测试适宜的维度主要有 3 类：与事有关的能力、与人有关的能力以及管理风格与管理经验。与事有关的能力包括文字表述和写作能力、搜集和利用信息（洞察问题）的能力、分析和综合判断能力以及组织、计划、协调和决策能力等。与人有关的能力包括人际敏感性、沟通能力和组织建设能力等。公文筐测试还可以测试被测者的管理风格与管理经验。面对公文筐中的各种文件，有的被测者按照文件的顺序作答；而有的被测者能够先将文件按照轻重缓急进行分类后，再决定哪些由自己作答，哪些批转给有关部门或个人，这就充分体现了被测者的管理风格。另外，在测试后的访谈中，相当一部分被测者（70%以上）是靠以往的经验对文件进行作答的，这种以往的经验来源于过去工作经历中与文件中的事件相似的经历。例如，骨干员工辞职的问题（这是大部分管理者都曾经面对的问题）。这时被测者会更多地依赖过去的经验作出反应。所以公文筐测试能够甄别被测者的管理风格和是否具备丰富的管理经验。

公文筐内容不同，测试的维度也会根据实际情况而定。公文筐测试的评分维度主要有两个方面。

（1）每个文件测查的维度。明确每个文件测试的维度，这在公文筐编制的过程中要进行缜密的设计。需要说明的是，在一套公文筐测试当中可能有几个问题测试的是一个共同的维度，但测试要点并不相同。例如，我们用 3 个文件来测试被测者的分析能力，第一个文件测试被测者分析问题的深入程度，第二个问题测试被测者分析问题的结构性（逻辑思维能力），第三个问题测试被测者分析问题的全面性（整体思考能力）。因此，评价人员在对被测者作答进行评价时，要注意对同一维度下的不同要点进行评分。

（2）整体可测查的维度。对所有文件进行整体分析。测查被测者能否关注各个事件与人物之间的关联关系，能否对每个人物进行准确的角色定位，是否关注数据之间的关系；对事件的重要性是否有清晰的判断，能否发现不同意见之间的利益诉求，是否能根据轻重缓急合理安排自己的工作；文字表述是否清晰、简洁，分配任务的指示是否明确。

因此，公文筐测试可以测查的维度有：管理人员的计划、组织、预测、决策、沟通能力的个体水平和群体水平。这 5 项能力是管理团队的核心素质，对于企业可持续发展具有重大意义。对这 5 项能力的考查是公文筐测试关注的焦点。

基于以上分析，公文筐测试的适用对象为具有较高学历的人（大专以上）或企业的中高层管理者（部门经理以上），它可以为企业有针对性地选拔中高层管理人员或考核现有管理人员，尤其是考察经理一级管理者的胜任能力。除此以外，公文筐测试也被广泛应用于领导行为、培训、工作满意度、绩效评估、组织公民行为、组织信息加工、决策、压力管理、组织氛围等诸多领域的研究。

3）公文筐测试的编制

测试能否达到预期的效果取决于公文筐编制的好坏。由于公文筐测试是一种较为复杂的测试工具，因此在编制时必须遵循科学的原则，同时必须经过一个较为复杂的标准化程序。在编制过程中，应该遵循模拟性原则、系统性原则、全面性原则、重要性原则、针对性原则、随机性原则、标准化原则。编制公文筐测试要经过以下 7 个步骤。

（1）前期预测。公文筐测试针对的对象是管理者，使用的材料是工作中需要处理的公文，研究资源的获取较为困难。因此，在进行测试之前必须经过一个前测，以提高收集公文和进行测试的效率。一般情况下可以在参考相关资料的基础上试着编制一个公文筐测试，并制订相应的评分标准，然后在小群体（20 人左右）中进行测试。此阶段不需要严格要求被测者的职位和行业背景，他们有一定的管理经验即可。这一步骤的主要目的是熟悉公文筐测试的过程及其中可能出现的问题，使后期的工作能有的放矢地进行。

（2）公文收集。公文筐测试的优势在于其情境模拟的特性，因此，必须进入一线管理部门收集管理者的日常公文，以确定典型公文、工作中的典型事件，以及公文筐中公文最终的形式与结构。必须注意公文的全面性。一是公文内容上的全面性，在收集过程中要考虑法规性公文、指挥性公文、知照性公文、报请性公文、记录性公文各自的比重。二是公文形式上的全面性，在公文收集编制时，各种形式的文件都要占到一定的比例。

（3）确定测评要素。公文筐测试是情境模拟技术中的一种方法，与其他测评方法相比有其优势，也有其不足之处。因此，不可能测评到所有的管理素质。但在最初确定测评要素时，要尽力把有可能测评到的要素都列入其中，到底是否合适还要看正式测试结果。一般来说，公文筐测试能够测评处理实际问题的能力、应变能力、规划能力、决策能力、组织能力、协调能力、表达能力以及应对压力的能力。

（4）制订多项细目表。在公文筐测试中，公文与能力的对应关系较为复杂，一种能力可能涉及多个公文，一个公文也往往对应着多个能力，各份公文在公文筐测试中扮演着不同的角色，承担着各自的功能，互相牵制从而构成了一个有机的系统，作为一个整体来测量被测者的各种素质。因此，必须在进行设计之前建立一个多项细目表，从整体上勾画出公文筐测试的设计思路。在多项细目表中，必须考虑到公文的重要性和紧迫性，公文的形式和内容以及公文所涉的维度等多项指标。这些指标分值的确定必须依靠深入的调研与访谈。

（5）编制公文筐测试。依据多项细目表可以逐项编制公文筐测试。公文筐测试的主干部分是 1～2 组组合公文，每个组合包括 5～8 份相关的公文。由于这些公文互相牵制，所以必须考虑到各个相关公文的内部联系，以便找到有效合理的解决方案。这一组合公文在收集公文时很难直接找到，需要结合访谈得到的关键信息，并参照各种公文的形式来编制。在完成组合公文的编制之后，可以依次针对各种需要考查的能力来编制公文。在编制过程中，多项细目表中各指标不可能一步到位，要有一定的先后顺序。一般要先考虑公文涉及的维度，然后是公文的重要性和紧迫性的比例，再是考虑公文的形式和内容。最后还必须设计好测验的复本、指导语和答题纸。

（6）评分标准及评分表格的制订。由于公文筐测试有别于传统的能力测试，并没有完全客观化的答案，评分会受到评价人员主观判断的影响，为了减少主观因素的影响，必须在编制时尽力使评分标准客观、详细。首先，必须收集被测者前测阶段在二级指标上表现出的各种行为，从而制订以行为锚为基础的等级评定量表。其次，根据二级指标的行为锚评定表来制订一级指标等级评定量表。最后，制订公文筐测试评分表（表6-15）。初步制订的评分标准在测试之后要进行一定的修正。

表 6-15　公文筐测试评分表

测试维度	计划能力	组织能力	预测能力
维度定义	能够有条不紊地处理各种公文和信息材料，并根据信息的性质和轻重缓急对信息进行准确的分类处理。在处理问题时，能及时提出切实可行的解决方案，主要表现在能系统地事先安排和分配工作，注意不同信息之间的关系，有效地利用人、财、物和信息资源	为了组织的利益，实现组织制定的目标，运用一定方法和技巧，把来自不同地区、不同系统、不同职业、不同文化背景等各方面均不相同的人组织在一个团结向上的集体之中，使大家朝着一个共同方向和目标去努力、去奋斗	是指被测者对模拟工作环境中相互关联的各类因素及总体形势的未来发展趋势进行准确判断并预先采取相应措施的能力。对工作环境中各类相关因素及总体形势未来发展的多种可能性及其发生概率的分析论证、各种防范措施的合理性是考查管理者预测能力的关键指标
分值区间	得分		
差（1～3分）			
中（4～7分）			
优（8～10分）			
综合评价			

（7）测试。在正式施测之前，必须针对不同行业和岗位选择约20位管理人员，进行一次小范围的测试。测试有两个主要目的：一个目的是进一步修正公文筐测试中的项目及评价标准，另一个目的是对主试和评价人员进行培训。对评价人员进行培训主要是为了让其掌握评价的内容和标准，了解需要观察的行为，了解如何减少评分中的偏差，以及树立评价人员胜任评价工作的自信心。评价人员一般由两位人事测量方面的专家、两位具有丰富工作经验的管理专家和两位公文筐测试的编制人员组成。

拓展阅读 6.4　公文筐测试题目示例与答题技巧

5. 无领导小组讨论

1）无领导小组讨论的含义及特点

无领导小组讨论（leaderless group discussion，LGD）也是目前在招聘实践中应用广泛的评价中心测评工具之一。它是指将数名被测者集中起来组成小组，要求他们就某一问题开展不指定角色的自由讨论，评价者通过观察被测者在讨论中的言语及非言语行为来对他们作出评价。所谓"无领导"，就是说参加讨论的被测者在讨论问题的情境中地位是平等的，并没有哪一个人被指定充当小组的领导者。

该技术的实际操作要求一般是这样的：将被测者按一定人数编成小组（一般一组6～8人），要求他们按照便于交流讨论的形式坐好（为了便于评价者观察评价，一般要求组员围成椭圆形就座）。评价者事先准备好讨论的背景材料，测评时通过清晰的指导语指示被测者以小组为单位就指定的主题进行自由讨论，要求小组能在规定的时间内（一般为一小时）达成一致性的解决方案。背景材料一般是与工作情境相关的（也可以是假设的，为了避免由于被测者专业背景不同而影响测评成绩，往往采用假设的材料）。用于讨论的主题应该富有讨论空间，保证被测者能够在规定的时间内进行充分的交流讨论。在指导语中一般不指定讨论会的主持人，不指定发言的先后顺序，也不提出诸如积极主动、观点清晰之类的其他具体要求，只是强调要求被测者以小组为单位进行讨论，通过讨论来解决问题。在这个过程中，评价者按照事先拟定的测评因素及评分标准，对被测者在讨论中的表现及其所起的作用进行评价。这种测评方式通过观察被测者的口头表达、非语言沟通、身体姿势、面部表情、语速、语调以及手势等，来测评被测者的解决问题能力、组织协调能力、情绪稳定性、沟通能力、团队合作能力等是否与拟任岗位相匹配。

无领导小组讨论（以下简称 LGD）具有以下特点：一是测评效率高，这也是 LGD得到广泛应用的一个重要原因。与传统的测评方式不同，无领导小组讨论可以让一组人自行讨论。在这种方式下，无领导小组讨论一方面能够有效地节省测评组织方的时间，另一方面可以观察在相同情境下被测者的不同表现，从而对被测者进行直接的对比。二是人际互动多，正是由于这种特性，无领导小组讨论特别适合那些需要频繁处理人际关系的岗位招聘。三是考查维度独特。LGD 会综合考量被测者在团队中社会交往和人际交流方面的能力、解决问题的能力以及个性特征，可以对一些笔试和面试难以考查或不能考查的能力和素质进行考查分析。四是被测者较难自我掩饰。LGD 施测过程中，被测者处于压力环境下，难以进行自我掩饰，往往会在无意之中表现出自己各方面的优点和缺点，便于评价者对其进行准确的评价。五是较为平等、客观、公平。LGD 组织者不对被测者进行角色分配，也不事先设定角色和身份，被测者角色地位平等。被测者在测验中的表现取决于自身的综合素质，每个被测者都能在其中展现自己的能力。此外，与面试、角色扮演等其他人才测评方法相比，无领导小组讨论受评委主观性的影响最小。当然，LGD 也存在一些缺点，例如选题标准较高、制订评分标准的难度大、被测者的表现容易受到干扰、对评价者的要求很高等。针对上述问题，已有专家提出了改进方案，如表 6-16 所示。

表 6-16　无领导小组讨论缺点及解决方案

缺点	解决方案
制定评分标准和评分均较为困难	<ul><li>可考虑引入能力特征模型或评估模型</li><li>评价内容行为化</li><li>先定性（分等级），后定量（打分数）</li></ul>
对评价者的要求高	<ul><li>对评价者进行培训，统一评分标准</li><li>多人评价，减少主观性</li><li>全程录像，便于回顾和研讨</li><li>可考虑引入第三方专业测评咨询机构</li></ul>
对讨论题目的要求高	<ul><li>基于测评目的，进行有针对性的开发</li><li>反复对题目进行讨论和修订</li></ul>
被测者的表现容易受同组其他成员干扰	<ul><li>了解被测者的基本情况</li><li>基于测评目的，认真思考和设定无领导小组讨论的分组原则</li><li>结合其他测评方法，进行综合评价</li></ul>

LGD 适用于挑选具有领导潜质的人或某些特殊类型的人（如营销人员）。随着社会经济的发展和人员招聘需求的增长，无领导小组讨论的适用范围越来越广，不再仅仅适用于中高层员工，大企业校园招聘、公务员考试等都在使用无领导小组讨论技术。无领导小组讨论主要适用于那些与人际交往密切相关的岗位，如中高层管理人员、人力资源管理人员、行政管理人员、营销人员等，而对于生产类员工、信息技术人员并不适用。

与无领导小组讨论比较接近的另一种评价中心技术是指定角色的小组讨论。该技术也是要求被测者以小组为单位就某一指定主题在给定的材料背景下进行小组内的自由讨论，它与 LGD 最大的区别是被测者在测试过程中必须按照事先指定的角色要求参与讨论。

2）无领导小组讨论的题目类型

无领导小组讨论的题目常见类型主要有开放式问题、多项选择问题、两难问题、操作性问题、资源争夺问题。

（1）开放式问题。开放式问题的思路比较广泛，没有明确的标准答案。这类问题主要考查被测者的思路是否清晰，是否有新的观点和建议。例如："随着全球化和数字化的不断深入，企业面临着前所未有的机遇与挑战。请讨论在当前环境下，企业应如何制订有效的全球化战略，以实现可持续发展和市场竞争力的提升？"关于此问题，被测者可以从市场研究、品牌定位、本地化策略、供应链管理等方面回答。开放式问题对于评价者来说容易出题，但是不容易对被测者进行评价。此类问题不太容易引发被测者之间的争辩，所考查的能力范围较为有限。

（2）多项选择问题。此类问题是让被测者在多种备选答案中选择有效的几种或对备选答案的重要性进行排序，主要考察被测者分析问题实质、抓住问题本质方面的能力。对于评价者来说，比较难出题目，备选答案要尽可能合理、周全，答案之间是并列的关系。但对于评价被测者各个方面的能力和测试人格特质比较有利。例如，为了在市场上获得更强的竞争力，公司考虑采取以下措施。请从中选择最有效的 3 项并按重要性排序。

A. 加大产品研发投入，提升产品质量

B. 加大市场宣传和品牌推广力度

C. 优化供应链管理，降低生产成本

D. 拓展市场和客户群体

E. 加强与合作伙伴的战略合作

F. 提供更优质的售后服务

（3）两难问题。两难问题是指让被测者在两个没有明显优劣之分的选项中选择一个，这两个选项具有同等程度的利弊，不能直观地看出一个选项比另一个选项更好。否则，很容易出现被测者没有过多争论，"一面倒"倾向于某个答案的情况。这类问题主要考查被测者的分析能力、语言表达能力以及说服能力等。例如："公司目前面临一项重大决策：是投资一项高风险但潜在回报巨大的新技术，还是继续专注于现有业务并寻求小幅但稳定的增长。请讨论并决定公司的策略方向。"无论哪个选项，被测者都能找出一定的理由支持自己的观点，因此，这类问题可以引发充分的辩论，对于编制者而言出题也较为容易。

（4）操作性问题。操作性问题是让被测者利用给定的材料和工具设计出指定的物体。这类问题考查的是被测者的主动性、团队合作能力以及在团队中的角色等。例如："你们的团队需要设计一个针对公司新产品的营销活动。给定的材料包括市场调查数据、产品介绍、预算限制和营销渠道列表。请在45分钟内完成策划并制作一个简单的展示文稿，介绍你们的营销方案和预期效果。"

（5）资源争夺问题。资源争夺问题是指在资源有限的情况下，让处于同等地位的被测者进行资源的分配。在这类问题中，评价者一般会给每个被测者分配一定的角色，模拟现实的场景。此类问题主要考查被测者的语言表达能力、分析能力、判断能力、发言的积极性和反应的灵敏性等。因为要想获得更多的资源，必须有理有据，能说服他人，所以此类问题可以引起被测者的充分辩论，也有利于评价者对被测者进行评价。这类问题对讨论题的要求很高，设计题目时需要进行复杂的构思。在设计时，首先，要构想出一个完整的方案，使被测者围绕这个方案进行资源分配；其次，要考虑到被测者在方案中所担任的角色；最后，要保证角色平等以及其他各条件的均衡性。例如："公司董事会经考虑计划拿出2000万元资金，支持以下6个部门的业务发展：销售市场部、客户服务部、中央研发部、供应链管理部、人力资源部、战略财务部。你们6人分别代表6个部门，为自己所代表的部门争取尽可能充裕的资金，以发展相关业务。但是，6人小组讨论的结果如果突破2000万元预算，各方将不能获得资金。"

3）无领导小组讨论的题目编制

无领导小组讨论题目的样本包括讨论的题目、评分表和实施指南或技术手册。其中，实施指南或技术手册是对无领导小组讨论的具体组织实施过程提供技术指导和说明的文件。这些文件通常有一个固定的模式，只需在实施讨论前根据实际情况进行必要的调整，工作量较小。相比之下，题目和评分表需要根据具体的评估目标和要求进行有针对性的设计和开发，工作量相对较大。这意味着每次在实施无领导小组讨论时，需要对讨论题目和评分表进行适当的调整，而实施指南或技术手册基本无须大的改动。

无领导小组讨论的题目可通过网络下载，但网络上的资源良莠不齐，需要精心挑选和甄别，而且被测者有可能提前准备了相应的题目，造成测试的不公平。还可以向专业的测评公司、高校及研究机构购买，方便快捷，缺点是对评价者的专业性要求较高，付出的成本也比较大。另外，用人单位也可以根据自身组织的特点，自行设计、开发无领导小组讨论题库，以求更加符合目标职位的特点和胜任特征。此方式比较复杂且成本较高，比较适合实力雄厚的大型企业。接下来主要探讨用人单位如何自主设计题目。

无领导小组讨论的题目虽然一般比较通俗易懂，但都是经过严格的程序设计出来的，设计过程中必须遵循相应的原则，否则很难达到预期的效果。无领导小组讨论题目的设计需遵循与工作实际相关联、难度适中、包含矛盾冲突、因地制宜和公平性等原则。如果已经拥有比较成熟的技术手册，那么无领导小组讨论题目的开发就可以分为以下 7 个步骤。

（1）确定评价指标。在确定无领导小组讨论的评价指标时，应基于拟任岗位的胜任能力特征，通过工作分析或参考工作说明书来明确岗位的核心要求。这有助于识别关键胜任特征，为评价指标的设立提供依据。评价指标的数量应控制在 4～6 个，以避免过多指标分散评价者的注意力，增加主观性，从而影响测评的准确性。研究表明，指标数量过多会降低评价的信度和效度。然而，指标过少又难以全面评价被测者。因此，评价指标的具体数量应根据岗位的实际需求来确定，以确保评价既全面又具有针对性。

（2）收集素材。收集素材的最佳途径是直接从实际工作中获取典型案例，因为这些案例真实地展现了岗位所需的核心胜任能力，有助于评价者进行有效评价。在处理这些案例时，应确保它们与实际工作的紧密联系，避免过度修改，因为任何偏离都会削弱评价的可靠性和准确性。

（3）筛选案例。在设计无领导小组讨论题目时，应确保题目既具有挑战性又包含明显的矛盾点，且这些矛盾点是可以通过讨论得到解决的。这样的案例设计可以给予被测者足够的展示机会，让评价者能够深入细致地观察和评价每位被测者的表现。

（4）选择题目类型。在前文中已经介绍了无领导小组讨论题目的不同类型。不同类型的题目各有优缺点和适用范围，选择题目类型时应根据具体工作的要求来决定。虽然开放性问题和操作性问题可能不会引起激烈的辩论，但它们在激发被测者思考方面存在局限性，因此通常不作为首选。两难问题虽然能够考查参与者的决策能力，但由于其设计复杂且难以控制，也应谨慎使用。在实际操作中，多项选择问题和资源争夺问题因其能够激发讨论且易于管理和评估，成为最常采用的题型。这两类题目能够激发被测者之间的辩论，同时便于评价者进行比较和评价。设计这些题目时，应确保各个角色之间的平衡，防止某些角色因题目设置而显得过于有利或不利。这样的平衡有助于确保每位被测者都有公平的机会展示自己的能力。

（5）编制题目。在设计讨论题目的过程中，题目编制人员与人力资源部门和相关部门主管进行深入的沟通至关重要，这有助于收集关于职位要求和期望的详细信息。同时，网络也是一个宝贵的信息来源，可以为题目编制提供额外的视角和数据支持。

（6）专家讨论。在完成题目编制后，需组建专家组对编制的题目进行研讨。专家组成员主要分为两类：一类是测评专家，这些专家通常从咨询公司或高校聘请，他们的主要任务是审查题目与所需考查胜任特征的相关性；另一类是招聘岗位的部门主管，他们负责审查题目与实际工作的相关性，确保题目能够反映真实的工作环境和需求，不脱离实际工作内容。通过这种方式，可以保证题目既具有科学性，又贴近实际应用。

专家研讨的重点包括：案例与话题是否与实际工作相联系。案例与话题是否均衡（资源争夺问题）。案例与话题是否适合考察需要考察的胜任特征。案例与话题是否存在常识性错误。案例与话题是否还有需要完善的地方。是否有更好的建议（案例、话题、考察方式等）。

（7）设计评分表。设计无领导小组讨论评分表的关键在于明确评估维度、设计具体的行为指标、设定清晰的评分标准以及提供结构化的评分表模板。这种设计方法能够帮助评价者系统地评估每位被测者的表现，确保评估过程的公平性和有效性。无领导小组讨论评分表示例如表 6-17 所示。

表 6-17　无领导小组讨论评分表示例

主考官：_____

应聘者姓名：_____

测试指标		团队意识	沟通能力	主动性、积极性	组织协调能力	判断力、情绪稳定性	外貌气质
权重		22%	22%	17%	14%	13%	12%
评分等级	优	71～100	71～100	71～100	71～100	71～100	71～100
	中	31～70	31～70	31～70	31～70	31～70	31～70
	差	0～30	0～30	0～30	0～30	0～30	0～30
行为记录							
评分							
指标得分							
总分							

说明：

团队意识：

优：能从大局着手，关注整个小组讨论的统一结论，甚至最终放弃个人结论，服从小组意见。

中：积极维护个人所在一方的论点，但有时会有过激行为。

差：对别人的攻击观点无动于衷，置身事外。

沟通能力：

优：表达意思清晰简洁，善于运用语音、语调、目光和手势，在他人发言时认真倾听，强调自己观点时有说服力。

中：表达思路清晰，能运用手势和目光，能听取别人的意见。

差：不善言谈，思维和观点混乱或模糊。

主动性、积极性：

优：发言积极，有质量的发言在 6 次以上，讨论前后配合主考官布置考场，行动积极。

中：发言还算主动，有质量的发言在 3 次以上。

差：反应迟钝，发言被动，发言在 2 次以内。

组织协调能力：

优：能积极和小组内部人员进行有效沟通，达成统一意见。

中：能和同组人进行沟通。

差：不与人交流，不参与讨论。

判断力、情绪稳定性：

优：理解问题准确、迅速，见解独到，能镇定自若、有风度地回答对手的提问和反驳。

中：理解问题到位、适当，能心平气和地发言和提问。

差：思路混乱、不知所云，情绪激动，爱打断别人的发言，甚至出言不逊，辱骂对方。

外貌气质：

优：良好的着装，对自己的外貌很肯定，很有自信心。

中：着装简洁实用，仪表整齐；有良好的自制力，看起来自信。

差：着装不得体，仪表较差；无气质，缺乏自信，不修边幅；自卑或狂妄。

6. 角色扮演

1）角色扮演的概念及特点

角色扮演（role-playing）源自心理剧（psychodrama），最初用于心理咨询和心理治疗，1920 年左右由莫雷诺（J. D. Moreno）在维也纳创立。角色扮演在社会技能、行为评估方面的实践有相当的成效，经过后来学者的不断修正和完善，尤其在评价中心技术蓬勃发展后，又成为一种具有较高信度和效度的测评技术，应用于人员选拔、人才培训等领域。

角色扮演是一种被测者在设定的情境中扮演特定角色，以模拟现实中的互动和问题解决过程的情境模拟技术。主试通过对被测者在不同角色情境中表现出来的行为进行观察和记录，测评其相关素质。

角色扮演具有综合性、仿真性和灵活性的特点。综合性是指角色扮演可以综合考查被测者多方面的能力，如沟通能力、判断能力、应变能力等，多人角色扮演还可以考查团队合作能力；仿真性是指角色扮演所模拟的情境和角色来自实际工作，因此这种方法能够很好地预测被测者未来的工作表现；灵活性指角色扮演的内容和形式多样，被测者的表现也是灵活多样、不受限制的，可充分展现自己的素质和能力。但是角色扮演的试题设计和最终评估的专业性强，被测者的表演意愿与表演行为参差不齐，另外标准化也很困难，在一定程度上限制了角色扮演的实际应用。

2）角色扮演的类型

角色扮演有多种活动方式，在不同的应用领域中的表现形式也会不同。在招聘、选拔领域常用的角色扮演类型有如下几种。

（1）按表演形式划分：角色扮演的形式很多，如即兴式角色扮演、固定角色扮演、预演式扮演、布偶剧、互换角色扮演、集体角色扮演等，但比较适合测评研究的主要是前两种：即兴式角色扮演和固定角色扮演。即兴式角色扮演，即主试事先不编制情境脚本，只给被测者一个基本要求，角色的扮演由现场气氛即兴决定。这种形式能够真实地表现出被测者的内在特质，但由于是即兴表演，被测者所表现的特质不一定是测评所希望的特质。固定角色扮演是根据活动的目的和要求，设置某一个固定的活动情境和角色，让被测者扮演该角色。这种形式的角色扮演不仅在招聘中广泛应用，在团体心理辅导、行为塑造、行为矫正、培训等领域也广泛应用。

（2）按有无助手划分：可分为有助手参与的角色扮演和无助手参与的角色扮演两种。有助手参与的角色扮演是指角色扮演中有一个以上的助手在情境中承担一定的角色任务，并参与整个角色扮演的过程。助手要根据测试情境事先安排好，并接受专门的培训和练习；在角色扮演情境中，根据测评的要求对被测者进行相关的提问、刁难、设置困难等，适当引导和激发被测者的行为。助手的行为必须按照规定的行为标准进行，以保证行为的一致性和有效性。无助手参与的角色扮演是指角色扮演过程中没有任何助手的参与，可以由单个被测者扮演规定情境中的某个或某些角色，也可以由几个被测者分别扮演规定情境中的不同角色，共同完成角色扮演。但后者在观察、评分时，对评分者的要求更高，需要事先进行较多的培训。

（3）按角色情境的任务内容划分：可分为关系协调型、动手操作型和问题解决型3种。关系协调型角色扮演要求被测者以某一特定的身份去协调组织内部或组织间的关系，主要考查被测者的语言、思维、沟通、协调能力等。例如，要求被测者以某主管的身份协调其下属与其他部门经理的关系。动手操作型的角色扮演会提供给被测者一定的操作仪器或材料，要求被测者具体操作某一仪器。例如折纸、堆塔、操作机床等。这种类型的角色扮演主要考查被测者的实际动手能力、学习能力等。问题解决型角色扮演就是在情境中设置问题，让被测者以一定的身份来处理和解决。这种类型的角色扮演在招聘实践中运用十分广泛，它能够全面地考查被测者的思维、应变、组织协调、说服能力等多方面的能力。在编制这一类型的角色扮演时，通常采用的问题类型有：两难问题、突发事件、危机事件、应急事件处理等。以下是3种角色扮演的题目示例。

①关系协调型。

情境描述：你是某公司的部门主管，近期你部门的一名员工与另一部门的一名经理发生了矛盾，导致工作协作出现了问题。你需要在两天后的全体会议上解决这个问题，确保部门之间的关系和谐，工作顺利进行。

任务：请以部门主管的身份，提前与两名当事人进行单独沟通，了解矛盾的具体情况，并制订一个调解计划。在全体会议上，你需要展示你的沟通和协调能力，提出一个解决方案，使双方满意并能继续合作。

②动手操作型。

情境描述：你是一家手工艺品店的员工，今天店里接到了一批特殊订单，要求在一天之内完成一批复杂的折纸作品，并且这些作品需要符合客户的具体要求和标准。

任务：请你在限定时间内，使用店内提供的材料和工具，完成至少 3 个不同的复杂的折纸作品。你需要展示你的动手能力、细心程度和学习新折纸技巧的能力，并确保每个作品符合客户的要求。

③问题解决型。

情境描述：你是一家旅游公司的紧急事务经理，公司组织的一个大型旅游团在某景区遇到了突发事件，景区因突发自然灾害被临时封闭，游客被困在景区内。你需要迅速应对这一突发情况，确保所有游客的安全，并尽快制订应急方案。

任务：请你以紧急事务经理的身份，处理此次突发事件。首先，你需要联系景区管理部门和当地相关部门，获取最新信息并协调救援。其次，你需要与公司内部和旅游团的领队保持沟通，安抚游客情绪，安排好食宿。最后，你需要制订并实施一套撤离计划，确保所有游客安全离开景区。

3）角色扮演的题目设计与实施

角色扮演的题目设计步骤如下：一是明确目标，确定角色扮演的具体目标，如评估沟通能力、领导力或问题解决能力等；二是设计情境，设计一个具体、现实的情境，使被测者能够充分发挥其技能和能力，情境应包含足够的信息和背景，以便被测者理解和进入角色；三是设定角色，为每位被测者分配明确的角色，并提供详细的角色描述，包括角色的目标、动机和可能的行为；四是准备指导材料，为主试提供详细的指导材料，包括评分标准、观察要点和评估方法；五是情境测试，在实际使用前对情境进行测试和调整，确保其能够有效地评估被测者能力和特征。

角色扮演测评技术的实施包含 3 个阶段：一是准备阶段，主试向被测者宣读指导语，并描述具体的角色情境和角色任务；二是扮演阶段，被测者进入情境扮演角色，在此过程中，助手向被测者施加一定刺激，帮助其进入角色完成任务，主试则观察和记录被测者的行为；三是评估阶段，扮演结束后，根据事先制订的评分标准对被测者的行为作出量化的评价。

在角色扮演中，主试对被测者的行为表现一般从以下两个方面进行评价：第一，角色适应性。被测者是否能迅速地判断形势并进入角色情境，按照角色的要求采取相应的对策。第二，角色扮演的表现。包括被测者在角色扮演过程中所表现出来的行为风格、人际交往技巧、对突发事件的应变能力、思维的敏捷性等。除了以上两个方面，主试还需要关注以下内容：被测者在扮演指定的角色处理问题的过程中所表现出来的决策、问题解决、指挥、控制、协调等管理能力。

7. 案例分析

1）案例分析的概念及特点

案例分析法（case analysis method）由哈佛商学院于 1880 年创立，最初用于培养高级管理人员，后来逐渐发展成为人才测评的一种方法。案例分析是指提供给被测者一些实际工作中经常发生的问题的有关书面案例材料，要求解答案例中的问题并写出案例分析报告，或者要求他们在小组讨论会上作口头发言。主试根据被测者分析问题和解决问题的能力、观点的组织表达能力、语言和书面传递信息的技巧等给予评价。

案例分析具有以下两个显著特点：其一，案例分析的应用范围非常广泛，且设计灵活多变。它不仅适用于一般管理人员的测评，还适用于中高层管理人员的选拔。这是因为案例分析能够根据不同的施测对象，编制具有不同背景和难度的具体案例。其二，案例分析的实施过程相对简便。被测者只需根据提供的书面材料作答即可，相比无领导小组讨论、角色扮演等测评手段，案例分析不仅可以单独对个体进行施测，也可以大规模地对群体进行施测，从而大大提高了测评的实施效率。

2）案例分析题目设计要求及步骤

在设计案例分析题目时要遵循以下要求：第一，案例的选材要具有典型性和真实性，设计的评价指标数量要适当；第二，案例中的事件描述要尽量具体，给出回答问题所需要的全部信息；第三，案例的篇幅要适中，一般控制在 500～1000 字；第四，问题的设定和拟定的参考答案要有启发性和开放性，以使被测者和主试都有较大的发挥空间。

案例分析题目设计的步骤如下：第一步，明确评估目标，确定需要考查的核心胜任能力；第二步，从实际工作中收集或选择典型案例，编写详细的背景信息和问题描述，确保案例贴近实际并具有挑战性；第三步，设定具体任务和要求，如要求被测者分析原因，提出解决方案或制订实施计划，并规定报告的形式和内容；第四步，制定评分标准，包括评分维度和具体评分细则，确保评估的客观性和一致性；第五步，通过试点测试和收集反馈，对案例材料、任务要求和评分标准进行调整和优化，以保证设计的科学性和有效性。

8. 管理游戏

管理游戏（management game）又称"商业游戏"，是一种通过游戏化的方式让被测者在虚拟环境中进行决策和管理，以评估其管理能力和行为表现的情境模拟技术。这种技术常用于选拔和培训管理人员，通过观察被测者在玩游戏过程中表现出来的沟通协调、组织、决策、合作、创造性思维、压力管理等素质，能够全面考察参与者的战略思维、团队合作、决策能力和问题解决能力。

拓展阅读 6.5　管理游戏示例——相信我

与其他测评方法相比，管理游戏具有以下几个特点。首先，管理游戏的可参与性强，游戏的方式具有趣味性，因此能够消除被测者的紧张情绪，提高他们的兴趣，使其更快

进入测验状态，从而在轻松愉快的氛围中展示自己的能力和素质。其次，管理游戏的灵活性高，可以针对不同的管理问题设计独特的游戏。最后，管理游戏通常以团队形式呈现，这不仅能够考查参与者的团队合作能力，还能观察他们的领导能力、沟通能力和合作能力。但是管理游戏一般比较复杂，有研究发现当管理游戏用于培训目的时，情境过于复杂以至于没有人能表现得很好，造成被测者很难学到东西。据调查，管理游戏只在25％的评价中心技术中使用，可能是因为它的复杂性导致施测困难。

管理游戏有不同的类型，如销售游戏、破冰游戏、创造力游戏、会议游戏、团队建设游戏、压力释放游戏、激励游戏、客户服务游戏等。管理游戏包括以下几个要素：游戏目的、游戏程序、游戏规则、游戏道具、游戏时间安排、游戏注意事项、讨论题等。

6.2.4　其他新型测评技术

1. 游戏化测评技术

1）游戏化测评技术的概念与特点

"游戏化（gamification）"是指将游戏设计元素应用于非游戏的情境中，以此吸引、激励人们参与活动进而引导人们行为的模式。游戏化并不局限于游戏本身，它既可以包含全部游戏元素而成为一个完整的游戏，又可以由部分游戏元素、游戏机制以及设计原则和方法组成。随着管理技术的日趋科学与现代化，"游戏化"在管理界愈加流行，"游戏化＋测评"的创造性结合更是迅速引起了国内外组织的广泛关注。

游戏化测评技术（gamification assessment technology）是一种将游戏或游戏的思维、元素、机制等应用于人才测评并依托各类电子设备平台运行的创新型人才测评技术。游戏化测评技术与管理游戏的不同点在于，它需要借助各类电子设备平台，强调高效获取测评对象的素质信息，对测评对象更具吸引力。其理论基础源于现代人才测评学中的 S-R-T（stimulate-representation-trait）理论和积极心理学中的心流理论。S-R-T理论认为，通过对测评对象施加行为刺激，观察测评对象在特定情境中的行为表现，可以推断测评对象的素质特点。心流理论认为，人们在从事自己感兴趣的工作或活动时，更容易全身心投入，不计较回报得失，甚至失去时间概念和对周围事物的感知，并在这种体验过程中展现出惊人的创造力。

目前国内外已有不少成功的游戏化测评技术案例，从当前组织的实践情况来看，游戏化测评技术在人才选拔中具有显著的优势。相对于传统的测评方式来说，其优势主要体现在以下方面：第一，有效解决了曝光效应和考试焦虑等问题，比传统的测评技术更容易激发测评对象的真实行为，提高了测评的信度和效度。第二，有效解决了测评技术的同质化问题，增强了测评的趣味性，从而吸引了潜在测评对象并树立了具有现代感和吸引力的雇主品牌。第三，可以向测评对象展示生动的工作场景以增强人与组织的匹配性。通过游戏的设计与开发，组织可以将实际的工作环境、工作任务流程、组织文化以及行业状况等现实境况以生动的虚拟游戏元素展现出来，测评对象可以据此判断该组织是不是一个理想的工作场所，是否满足或超出他们对雇主的期望，组织也可以据此来确定最契合的人选。第四，能够更快速地获得测评对象信息，节省了测评的时间成本。与传统的测评技术（如履历分析）相比，游戏化测评技术能够更为直观、快速地反映测评对象的相关能力素质，通过游戏的实时反馈机制，测评对象能够进行自我筛选与自我淘汰，极大地节省了测评的时间成本。

但是，由于游戏化测评技术尚处于探索阶段，仍有一定的技术难度，故仍存在不足之处，需进一步优化和提升。第一，信度和效度有待进一步验证。测评对象在游戏的过程中有表演的可能，还可能通过重复游戏来获得相关经验技巧以提高游戏分数，在游戏中对于干扰变量的控制相对困难。游戏化的测评方式是否能够生成关于测评对象的有效信息还不得而知，游戏中测量出来的能力素质是否与工作中的能力素质直接挂钩也不清楚。第二，公平性难以保证，例如不喜欢这种方式的测评对象可能会选择中途退出，测评对象的玩乐偏好与技能差异也不尽相同，不可避免地存在公平的问题。第三，容易导致测评对象误解组织的真实性质，提高员工流失率。第四，对设计者与评价者要求较高。游戏化测评技术需要评价者提前确定测评对象在游戏中的测评得分点或是标杆反应，进而对测评对象的表现进行评估。较传统的一问一答面试模式或纸笔考试等人才测评技术来说，游戏化测评技术实施更为复杂，对评价者也有着更高的要求。第五，游戏化测评技术的现有考查维度存在局限性，到目前为止还没有任何一个游戏化测评能对工作情境下的动机、个性、技能等任何一个层面进行完整而系统的预测。当目标岗位要求复杂、模糊，需要"以人为中心"全面了解测评对象特征时，传统的自陈式测验相对来说反而更具实用性。

2）游戏化测评技术的主要形式

在人才测评中引入游戏并依托各类电子设备平台来进行测评是游戏化测评技术的应用方式。目前国内外企业或相关机构推行游戏化测评技术的主要形式有 4 种：模拟经营游戏、项目竞赛游戏、题库型游戏和动作游戏。

（1）模拟经营游戏（business simulation game）。模拟经营游戏主要通过将企业或行业的真实情况与虚拟游戏元素相结合，模拟工作岗位、任务、流程以及企业文化等现实环境。测评对象在游戏中扮演管理者的角色，对虚拟的现实世界进行经营管理。一方面，评价者通过观察测评对象在游戏中的行为和相关数据，可以判断其能力和素质，并预测其在实际工作中的表现；另一方面，测评对象也可以通过游戏平台了解组织结构和性质，评估自身的适合度，以决定是否进行下一步的测评。这类游戏化测评技术的代表有万豪国际酒店开发的游戏应用程序 *My Marriott Hotel*。在该游戏中，测评对象被置于酒店不同部门的模拟场景，如前厅、客房和餐厅等，并需要制定相应的岗位目标和任务。测评对象通过完成规定任务获取积分，并进入下一步的任务环节。如果在某一特定岗位或部门表现出色，系统会建议他们考虑从事该领域的工作。

（2）项目竞赛游戏（project competition game）。项目竞赛游戏是一种以竞赛形式为基础，结合奖励、等级、目标、规则、及时反馈和自愿参与等游戏元素来构建比赛机制的测评工具，测评对象可以通过参与竞赛展示自己的能力。这种类型的代表如 InterviewStreet 的在线编程挑战平台。该平台允许测评对象自愿选择参与的项目，平台会跟踪并存储每个测评对象在编程过程中的编译和修改记录，并提供各种分析数据和结果报告。这些数据帮助企业了解测评对象解决问题的过程和思路，从而识别出具有发展潜力的人才。同时，测评对象可以通过参与挑战赛积累经验，提高技能，展示自我。

（3）题库型游戏（item bank game）。题库型游戏主要是将游戏化元素与心理测试指标相结合，以简短的经严格设计的若干评估小游戏来考查测评对象在游戏情境中如何作出决策，并通过评估测评对象的行为来了解其能力素质，测试结果可以综合成一个匹配度分数，据此来挑选最匹配的人选。如联合利华公司在 2017 年校招中采用了 Pymetrics 测评工具，Pymetrics 是由美国麻省理工学院神经学博士以神经学为支撑，为招募人才并对其进行有效评估而开发的在线游戏网站。联合利华公司的测评需要测评对象完成 12 项小游戏，如气球充气游戏、金币交换游戏、数字记忆游戏、卡片抽取游戏等，除数字记忆游戏外，每个小游戏的时间为 1～3 分钟，玩法相对简单。以气球充气游戏为例，每个气球都有一个爆炸点，测评对象需要在达到爆炸点之前通过点击屏幕上的"打气"按钮给气球充气，充气过程中会赚取金币，但一旦气球爆炸则金币归零，在此期间测评对象可以随时停止充气拿走金币，气球充气游戏主要考查测评对象的风险评估能力。测评对象完成游戏后，系统会自动生成一个非常详细的性格分析报告，并匹配出测评对象适合的职业等，评价者会根据测评结果显示的性格匹配度直接、快速地作出决策。

（4）动作游戏（action game）。动作游戏主要是以"动作"为主要表现形式，具有情节紧张刺激、物体运动迅速的特点。如美国陆军为招募新兵而开发的名为 *America's Army* 的第一人称射击游戏，在此游戏中，测评对象通过扮演士兵的角色来感受部队的真实生活，其中感受到的部队生活共分为训练与实战两大类。在训练部分，测评对象可以体验到包括射击打靶、通过障碍、单兵战术以及大型运输机跳伞等项目；在实战部分，测评对象可以走进终年严寒的阿拉斯加、繁华的纽约或第三世界的某个城市，体验错综复杂的战场环境，完成各项紧张的战斗任务。在该游戏中，美国军队在整个训练过程中都可跟踪测评对象的行为，在虚拟培训和技能开发方面快速晋升的个人很可能在现实生活中的培训和技能开发方面也表现出色，因此测评者可依据测评对象的相关数据来识别出高素质高潜力人才并进行招募。在重复、持续的游戏中，测评对象会不断地接触到美国军队的宣传和广告，重复的刺激使得测评对象对美国军队产生好感，从而提高美国军队对高素质人才的吸引力。由于相对较低的开发和维护成本以及较高的品牌认知度，该游戏获得了高度的认可。

尽管不同的游戏化测评形式在测评要素上有所不同，但一般来说，信息搜集与分析能力、理解能力、问题解决能力、快速反应能力、计划能力、压力承受能力与社交能力要素在各类游戏化测评中均能得到较好的测评（表 6-18）。在实际应用中，企业或相关机构可根据自身需要来选择、组合多种游戏元素或开发、设计不同的游戏类型。

3）游戏化测评的设计思路

掌握游戏化测评的科学设计思路有利于组织开发更为多元且符合实际需求的游戏化测评形式。游戏化测评的设计过程一般包括工作分析、角色/能力素质模型构建、游戏开发、测评实施以及效果反馈与修正 5 个环节。

（1）开展工作分析。工作分析是人才测评前的基础性工作，是指通过问卷调查法、访谈法、观察法、工作日志法等方法，对某项工作的工作关系、内容、任务、性质以及工作人员的技能水平、知识水平和价值观等方面进行系统的分析与整合，形成详细

表 6-18　不同游戏化测评形式的测评要素

游戏化测评形式	主要测评要素	共同测评要素
模拟经营游戏	责任心、情绪智力、同理心、批判性思维、风险偏好、竞争意识；团队协作能力、组织能力、领导能力、决策能力、适应能力；专业技能、实际操作能力、洞察力、销售能力、乐观性、乐群性、外向亲和力、服务意识；学习敏锐度、坚持性、公平性和利他性	信息搜集与分析能力；理解能力；问题解决能力；快速反应能力；计划能力；压力承受能力；社交能力
项目竞赛游戏	专业技能、实际操作能力；创新能力、想象力、团队协作能力	
题库型游戏	数字推理能力、创新思维、开放意识；专注度、风险偏好；情绪智力、利他性偏好、责任心、事业进取心、记忆跨度、人格特质、复杂任务解决能力	
动作游戏	专注度、认知能力；竞争意识、控制能力、细致周密度；任务导向、适应性	

的工作描述、工作规范以及工作说明书的过程。与传统测评方式相比，为游戏化测评所进行的工作分析需要更加可视化，即形成的工作描述与工作规范应尽可能对测评对象"可见"。

（2）角色/能力素质模型构建。角色模型构建方面，可以采用关键事件技术来确定某一岗位上的员工在实际工作中要扮演的主要角色。角色的设计可以根据招聘职位的需要和项目的需要来进行设计。能力素质模型构建方面，每个岗位、每项工作都需要具备相应的能力，因此在构建好角色模型后，可以采用行为事件访谈技术来捕获优秀绩效者的行为特征并分析其能力素质要求，同时根据实际情况辅之以问卷调查及专家小组讨论等方法，以完善某一岗位的员工需具备的素质要素以及知识和技能等，从而构建起能力素质模型。

（3）游戏开发。本环节的目的是设计有效的游戏化刺激因子，从而更好地观察测评对象在相关岗位的素质表现。具体分为三个步骤：一是进行任务与情境的设计，即以工作分析、角色/能力素质模型构建的结果为基础，设计出测评对象参与游戏应当完成的具体任务以及与之匹配的情境。

二是进行游戏规则与机制以及评价标准的设计。游戏规则与机制的设计需有一定的难度与挑战性，使得测评对象通过游戏就能完成自我筛选与自我淘汰，但又不宜设计得过于复杂，要有较低的参与门槛，以吸引和挖掘到更多的优秀人才。对于评价标准的设计，游戏化的测评技术注重从实际的"做"，即观测行为来衡量测评对象的能力素质，因此应当结合岗位及胜任力特征要求提前确定测评对象在游戏中"做"的测评得分点及标杆反应，以保证测评的科学有效。

三是进行反馈系统的设计。反馈系统在游戏化测评中十分重要，测评对象需要良好的反馈体验，并适时地了解自己在游戏中的表现。根据反馈的及时性及体验难度等可将反馈体验系统分为物理、体系和社交反馈层 3 个维度，组织可根据实际需求来确定游戏化测评的核心反馈。物理反馈层即给予测评对象视觉、听觉、触觉等最直观的反馈，可通过游戏技术资源来实现；体系反馈层即利用游戏机制使测评对象找到自己在游戏中的定位，如测评对象在游戏中可以感觉到的明显能量强弱及经验值成长等，主要通过数值和规则来实现；社交反馈层即来自其他"玩家"的反馈，主要通过社交机制和引导设计来实现。更重要的是，还需要让评价者能够直观快速地识别出测评对象的能力素质高低，可以通过点数、得分、级别、勋章、进度条等形式来反映。

（4）测评实施。测评实施是指根据前期的相关准备结果及流程设计来组织实施测评活动，包括通知被测者、有关设备的准备、测评的统筹组织以及测评结果整合处理及通知等。在测评正式实施之前应当进行测评演习，并根据演习结果作出反馈与修正后才能正式实施。同时还需要注意，测评的实施也应当标准化，如明确施测顺序及对测评对象的要求、对评价者的要求、对测评道具及内外环境的要求等。

（5）效果反馈与修正。对游戏化测评的效果应进行评估与反馈，如游戏化测评的信度和效度如何；其形式是否使测评对象形成心流体验以及是否诱发进一步的行为结果等。若未达到预期效果，则须返回到游戏设计或测评实施环节，对过程中存在的问题及其原因进行透彻分析，找出其中不科学、不规范的地方加以修正与完善，建立更科学、更合理的游戏化测评程序。

2. 脑象图测评技术

1）脑象图测评技术的概念和特点

脑象图测评技术（brain mapping assessment techniques）是由我国著名脑电图专家王德堃教授发明的生物活动参量的处理方法，是我国首创并且融合了生理、物理、数学、教育等诸多学科的一项高科技测评技术。具体而言，脑象图测评技术是指利用脑成像和神经科学技术来评估被测者的认知能力、情感状态和其他相关的心理特征。脑象图测评技术弥补了脑电图技术无法区分 α 波的不足，在临床脑电图研究的理论基础上，将人在平静状态下的 α 波收集起来，再通过计算机系统进行编码处理，绘制成直观的物理几何图形。它对所获得的信息进行一系列的计算和分析，不仅可以将正常健康 α 波与先天愚型 α 波区分开来，还可以对被测者的思维介质基础和潜在能力作出科学判断，能够更科学地分析其对应大脑的质量特征和功能势态，由此可以更客观地解读被测者大脑的四个脑区和左右两颗的优势特征、劣势特征、个性倾向、思维方式、职业倾向等。目前，该技术已应用于特殊人才教育与选拔、幼儿学前教育、就业指导、脑智慧认知与开发、企业招聘等诸多领域。

脑象图测评技术应用中最重要的一个环节就是"取图"，即获得被测者脑电波信号经计算机算法计算后生成的脑象图。脑象图是按照图形特征来分类的，图形特征相近的归为一类，一共分为 17 类，分别是内方型、准内方型、鹰目型、准鹰目型、实莲花型、空莲花型、内雷达型、外雷达型、隧道型、列阵型、奇异型、虚心型、简洁型、锁定型、弧圈型、其他型、类似型。各类脑象图图例如图 6-5 所示。其中，内方型、鹰目型、实莲花型、隧道型属于经典图形；准内方型、准鹰目型、空莲花型属于准经典图形；内雷达型、外雷达型、列阵型、奇异型、虚心型属于边缘图形；简洁型、锁定型、弧圈型、其他型、类似型属于简单图形。当测试结果中出现的虚心图、类似图和其他型图总计超过 15 个，则测试无效，需要重

视频 6.5　脑电波

新测试；当测试结果中出现简洁图、无序图和弧圈图时，需要检查仪器是否连接成功。根据脑象图图形的面积、线间距、网格化、轨迹、立体感、丰满性、对称性、均匀性、起伏性、急转弯等 10 个指标将图形划分为 5 个等级，分别是特优、优秀、良好、中等、一般。

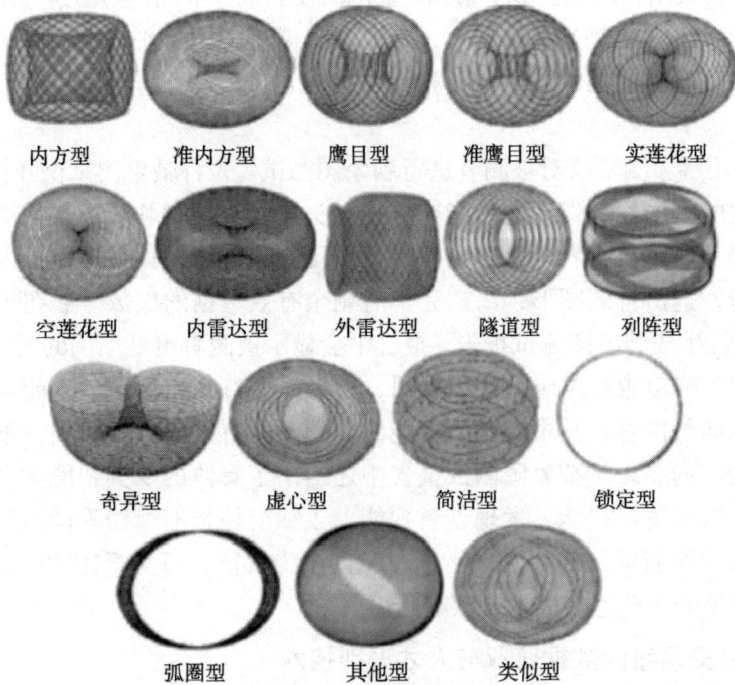

图 6-5　各类脑象图图例

　　脑象图测评技术是首次从能量、质量、空间和时间 4 个维度将人脑的活动真实地诊视出来，其重要价值在于从分析和整合两个角度出发分别认识物质的脑和精神的脑。人类大脑脑区划分可分为左前脑、右前脑、左后脑、右后脑、左颞和右颞，各脑区分工明确，分别显示了人类不同的智慧特征和能力特征，如知识、经验、感觉、创造等智慧特征，以及思维、表达、记忆、组织、计划、社交、协调等能力特征。因此，脑象图测评技术的一大优点就是，通过采集脑电波，可以直观地呈现大脑不同脑区的图像，使大脑功能的物理学表述成为可能。与普遍使用的心理测验法、面试法、评价中心法等测评方法相比，该方法能避免各类主观因素的干扰，能现场实时地采集被测者大脑生物信号，进而更直观、更客观、更准确地反映应聘者的实际能力和素质，更好地帮助公司招聘到真正符合公司需求、能给公司带来效益的员工。同时，脑象图测评技术在招聘领域的应用也存在一些缺点：首先，招聘成本较高，相关设备和操作费用高昂，还需要聘请专业人员进行操作和数据分析，操作和数据解释不当可能导致错误决策；其次，涉及高度敏感的脑部数据，存在隐私保护和伦理问题；最后，大脑活动受多种因素影响，测评结果可能因外部环境或被测者当时的状态变化而不稳定。脑象图测评技术并不适用于所有行业和职位，尤其是那些不需要高认知能力的岗位，比较适合特定的大型企业或高科技行业。

2）脑象图数据采集流程

首先，为了采集到更准确有效的数据，脑象图测试对被测者有一些基本的要求：第一，被测者在测试前应避免进行大运动量的活动，保持情绪稳定；第二，测试前原则上要求被测者洗净头发，以免影响电极正常工作；第三，被测者测试当天或前一天不能喝酒，不能服用镇静类药物；第四，被测者不得将手机等电子工具带入测试室内；第五，被测者以正常姿势坐在椅子上，双腿自然下垂，两手平放于双腿，双目微闭。在通知被测者进行脑象图测试之前，相关人员应先对其进行详细的讲解，以提高测试的有效性。

其次，采用脑象测试仪对被测者进行脑象图测试。先将脑象测试仪开机预热，让被测者佩戴合适的电极帽，保证电极能充分接触头皮，连接导联线。在前期准备工作一切就绪的前提下，对被测者采集脑电波进行取图，需多轮采集数据，再由专业人员对图形进行筛选，选出有效图形，筛选完毕后剩余有效数据的次数一般在15～20次。

最后，系统生成脑象图测试报告。报告中会显示被测者测试图例的类型及数量、思维特征测试值、脑功能及对应脑区示意图、行为风格特征示意图、智能类型及得分、合适的职业取向等内容，其中关于脑功能的介绍对所有被测者都相同，不同的只是被测者优劣势脑区的结果。脑象图测试报告中还给出了具体的9类智能类型，分别为语言组织智能、数理逻辑智能、发现创新智能、人际交往智能、动手操作智能、音乐感知智能、书法绘画智能、身体运动智能、空间感受智能，每类智能的得分值用星星的个数表示，星星的个数越多表示分值越高。

3. 基于社交网络的数据获取与人才识别技术

1）相关概念

移动互联网和 Web2.0 技术的出现及广泛应用促进了社交网络（social networking sites，SNSs）的蓬勃发展。社交网络是指那些允许用户创建个人资料，并与其他用户进行互动的平台，如脸书、领英、微信和微博等。这些平台提供了一系列工具和功能，使用户能够分享信息、照片、视频、链接以及个人见解，促进了用户间的互动交流。由于个体的社交网络（以下简称"SNSs"）信息易于被广泛共享和搜索，SNSs 辅助招聘录用与晋升决策成为近年来人才招聘的趋势之一。

SNSs 数据获取是指组织监控或"收听"各种 SNSs 数据源，存储相关数据和提取相关信息。SNSs 数据包括人口统计数据、产品数据、心理数据、行为数据、推荐数据、位置数据、意向数据等。数据提取过程可以由公司独立完成，也可通过第三方供应商，如 SNSs 平台商等。不同的 SNSs 平台可以生成不同类型的数据，包括文本、图像、音频、视频等，其内容也不尽相同，如个体在领英上经营自己的个人简历、声誉与人脉等，这些数据可为组织提供专业信息，包括员工的知识、技术、能力等信息，因此专业的 SNSs 平台具有较强的针对性。除这种专业招聘型平台外，组织还可以根据其实际需要选择不同的 SNSs，如问答型、代码共享型、资料服务器与通用型 SNSs 等。

基于 SNSs 的人才识别则是指企业在挑选与调动人才的决策过程中对个体 SNSs 信息搜索与验证的行为。

2）SNSs 数据的提取与特征分析

一般认为，SNSs 数据具有语言、行为和静态属性等特征，不同的特征应用的提取和分析方法不同。个体的语言文本信息可以预测人格，常用的技术包括情感分类器和自然语言统计工具。情感分类器是通过对社交媒体用户发布的文字信息进行情绪分析，如文字情感测量。自然语言统计工具则包括 LIWC（语言查询和词计数）、DLA（差异语言分析）和 Wordle 等。LIWC 统计文字材料中的常用词汇、标点符号、介词、情感短语等，将这些语言特征与人格特质进行匹配；DLA 使用开放短语和词汇来预测人格特质；Wordle 基于词频分析的可视化词云展示形式，可以直观地看到不同人格个体的语言习惯。

行为数据分析是指通过访问用户的 SNSs 页面，获取相关的人口统计数据及行为数据，如发布消息、评论、点赞、加标签等。通过整理这些数据，可以形成行为特征表或行为序列图，从而帮助研究人员更好地理解用户的行为模式。这种分析方式能够揭示用户在社交网络中的互动习惯和行为倾向，为研究人员提供丰富的信息资源。

静态属性分析的方法如零熟人背景判断，是通过 SNSs 中一些细微的线索进行分析，这些细微的线索即人们在互联网上留下的数字足迹或数字面包屑。这些线索能够反映个人的偏好、价值观、声誉与行为等。例如，通过社会网络分析，可以准确地判断陌生人的人格特质；通过综合运用语言、行为和静态属性数据的分析方法，研究人员能够全面而准确地描绘社交网络用户的人格特征。

3）SNSs 人才识别

人格特质判断为人才测评与识别等奠定了基础。人才识别是对参与者的天赋等才能的发现与认知，以及人才挑选过程中的鉴别行为等。SNSs 人才识别为组织管理科学创新提供了新思维，其理论基础主要是信号理论与行为分析理论。

信号理论认为人才识别是一个信息交换的过程，是人才发送信号与组织接收信号并作出决策的过程。对于个体 SNSs 信号的处理，组织首先需要对 SNSs 数据进行清洗与预处理，即借鉴上述的属性分类或变换方法等，再将经文本分析等处理后的数据应用于各种分析算法，最后用潜在结构或测量模型来评估被测者的综合能力。行为分析理论则强调基于组织需求特征来构建测量模型，如学者把知识、技术、能力等结构化为责任意识、认知与情境 3 个因素，但由于缺乏信息技术模型支撑，在操作上只停留于招聘方对人才适合度主观感知的大概衡量。

通过 SNSs 数据来进行人才识别还存在较多问题，例如招聘方的录用决策往往通过非工作相关信息来判断，信息不全面，会影响判断的准确性。如个体 SNSs 内容强调家庭价值观或专业精神等做法，容易获得招聘方的青睐，而在 SNSs 上发布包含酒精与药物上瘾等不适宜内容的个体，则易于被招聘方拒绝；数据不完整；涉及个体隐私与伦理问题等。有学者指出，实践中运用个体 SNSs 数据进行人才测评时要谨慎，不仅需要基于具体人格与情境进行，还需要借助其他测评如面试特别是结构化面试来进一步佐证，或者由多名专业人员参加的共同测评来加强可靠性。

思考题

1. 怎样筛选简历?
2. 怎样设计和筛选申请表?
3. 背景调查的内容和实施的关键点是什么?
4. 知识测试的内容和实施程序是什么?
5. 职业心理测试的类型和各自的特点是什么?
6. 结构化面试的提问方式和技巧有哪些?
7. 比较不同的评价中心技术,说明其优缺点。
8. 查阅文献资料,举例说明新型测评技术在实践中的应用。

即测即练

自学自测  扫描此码

案例讨论

以下为 D 公司总经理罗斯先生招聘销售员实例。

第一步:

我在招聘销售员时,首先会明确销售员必须具备的素质:①对自己的能力充满信心;②愿冒可能的风险;③拥有幽默感;④足智多谋。这里的足智多谋,不是指智力天赋,而是指能力,即当某人处于负责地位时,他能够利用现有信息立即作出反应的可能性。要做到这一点,应聘者必须是位理性的思想家,能够就给定的话题回答任何问题,因为这意味着完全了解了那个话题。

为了使没有经验的售货员能发挥出巨大的潜能,在面试时,我设置了重重障碍,同时给了他们自我辩护的机会。从他们回答问题开始,我就委派助手理兹装作毫不客气的样子拒绝每位应试者。艾伦现在是我公司杰出的销售员之一,他讲述了理兹是如何三番五次地告诉他,他为何不是公司所要雇用的人。但是,艾伦毫不气馁,据理力争,并且说:"嘿,我确实认为自己能干好。起码值得罗斯先生耽误几分钟与我谈一谈。"他就这样消除了第一个障碍。

在第一次面试时,我故意显得很不友好。这样做使我对应试者喜欢和什么样的客户周旋有了清醒的认识。我试图批评他们,并向他们提出挑战,我把他们都送上"绞刑架",看他们是否承认"有罪",使他们为难。倘若他们太敏感,就不可能在我的公司顺利地工作。

我对艾伦说的第一句话是:"你在个人简历中究竟为什么要提及你曾在获奖运动员的庆功会上做出愚蠢的恶作剧行为?"然后我又问他:"难道你以为我们不许你在面试

时显得有风度吗？"艾伦对此进行了强有力的反驳。他盯着我问："你是在说我还是你？"

我告诉参加应试的人们，别在意你认为我想听到什么，也别在意这是面试。我试图使他们跳出一般面试的模式。如果我告诉他们那不是我想要的回答之后，他们仍然一意孤行、固执回答的话，我就知道他们不适合做这项工作。

第二步：

当应聘者在我的办公室里逗留了大约5分钟之后，我就直截了当地告诉他们，即使在我认为他们很了不起时，我也并不感到激动。我在期待他们会作何反应。我希望应聘者会试图说服我错看了他们。这是因为在推销商品时，销售员应该对自己该做什么或不该做什么充满信心，好的销售员必须很自信。

1971年，当我去数字数据应用系统公司应聘推销员一职时，忘记打领带，并且穿了一双黑白相间带有翼梢的鞋子。这鞋在佛罗里达很流行，但在纽约则不然。秘书把我的个人简历随意放在销售部副主任的办公桌上。当我进去的时候，那位副主任正在吃金枪鱼三明治。由于没有找到餐巾纸，他用一张自认为是白纸的纸擦了手，而那张纸上正是我的个人简历。

他问了我几个问题，然后暗示我不合要求。对此，我至今记忆犹新，我几乎要对那种挑衅行为报以强烈的反击。当时我想，有朝一日你不仅要"吃"我的个人简历，而且还得"咀嚼"那上面所写的字字句句。在成为销售员初期，我一个人推销的设备比其他8名推销员推销的总和还多得多。时至今日，我依然不明白那位副主任究竟是在向我发起挑战，还是真的认为我不能胜任这项工作。但不管怎样，我从他身上弄清楚了在面试时发起挑战的价值。

在每次面试他人的时候，我首先要他们解释何为销售，然后接着问："你是毫不犹豫地决定以推销为职业吗？"如果他们说不是，那就结束面试；如果他们说是，我就会追问为什么。"我想帮助他人。"当听到此类回答时，我就会接着问："你想帮助他人？那就去当护士好了。"曾经还有个人再三解释说："人家说我搞推销肯定行。"当他走过来时，我就指着办公室窗外对他说："看到外面那块草坪了吗？如果有人说你适合做锄草工，你也会马上去应聘吗？"

第三步：

接下来便进入实质性的测试。这时我会问应聘者："倘若我对你说，我愿意出100万美元雇你去为外面那块草坪锄草，你干吗？"我期待着他们能非常坦率地承认他们会去，这表明他们会受金钱的驱动，而这正是作为一名推销员应有的动机。你要是知道有多少应聘者试图作出五花八门的解释时，肯定会大吃一惊。大约一半的应聘者在这个关口被淘汰了，因为他们的回答没有击中要害。相反，他们坚持说注定能争得这份工作。

为什么直言和坦诚是关键所在？这是因为客户会意识到你没有直截了当地回答他们的问题。我们把公司的信誉建立在取信于人的基础上，倘若我们出了差错，那么任何一位有机会纠正而没有纠正的经理都要给顾客打电话，以表歉意；倘若某人在公司里不能坦诚待客，那他就真的惹麻烦了。

我常常提6个问题测试应聘者的可信程度。我曾问艾伦："你是否有要完成某个目标的非常深层的强烈愿望？"

他回答说："你也许认为这很愚蠢，不过，我想比父亲赚更多的钱。"

我可不认为他的回答很愚蠢。多数儿子都想与父亲竞争，而这里的关键问题是是否诚实。

另外，在这一步我还会对应聘者进行小测验，看他们是否能抓住事情的要领。我告诉他们，可以就我曾经解释过的一个话题提出你们认为需要弄清楚的问题。

我对艾伦说，我想教他一些有关统计学多重性方面的知识，然后请他向我解释。我讲了大约 15 分钟，其中涉及许多专业细节。当轮到艾伦解释时，他断章取义，张冠李戴，最后，我又重新讲解了一下。我跟他说，要是你刚才再多问些问题就好了。销售这个概念实际上是指销售员如何帮助客户将其产品与服务如何适合客户之事加以具体化和形象化的能力。这是成为职业销售员的关键。不管你是销售计算机外围设备还是地皮，本质都是如此。很多人都非常善于记住或追寻一种演绎推理模式，但是，如果你从概念上理解了某个东西，那从哪儿入手就无关紧要了。这意味着你如果要推测某产品的未来发展趋势，就务必要从概念上认识你的产品，以便能够把它卖出去。

由于感觉到艾伦是个可塑之才，于是我给了他第二次机会，最后他以出色的成绩通过了这次测试。

第四步：

在结束整个面试时，我会对应聘者说，回家后想好了给我打电话，我想好后也会给你打电话。大约有一半应聘者根本没有勇气给我打电话，或者他们也许根本就不感兴趣。可是艾伦在没能得到可以参加第二轮面试的承诺前，始终待在办公室里。我懂得他这种坚韧不拔的精神肯定有助于做成棘手的买卖。这次面试中，艾伦是唯一以这种方式结束面试的人。

公司不会在未经用人部门同意的情况下确定新雇员人选。每次招聘，我们公司的全体销售人员都会与参加第二轮面试的候选人共同度过 15 分钟左右的时间，因为我想让我的员工感受一下，与这些新来的同事一起工作是否愉快。

安排这类会面绝不是搞花架子、走形式。例如，对于艾伦我就会问："5 年来这个公司有 30 个人因为工作压力大离职，你不害怕吗？"

有些候选人听了这些会马上吓跑了。我一点儿也不会为此大伤脑筋。因为我们的销售队伍是一支精锐部队。那些在公司供职一年以上者，其销售业绩均为本行业销售员的 10 倍。简言之，整个面试程序要排除神经质者、吹毛求疵者以及不讲信誉者。任何通过面试的都会是很不错的候选人。

最后，要邀请应聘者参加为期一周的销售会议。我们每周举行 4 次销售会议，每次两小时，其目的主要是强调"参与"二字。其他适用于老同事的原则也同样适用于这些候选人。倘若他们不参加会议就会被拒之门外。通过销售会议，我想要看一看他们如何承受压力。因为推销本身就意味着压力。那些最终通过整个面试程序的人都非常有自信心，他们在今后的工作中肯定会茁壮成长，大展宏图。总之，越敢冒风险的人推销得越多。

案例讨论

1. 你如何评价 D 公司招聘销售员的测试方式？

2. 你认为 D 公司招聘销售员的测试方法是否适用于其他类型的工作或其他类型的公司？举例说明。

3. 你认为是否有更好的测试方式让 D 公司招聘到出色的销售员？请说明原因。

第三篇　录用与评估

第7章 人员录用

通过本章学习，学员应该能够：
1. 了解录用的含义、录用的程序
2. 掌握录用决策的要素、录用决策的程序、报到跟踪操作
3. 熟悉录用决策的方法、常见误区
4. 掌握录用通知、辞谢通知的要点
5. 理解合同签订的原则

引导案例

苹果公司的录用决策

苹果公司（Apple Inc.）是美国一家高科技企业，由史蒂夫·乔布斯（Steve Jobs）、斯蒂夫·沃兹尼亚克（Stephen Wozniak）和罗纳德·杰拉尔德·韦恩（Ronald Gerald Wayne）于1976年4月1日创立。最初公司名称为美国苹果电脑公司（Apple Computer Inc.），2007年1月9日更名为苹果公司。公司总部位于加利福尼亚州的库比蒂诺，其产品线涵盖了电脑硬件、软件、消费电子、数字出版和零售等多个领域。苹果公司以其创新的产品和服务而闻名，产品包括 Mac 电脑、iPhone 智能手机、iPad 平板电脑、Apple Watch 智能手表和 Apple TV 流媒体设备等。

在人才招聘方面，苹果公司以其高效和专业的录用流程而闻名，确保了招聘过程的公平性和透明度。它的录用决策的核心目标是通过全面考量候选人的专业能力、工作经验和文化适应度，做出公正的招聘选择。这一过程包括汇总面试反馈、评估候选人与公司文化的契合度、进行严格的背景调查和参考检查，以及召开招聘团队和部门领导参加的决策会议，综合考虑候选人的潜力和团队需求，最终做出录用决策，确定职位、薪资、福利和入职日期等关键信息。

录用通知的发放同样体现了苹果公司人才招聘的专业性与清晰度，确保了候选人能够顺利接受录用。这包括准备详尽的录用通知书，通过电子邮件和电话通知候选人录用结果并解答他们的疑问，展现公司的人文关怀。一旦候选人确认接受录用，苹果公司将迅速安排入职事宜，如培训、办公环境准备和系统账号设置等。

对于未被录用的候选人，苹果公司也会发送感谢邮件，与他们保持良好关系，为未

来的合作打下基础。同时，公司会详细记录录用决策，并跟进新员工的入职流程，确保一切顺利进行。

通过这些细致周到的步骤，苹果公司不仅确保了招聘决策的公正性，还维护了公司形象，并为新员工的顺利入职打下了坚实基础。

（根据苹果公司相关资料整理）

7.1　人员录用概述

人员录用是指组织为了满足发展需要，依据选拔的结果做出录用决策，挑选合适的人才以填补职位空缺的过程，它是组织招聘工作的关键环节。具体地说，人员录用是指从招聘阶段层层筛选出来的候选人中选择最符合组织需要的人，做出最终的录用决定，通知他们报到并办理入职手续的过程。

7.1.1　人员录用的意义

人员录用对组织的成功至关重要。权威研究显示，在同一职位上，最优秀的员工的劳动生产率可能是最差的员工的 3 倍，这一显著差异凸显了构建高效、精准的人才选拔机制的必要性。通过精心设计的甄选流程，组织能够筛选出那些不仅具备岗位所需技能、知识和经验，而且具有潜力的人才。这样的流程不仅关乎识别合适的候选人，更关乎吸引那些与组织价值观相契合、愿意投入热情和创造力的个体。有效的录用策略不仅能为组织带来显著的劳动生产率提升，还能节约生产和管理成本。简单来讲，有效的人员录用具有如下意义。

1. 人员录用是奠定人力资源管理成功的基石

人员录用是企业人力资源管理体系中的关键环节，它直接关系到人力资源管理活动的成效。科学合理的录用流程，不仅能确保每位员工的能力与岗位需求高度契合，还能最大限度激发员工的潜能，显著提升企业的整体绩效。

2. 人员录用可以有效降低离职与培训成本

成功的人员录用策略能有效减少因员工不胜任或缺乏归属感而导致的离职，从而降低离职成本。同时，它也意味着减少了对不合格员工的培训投入，节约了宝贵的培训资源。

3. 人员录用可激发员工潜能，促进个人成长

有效的人员录用机制鼓励员工根据个人能力、兴趣及职业规划选择适合的岗位，这不仅有助于员工潜能的充分释放，还激发了他们自我提升的热情。内部晋升作为一种内在激励，能够显著提升员工的成就感、责任感和事业心，促使他们不断追求卓越。岗位调整带来的新鲜感与挑战，更是激发员工潜能，提升其工作积极性、创造力的有效途径。

4. 人员录用能构建良性竞争环境，强化激励机制

有效的人员录用遵循公平竞争的原则，无论是内部员工还是外部应聘者，都能通过公正的选拔流程展现自我。这种竞争氛围激发了员工的危机意识与进取心，促使他们不断提升自我，以适应岗位需求。同时，它也为企业广开才路，确保了人才的持续流入与优化。

5. 人员录用能促进组织与个人"双赢"

通过精心策划的人员录用，企业能够确保对员工的投资获得丰厚回报，实现组织与个人的共同成长。当员工对工作岗位高度满意，且其能力与组织需求相匹配时，员工将全身心地投入到工作中，为组织创造更大的价值。这种正向循环不仅提升了企业的整体竞争力，也为员工的职业发展铺平了道路，实现了真正的"双赢"。

7.1.2 人员录用过程

人员录用作为招聘流程的终端成果，标志着经过精心筛选与考核的优秀人才将正式步入企业大门。经过严格的招聘考核，脱颖而出的合格人才需要完成一系列手续，方能成为企业的正式成员。这些录用手续不仅是确立员工身份的法律依据，也是他们职业生涯新篇章的起点，更是构建企业与员工间信任与合作关系的基石。

尽管各企业因文化、规模及行业特性等因素，在人员录用程序上略有不同，但大体上，员工录用程序可以概括为以下几个关键步骤（图 7-1）。

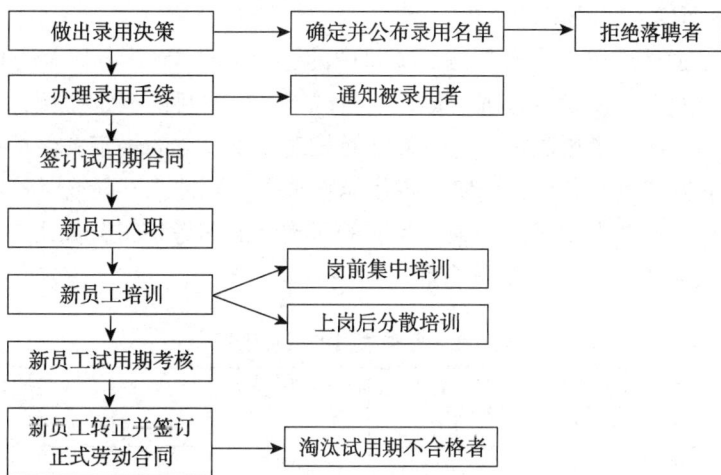

图 7-1 员工录用程序

（1）做出录用决策：基于招聘考核的全面评估，企业会审慎地做出录用决策，确保所选人才与岗位需求高度匹配。

（2）确定并公布录用名单：确定录用对象后，企业会正式公布录用名单，以示公正透明，并进行后续的录用流程。

（3）办理录用手续：涉及入职登记、资料审核、背景调查（部分）等，确保每位新员工均符合企业的录用标准与相关法律法规要求。

（4）通知被录用者：向被录用的应聘者发送录用通知，明确入职时间、地点及相关准备事项，表达企业的欢迎与期待。

（5）签订试用期合同：双方遵循平等自愿原则，签订试用期劳动合同，为新员工设立合理的试用期，明确双方权利与义务。

（6）新员工安置与试用：为新入职员工安排岗位、导师及培训计划，确保其快速融入团队，并在试用期间展现能力与潜力。

（7）新员工转正并签订正式劳动合同：根据试用期表现，企业决定是否给予新员工转正资格，并与其签订正式的劳动合同，正式确立长期稳定的雇佣关系。

视频 7.1　员工试用期

7.1.3　人员录用的策略

人员录用策略是确保企业吸引合适人才的重要手段。以下是几种常见的人员录用策略。

1. 多重淘汰式策略

在这种策略下，每一轮测试均设定为淘汰性质，应聘者必须连续跨越多个高标准的门槛，即在每项测试中均达到预设的合格线，方能继续前行。测试项目依次展开，逐步淘汰表现不佳的候选人，直至所有环节均通过。最终，依据面试或测验的实际得分，对所有通过者进行排名，优中选优，确定录用名单。此策略确保了被录用者在多个维度上均具备出色的能力。

2. 补偿式策略

补偿式策略强调应聘者在不同测试项目中的综合表现，允许其以某方面的强项来弥补另一方面的不足。通过设定合理的笔试、面试等考核项目的权重比例，综合计算应聘者的总成绩，从而做出录用决策。这一策略的关键在于权重的设定，它直接影响录用结果。设定权重的方式具有灵活性，使得企业能够根据实际需求，调整对各项能力的重视程度。假设在甲、乙两人中录用一人，两人的基本情况与考核得分如表 7-1 所示。到底录用谁，关键要看不同项目的权重系数。

表 7-1　各种项目的权重情况

		技术能力	学历	政治思想水平	组织领导能力	事业心	解决问题能力	适应能力
甲的得分		0.9	0.5	1	1	0.8	0.8	1
乙的得分		0.7	0.9	0.8	0.8	1	1	0.7
权重	W_1	1	1	1	1	1	1	1
	W_2	1	0.5	1	0.8	0.8	0.7	0.6
	W_3	0.5	1	0.8	1	0.8	0.7	0.6

如果各考核因素的权重均相同，则甲综合得分为 6，乙为 5.9，甲为优；如果突出技术能力与政治思想水平，则甲综合得分为 4.75，乙为 4.51，甲为优；如果突出学历与组织领导能力，则甲综合得分为 4.55，乙为 4.61，乙为优。

拓展阅读 7.1　某物业公司的录用决策

3. 结合式策略

结合式策略融合了多重淘汰策略与补偿式策略的特点，既

设置了必要的淘汰门槛，又兼顾了应聘者在不同测试中的综合表现。应聘者首先需通过一系列淘汰性的测试，以证明其具备基本的能力；随后，进入可互为补偿的测试环节，根据综合表现进行最终评估。这种策略能在一定程度上考虑其个性化和差异化优势，为企业选拔出更为全面且适配的人才。

7.2 录 用 决 策

7.2.1 录用决策要素

录用决策，主要是对甄选评价过程中产生的信息进行综合评价与分析，确定每一个候选人的素质和能力特点，根据预先设计的人员录用标准进行挑选，选出最合适的人员的过程。因而，在制定录用决策时，应当考虑以下 5 个要素。

1. 信息的准确性和可靠性

信息基石稳固，决策方能稳健。制定录用决策所依据的信息应涵盖应聘者从基本资料到招聘全程的详尽情况，如年龄、性别、教育背景（毕业院校、专业、学业成绩）、职业履历（工作经历、岗位业绩、领导与同事评价、信誉美誉度）及招聘各环节（笔试、情境模拟、心理测评、面试等）的成绩与反馈。所有信息均需确保准确无误，才能为决策提供坚实的数据支撑。

2. 数据分析方法的准确性

在录用决策过程中，资料分析的准确性至关重要，它直接关系到我们能否全面、深入地了解应聘者，从而做出明智的录用决策。通常需要对以下资料进行深入分析，考察应聘者综合素质是否满足岗位要求，从而做出准确决策：

（1）能力深度剖析：面对繁杂资料，需精准聚焦应聘者的核心能力，如沟通、应变、组织、协调等，以评估其职业潜能。

（2）品德与职业操守：在激烈的市场竞争中，品德与职业操守尤为重要。应重视应聘者的忠诚度、可靠度、事业心，即其职业道德与品格表现，确保所录人员德才兼备。

（3）特长与潜力挖掘：特长与潜力是应聘者价值的重要体现。需特别关注具备独特技能或潜在能力的候选人，他们可能为企业带来意想不到的贡献。

（4）社会资源考量：个人的社会资源，如家庭、朋友、社交圈层等，对特定岗位而言有宝贵的附加价值，应纳入录用评估范畴。

（5）教育背景与成长轨迹：一流的教育背景为知识底蕴奠定坚实基础，而成长环境则深刻影响个人性格与心理健康。需综合考量，以匹配岗位需求。

（6）面试现场表现评估：面试是综合素质的直接展现。应重点关注应聘者的语言表达能力、非言语沟通、情绪管理、分析判断等能力，以及整体素质、风度与心理健康状况。

3. 招聘程序的科学性

招聘流程在企业的人才选拔过程中至关重要，其科学性与有效性直接决定了招聘的成功与否。在招聘过程中，企业应根据自身实际情况，如企业规模、业务特点、岗位需求等，灵活调整招聘程序，但无论如何调整，都需保持其科学性与有效性。科学性要求招聘程序的每一个步骤都精心规划，遵循逻辑顺序，不可随意颠倒或省略。一个设计合理、执行严格的招聘流程，能够确保企业选拔到最符合岗位需求、最具潜力的人才，为企业的持续发展注入源源不断的活力。

例如，在初步筛选阶段，企业可以通过简历筛选、在线测试等方式，对应聘者的基本信息、专业技能、工作经验等进行初步评估，从而筛选出符合岗位要求的候选人。这一步骤虽然看似简单，但能够极大地提高招聘效率，避免浪费时间和资源。

接下来，企业可以通过面试、笔试、实操考核等多种方式，对应聘者的综合素质进行进一步评估。面试可以考查应聘者的沟通能力、应变能力、团队协作能力等；笔试可以测试应聘者的专业知识水平、逻辑思维能力等；实操考核则可以检验应聘者的实际操作能力和解决问题的能力。这些步骤相互补充，共同构成了全面、深入的评估体系。

总之，招聘程序的科学性是企业选拔人才的重要保障。只有确保招聘程序的严谨有序、层层筛选，才能全面、深入地评估每一位候选人的综合素质与岗位适应性，从而为企业选拔出最合适的人才。

4. 面试官团队的素质

面试官团队的专业性直接关系到录用决策的质量。一个优秀的面试官团队，应当具备高度的公正性、深厚的专业知识、丰富的实践经验和敏锐的洞察力，这些素质共同构成了他们评估应聘者综合素质与岗位适应性的坚实基础。

公正性是面试官团队的首要素质。在面试过程中，面试官需要摒弃个人偏见，以客观、公平的态度对待每一位应聘者，确保评估结果的公正性。只有这样，才能确保企业选拔到真正符合岗位需求、具备发展潜力的人才。

专业知识是面试官团队不可或缺的素质。面试官需要对所招聘的岗位有深入的了解，包括岗位职责、技能要求、工作环境等。这样，他们才能更准确地评估应聘者的专业技能和工作经验，判断其是否具备胜任岗位的能力。

丰富的实践经验也是面试官团队的重要素质。通过实践经验的积累，面试官能够更加深刻地理解岗位需求，更加准确地判断应聘者的实际操作能力和解决问题的能力。同时，实践经验还能帮助面试官更好地与应聘者沟通，了解他们的真实想法和需求。

敏锐的洞察力是面试官团队在评估应聘者时的一种重要能力。面试官需要通过观察应聘者的言行举止、回答问题的方式和态度等细节，洞察他们的性格特质、沟通能力、团队协作能力等综合素质。这些洞察力能够帮助面试官更加全面地了解应聘者，为录用决策提供有力的支持。

主考官作为面试官团队的核心成员，其素质尤为关键。主考官不仅需要具备上述所有素质，还需要拥有广博的知识、深厚的智慧、丰富的经验和敏锐的判断力。他们的决策将直接影响招聘的成功率，因此，企业在选拔主考官时需要格外慎重，确保他们具备足够的能力和素质来引领整个面试官团队。

5. 能力与岗位的匹配

在招聘过程中，能力与岗位的匹配度是衡量招聘成功与否的重要标尺。确保将合适的人放在合适的岗位上，是激发员工个人潜能、推动企业高效发展的关键所在。一个精准匹配的人员配置，能够确保员工在岗位上发挥最大的效能，为企业创造更大的价值。

匹配度的重要性在于，它直接关系到员工的工作满意度、职业发展和企业的整体绩效。当员工的能力与岗位要求高度契合时，他们能够在工作中游刃有余，快速适应并熟练掌握岗位所需技能，从而提升工作效率和质量。这种高效的工作状态不仅能增强员工的自信心和成就感，还能激发他们的创新精神和团队协作能力，为企业带来持续的竞争优势。

然而，如果忽视能力与岗位的匹配度，随意安排员工，可能会带来一系列负面影响。一方面，员工可能因无法胜任岗位工作而感到挫败和焦虑，这不仅会影响他们的职业发展和工作积极性，还可能导致人才流失和招聘成本的增加；另一方面，企业也可能因员工能力不足而错失市场机遇，甚至因决策失误或操作失误而遭受经济损失或声誉损害。

因此，在录用决策中，企业必须高度重视能力与岗位的精准匹配。这要求企业在招聘前进行充分的岗位分析，明确岗位职责、技能要求、工作环境和绩效标准等关键要素。同时，企业还需要通过有效的评估手段，如面试、笔试、实操考核等，全面、深入地了解应聘者的综合素质和能力水平。在此基础上，企业可以运用科学的人才测评技术和数据分析方法，对候选人与岗位的匹配度进行量化评估，从而确保录用决策的科学性和准确性。

7.2.2　录用决策的程序

在招聘流程中，甄选环节的核心目的在于高效且精准地评估应聘者，以便明智地做出是否接纳或婉拒其申请的决策。为了确保对应聘者评估的全面性和准确性，这一过程还必然伴随着一套系统化的信息收集、整理与深入分析机制，以保障评价依据的完整性与可靠性。具体的过程如图 7-2 所示。

1. 总结应聘者的相关信息

评价小组或专家委员会主要关注应聘者"能不能"（包括现在能做什么、将来可能做什么、志向是什么）、"愿不愿"、"合不合适"、"可能的影响因素"等方面的信息。其中，"能不能"指的是知识和技能、潜能、体力、耐力等

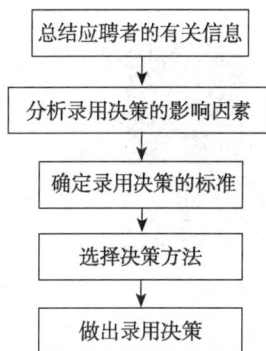

图 7-2　录用决策程序

胜任力要素能否满足岗位需要；"愿不愿"指工作动机、职业兴趣；"合不合适"是指个人性格、人格特质是否与岗位要求相匹配；"可能的影响因素"主要包括家庭背景因素、上班通行距离、企业周边环境等可能影响到工作发挥的限制条件，这 4 个因素是良好的工作表现所不可缺少的。

这里，"能不能""可能的影响因素"两个要素可以从测试得分和经核实的信息中获得；对"愿不愿""合不合适"因素的判断则较为困难，可以从申请表的相关信息和面试中的回答中推测应聘者"愿做"的信息。

2. 分析录用决策的影响因素

遵循能级对应原则，不同权级的职位需匹配相应能级的人员，这自然导致了录用决策上的差异。例如，高级管理人员的选拔标准与决策流程，相较于一般的文职人员和技

术人员，存在着显著的差别。在制定录用决策时，通常需要综合考虑以下关键因素：

（1）是侧重于挖掘应聘者的潜在能力，以满足组织的未来需求，还是基于组织的当前需要，选择能够迅速融入并贡献力量的候选人。

（2）企业当前的薪酬体系与应聘者期望薪资之间的差距，是否足以成为影响录用决策的重要因素。

（3）评估应聘者时，是以其当前对岗位的适应程度为基准，还是更看重其未来的发展潜力与成长空间。

（4）在界定合格与不合格的标准时，是否存在特定的组织需求或岗位特性，需要对候选人提出更为严格的要求。

（5）对于那些在各方面均超出合格标准的优秀候选人，是否应当纳入考虑范围，并为其提供更具吸引力的录用条件。

3. 确定录用决策的标准

在全面了解所有应聘者的情况后，就要确定录用决策的标准。人员录用的标准是衡量应聘者能否被组织选中的一个标尺。从理论上讲，它是以工作描述与工作说明书为依据而制定的录用标准，又称为"因事择人"。但在现实中，它将随着招聘情况的不同而有所改变。

在人员录用中，有3种录用决策的标准，具体如下。

1）人才导向标准

拓展阅读 7.2 新科电子科技公司的录用决策

此标准聚焦于个体的独特性与潜能，深入考查应聘者的个人能力与综合素质。通过细致评估，识别每位应聘者最为突出的能力或素质，并以此为基准，探索能够最大化发挥其潜能的岗位配置。这一方法旨在实现"人尽其才"，但也可能面临挑战，即当多位候选人在同一岗位上均展现出顶尖表现时，有限的岗位数量迫使我们必须做出艰难选择，而不得不放弃其他同样优秀的候选人。

2）岗位导向标准

与人才导向相反，岗位导向标准则是以职位为核心，严格对照每个职位的具体需求与职责范围，精准挑选出最符合岗位要求的应聘者。这种方法确保了组织内部的高效运作，因为每位员工都能迅速融入并胜任其岗位。然而，它也可能引发资源争夺的问题，即一位杰出的应聘者可能因能力超群而被多个岗位竞相争抢，进而造成人力资源分配上的难题。此标准往往依赖于岗位空缺的灵活性，这在现实中往往难以实现。

3）双向最优匹配标准

鉴于单纯的人才导向与岗位导向各有局限，我们倡导采用一种更为全面与平衡的录用策略——双向最优匹配标准。这一标准融合了上述两者的精髓，既充分考虑了应聘者的个人能力与优势，又紧密贴合了职位的实际需求，通过双向选择的过程，力求在个体与岗位之间找到最佳的契合点。尽管这样的安排可能无法确保每位员工都能从事其最擅长的工作，也并非每位应聘者都能获得其评分最高的岗位，但它通过综合考量双方因素，实现了更为现实且高效的资源配置。从长远来看，这种平衡策略有助于提升组织的整体效能与员工的满意度。

4. 选择决策方法

1）诊断法

这种方法主要根据决策者对某项工作和承担者资格的理解，在分析候选人所有资料的基础上，凭主观印象做出决策。在这一过程中，评价者的视角与标准可能存在差异，导致对同一候选人的评价呈现出多元化，进而对同一应聘者做出截然不同的决策判断。因此，"决策权的归属"成为一个尤为关键的问题，它直接影响到选拔结果的公正性与准确性。尽管该方法以操作简便、成本效益高而广受青睐，在多个领域得到广泛应用，但其显著的主观性特征也不容忽视，评估人员的专业素养、工作经验以及判断能力成为确保决策科学性与合理性的关键因素。

2）统计法

统计法采用科学的统计学方法进行区分，对每一环节赋予一定的权重，最后通过加权运算得出最高分。这种方法对指标体系的设计要求较高，需要区分评价指标的重要性并赋予权重。理论上，统计法更为客观和科学，但在实际操作中也需要结合具体情况灵活调整。

视频 7.2　录用决策的方法

使用统计法选择候选人时，可以采用以下 3 种不同的模式。

（1）补偿模式。补偿模式是指某些指标的高分可以替代另一些指标的低分，也就是使用了并联指标，最后根据应聘者在所有测试中的总成绩做出录用决策。例如，分别对应聘者进行笔试和面试，再按照规定的笔试与面试的权重比例，算出应聘者的总成绩，决定录用人选。这种方法能够更全面地评估候选人的综合素质，避免单一测试方法可能带来的偏差。

（2）多切点模式。多切点模式是指在录用决策过程中，为每一个评价指标设定一个最低分数或标准，候选人必须在所有指标上都达到或超过最低分数，才能进入下一轮筛选或最终获得录用。该方法将多种考核与测验项目依次实施，每次淘汰若干低分者。对全部考核项目通过者，再按最后面试或测验的实际得分排出名次，择优确定录用名单。这种方法能够确保录用的员工在多个方面具备较高的素质和能力。这种评价方法对指标体系设计的要求较高。

（3）跨栏模式。跨栏模式是指在招聘过程中，为候选人设置一系列的评价指标（"栏杆"），这些指标通常是按顺序排列的，并且每个指标都是候选人必须跨越的障碍。候选人只有成功跨越所有"栏杆"，即满足所有评价指标的要求，才能被视为合格或有机会被录用。许多组织在招聘关键岗位或高级管理人员时，都会采用这种模式来确保录用到的人才具备全面的能力和素质。例如，在招聘项目经理时，组织可能会设置项目管理能力、沟通协调能力、团队领导能力等多个评价指标，并要求候选人逐一满足这些要求才能被录用。

5. 做出录用决策

人力资源部门安排最具潜力的候选人与用人部门主管进行深入交流。这一过程不仅考察候选人的专业能力与岗位匹配度，还深入探讨候选人的价值观、工作风格及团队协作能力等。随后，由用人部门主管（或经由专家小组）基于面谈结果综合考

量，慎重做出录用决定，并将这一决定及时反馈给人力资源管理部门。最后，由人力资源管理部门通知应聘者有关的录用决定，办理录用手续。录用决策过程如图 7-3 所示。

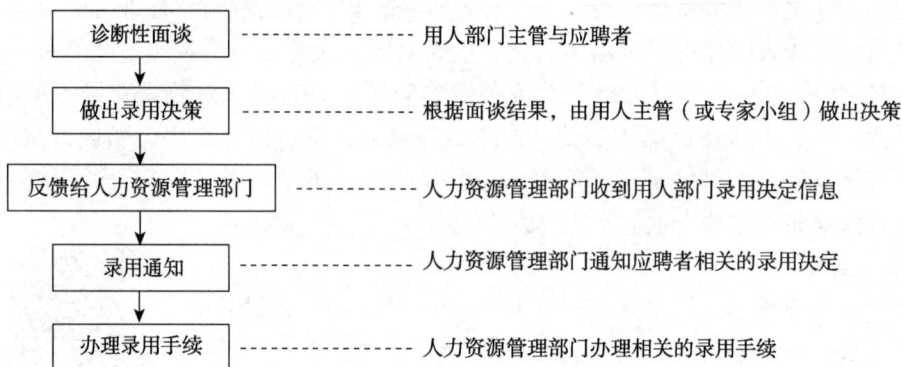

```
┌─────────────┐
│  诊断性面谈  │ ·············· 用人部门主管与应聘者
└──────┬──────┘
       ▼
┌─────────────┐
│  做出录用决策 │ ·············· 根据面谈结果，由用人主管（或专家小组）做出决策
└──────┬──────┘
       ▼
┌─────────────────┐
│ 反馈给人力资源管理部门 │ ·············· 人力资源管理部门收到用人部门录用决定信息
└──────┬──────────┘
       ▼
┌─────────────┐
│   录用通知   │ ·············· 人力资源管理部门通知应聘者相关的录用决定
└──────┬──────┘
       ▼
┌─────────────┐
│  办理录用手续 │ ·············· 人力资源管理部门办理相关的录用手续
└─────────────┘
```

图 7-3　录用决策过程

7.2.3　录用决策者

人力资源管理的核心职能之一是高效地为企业汇聚并甄选合格的人力资源。在当前人才竞争日趋白热化的时代背景下，能否快速吸引并录用顶尖人才，已成为决定企业生存态势与长远发展潜力的关键因素。企业的选拔录用流程，直接关乎人才选拔的质量与成效，对增强企业核心竞争力具有举足轻重的作用。

在企业的录用决策流程中，通常遵循一套科学而严谨的程序。第一，由人力资源部门的专业团队基于候选人提交的简历进行初步筛选，以精准锁定符合岗位基本要求的面试候选人。第二，根据企业的实际情况，可能采取人力资源部门与用人部门顺序面试、共同面试或组建专门面试小组的形式，对候选人进行更为全面深入的评估。在此过程中，用人部门因其对岗位需求的深刻理解，往往扮演着主导角色，确保选拔出的人才能够精准对接业务需求。第三，对于部门经理及以上级别的高级管理岗位，其选拔过程更为严谨与复杂。除了上述面试环节外，还需引入公司高层领导或行业专家参与各招聘流程，利用他们丰富的管理经验与独到的专业视角，对候选人进行更高层次的评估与考量，最终做出更加精准与全面的录用决策。

1. 人力资源专业人员

人力资源部门是招聘工作的组织部门，在人员录用环节享有一定的决策权。他们负责整个招聘流程的组织、协调和监督，确保招聘过程的公平、公正和高效。在录用决策中，人力资源部门的工作人员会根据应聘者的综合素质、岗位匹配度以及企业的用人标准进行综合评估，为最终的录用决策提供重要的参考意见。

2. 用人部门管理者

用人部门管理者是最了解岗位需求的人，也是未来岗位员工的直接负责人。他们清楚岗位员工的任职资格与能力要求，因此在录用决策中具有相当的发言权。用人部门管理者会基于岗位的实际需求，对应聘者的专业知识、技能水平以及工作经验等内容进行重点评估，确保录用人员能够胜任岗位工作。

3. 高层领导

在一些关键岗位及中高层管理岗位人员的录用决策中，需要总经理或分管部门的高层领导进行最终决策。高层领导者会从企业的战略高度出发，考虑候选人的综合素质、发展潜力以及与企业文化的契合度等因素，确保所选人员能够符合企业的长远发展目标。

录用决策者在做出录用决策时，需要注意以下几点，以确保招聘到的人才既符合岗位需求，又能为组织带来长期价值。

（1）深入理解岗位需求和任职资格。录用决策者应充分了解招聘岗位的职责、技能要求、工作经验等具体要求，确保对岗位需求有清晰、准确的认识，以便在评估候选人时有据可依。

（2）全面评估候选人。从专业技能、工作经验、性格特质、团队协作能力、价值观、工作态度等多个维度对候选人进行全面评估，并通过背景调查、能力测试等方式，了解候选人的实际工作能力和与组织文化的契合度，确保评估结果全面、客观。

（3）保持公正性和公平性。在招聘和录用过程中，应坚持公正、公平、公开的原则，避免因性别、年龄、种族、宗教信仰等因素歧视候选人。

（4）关注候选人的潜力和长期发展。在评估候选人时，不仅要关注其当前的能力水平，还要关注其未来的发展潜力和成长空间。

（5）关注薪酬和福利待遇的合理性。应在充分了解市场薪酬水平的基础上，与候选人进行薪酬谈判，确保薪酬水平具有竞争力且符合组织的财务状况，以达成双方满意的薪酬协议。

（6）注意内部协调和沟通。在录用候选人之前，应与用人部门充分沟通，了解用人部门的具体需求和期望，确保录用的候选人符合部门的实际需求。

此外，还应特别关注以下几点：第一，如果人力资源部门与用人部门在人选问题上有冲突，应充分评估后做出决策。第二，组织应尽可能地选择那些与组织文化相契合的应聘者，即使他们缺乏相应的知识背景和工作经验。因为相对而言，知识和经验可以通过培训获得，而一个人的个性品质是很难改变的。第三，不一定总要选择聘用应聘者群体中总体条件最好的人员，而应选择那些与空缺职位要求最接近的人，否则会造成人才浪费或增加人力成本。第四，人力资源部门应将所有人员招聘与录用的资料存档备案，以备查询。

7.2.4 录用决策误区与纠偏

1. 录用决策的误区

录用决策在人力资源管理中至关重要，它直接关系到组织能否吸引到合适的人才和能否促进组织的长期发展。然而，在录用决策过程中，往往会存在一些误区，这些误区可能导致招聘效率低下。在现实中，录用决策误区体现在录用决策的各个环节，具体如下。

视频 7.3 录用决策的误区

1）岗位任职资格不明确

岗位任职资格缺乏明确、具体的描述，使得招聘者和应聘者都难以准确把握岗位的要求和标准。比如，只是简单地要求"名牌大学中文专业的研究生或者本科生"，此类要求非常抽象，不具体。由于任职资格不明确，面试官在评估候选人时缺乏统一的参考框架，难以对候选人的能力和经验进行客观、全面的评估。

2）缺乏科学的录用决策流程

简历筛选的非标准化：企业在筛选简历时缺乏明确的标准与科学的评估体系，导致简历筛选显得随意且缺乏系统性。这种随意性的筛选方式，不仅降低了效率，更可能遗漏优秀候选人。

面试流程的非规范性与非科学性：面试作为人才选拔的关键环节，却常因缺乏系统性、科学性的设计而流于形式。面试过程随意，未建立全面的候选人测评机制，过度依赖总经理的个人直觉，而忽视了人力资源管理人员在候选人资质审核中的基础作用。对于猎头推荐的人选，更是疏于对其学历、职业经历等基本信息的核实，未执行必要的登记表填写与证件审查流程，导致面试决策的片面性。

录用决策的任意性与非体系化：缺乏一套科学、系统的录用决策体系，使得候选人的录用与否往往取决于总经理的个人偏好，而非基于岗位所需的胜任力模型进行全面评估。这种随意性不仅可能导致人才错配，还会损害企业招聘的公信力和长期竞争力。

评价标准模糊、不统一：为确保录用决策的公正性与全面性，亟须在人力资源管理部门与用人部门间建立统一、清晰的评价标准。由于缺乏明确的评价指标，评估过程中易出现标准不一、主观性强的问题，增加了用人失误的风险。

背景调查与资质验证的缺失：在做出录用决策前，未对候选人进行必要的背景调查及资质验证，这一环节的缺失直接导致了决策的草率与潜在风险。对于甄选过程中存在的疑问，未能及时澄清便仓促决策，不仅可能引入不符合要求的人才，还可能对企业的正常运营造成不利影响。因此，强化背景调查与资质验证，对任何疑问点进行深入探究与确认，是提高录用决策质量的关键所在。

3）录用决策团队缺乏一致性

录用决策团队缺乏一致性，可能是因为团队成员之间对岗位需求、候选人评估标准的理解有差异，或是个人偏见和偏好的影响。这种不一致性可能导致决策过程混乱，降低招聘效率，甚至影响组织的人才质量和整体绩效。录用决策的关键点在于录用决策团队成员之间有一致的判定标准，使评价的结果尽量客观、真实。

2. 录用决策误区的纠偏措施

1）建立科学的录用决策流程

简历筛选标准化：制定明确的简历筛选标准，建立科学的简历评估体系，确保筛选过程公正、客观，减少主观因素的干扰。

面试流程规范化：设计结构化的面试流程，包括面试问题的设计、面试官的培训、面试评价的标准等，确保面试过程的专业性和系统性。同时，引入多元化的面试方法，如行为面试法、情境模拟等，以全面评估候选人的能力和素质。

2）明确录用决策的标准和依据

建立任职资格模型：根据岗位需求，建立明确的任职资格模型，包括知识、技能、经验、素质等方面的要求，作为录用决策的重要依据。

统一评价标准：在人力资源管理部门和用人部门之间建立相同的评价指标，确保评价标准的统一性和一致性，减少因标准不一而导致的决策偏差。

3）加强背景调查和资质验证

实施背景调查：在录用决策前，对候选人的教育背景、工作经历、职业道德等方面进行全面调查，确保候选人的信息真实可靠。

验证学历和资质：要求候选人提供相关的学历证书、职业资格证书等，并进行严格验证，防止虚假信息的存在。

4）完善决策机制

多方参与决策：建立由人力资源部门、用人部门及高层管理者共同参与的决策机制，确保决策过程的全面性和公正性。

引入专家评审：对于关键岗位或特殊岗位的录用决策，可以引入外部专家进行评审，参考专家意见和建议。

5）加强决策后的跟踪与评估

试用期管理：设置合理的试用期，对录用人员进行全面的跟踪和评估，确保其能够胜任岗位工作。

决策效果评估：定期对录用决策的效果进行评估，分析决策过程中的得失，总结经验教训，不断完善录用决策机制。

6）建设持续学习和改进的文化

鼓励反馈与分享：鼓励员工对录用决策过程提出反馈意见和建议，分享成功的经验和失败的教训，形成持续改进的氛围。

培训与发展：加强对人力资源管理人员和面试官的培训，提升其专业能力和决策水平，确保录用决策的科学性和有效性。

3. 录用决策中应该处理的几种关系

1）"职得其人"与"过分胜任"的关系

在招聘过程中，找到"职得其人"与"过分胜任"之间的平衡是关键。这就需要决策者对职位要求有深入的理解，以及对候选人能力和潜力的准确评估。过分胜任通常会导致候选人感到工作不够充实或缺乏挑战性，工作岗位本身对任职者难以形成吸引力，从而影响他们的工作满意度和留存率。

2）短期需求与长期规划的关系

录用决策不仅要解决当前的岗位空缺问题，还要考虑到组织的未来发展和战略规划。组织需要评估候选人的长期发展潜力和对组织目标的贡献能力，以确保所录用的人才能够支持组织的长期发展。避免因短期需求而牺牲长期人才规划，确保录用决策符合公司整体人力资源战略。

3）能力与态度的关系

能力是完成工作任务的基础，但态度同样重要。积极的工作态度、良好的团队合作精神和职业道德是不可或缺的。在评估候选人时，应综合考虑其能力和态度，寻找能力与态度俱佳的候选人。

4）内部晋升与外部招聘的关系

平衡内部员工晋升和外部人才引进的比例，以激发内部员工的积极性，提高其忠诚度。在内部没有合适人选时，才考虑外部招聘，同时避免对内部员工造成不必要的伤害。

5）风险与机会的关系

录用决策伴随着一定的风险，如候选人可能不适合岗位、离职率高等。同时，也存在着机会，如候选人可能带来创新思维、提升团队能力等。组织需要在评估风险和机会的基础上做出决策，确保所承担的风险与可能获得的收益相匹配。

7.3　录用实施

7.3.1　录用通知

1. 通知应聘者

通知应聘者时面临两种截然不同的情况：录用通知或辞谢通知。这两种通知不仅在内容上有着本质的区别，而且在撰写时也需要采取不同的策略和语气。无论是录用通知还是辞谢通知，都需要以真诚、尊重和专业的态度来撰写。对于辞谢通知，合适的措辞和语气可以最大限度地减少应聘者的负面情绪，维护组织的良好形象。

1）录用通知

录用通知是雇主向候选人发出的正式文件，为了不失去合格的录用者，录用通知要及时发出。现实中，许多官僚作风较严重的企业，因通知不及时而损失了企业重要的人力资源，并影响到企业的外部形象。

在录用通知书中，应该说清楚报到的起止时间、地点、程序等内容，并且应在附录中详细说明如何抵达报到地点和其他应该说明的信息。当然，也不能忘记写上"欢迎新员工加入公司"之类的贺词。

以下是一份标准录用通知可能包含的主要内容。

公司信息：公司名称、地址、联系方式等。

候选人信息：候选人的全名、联系信息。

职位详情：提供的职位名称、部门、职责概述。

工作地点：工作的具体地点或办公地址。

薪酬信息：基本工资、薪酬结构（如底薪加提成或奖金）、福利待遇等。

拓展阅读 7.3　录用通知书不能随意撤销

开始工作日期：候选人被要求开始工作的具体日期。

报到流程：报到时需要携带的文件、体检要求等。

回复期限：候选人需要在何时之前回复是否接受录用。

联系方式：候选人如有疑问或需要进一步沟通的联系人和方式。

保密声明：提醒候选人对录用通知内容保密。

附加条款：可能包括一些特定条款或条件，如竞业禁止协议、知识产权协议等。

感谢语和祝贺：对候选人的感谢和对其加入公司的祝贺。

录用通知通常是正式的商务信函，需要用专业的语言和格式书写。在发送之前，应确保所有信息准确无误，避免出现误导或错误。录用通知应当体现出公司的专业形象和对候选人的尊重。

另外，还要注意，对被录用的人员要一视同仁，以相同的方式通知被录用者。一般以信函的方式为佳。公开和一致地对待所有的被录用者，能够给人留下好的印象。图7-4为人员录用通知书的范例：

录用通知书

[公司 Logo]

[公司名称]

[公司地址]

[城市，邮编]

[电话号码]

尊敬的＿＿＿＿＿＿＿先生/女士：

　　您好！

　　经过全面而细致的筛选与面试，我们非常高兴地通知您，您已成功被（公司名称）录用为（职位名称）。在此，我们对您在应聘过程中所展现出的专业能力、职业素养以及与我们团队文化的高契合度表示高度的赞赏与认可。

　　我们坚信，您的加入将为（公司名称）带来新的活力与创意。在未来的工作中，我们将为您提供广阔的发展平台、富有挑战性的工作任务以及全面的职业发展支持。我们期待与您携手共进，共创辉煌！

　　再次祝贺您成为（公司名称）大家庭的一员！我们期待着您的到来，并相信在不久的将来，您将在这里实现自己的职业梦想与价值。

人力资源部经理：＿＿＿＿＿＿
＿＿＿年＿＿月＿＿日
（公司印章）

【职位详情】

职位名称：[职位名称]

入职日期：[具体日期，如20××年××月××日]

工作地点：[具体工作地点]

薪资待遇：[具体薪资范围或数额，以及是否包含奖金、福利等信息]

直接上级：[直接上级的姓名及职位]

【入职准备】

为了确保您顺利入职，请您注意以下事项：

　　请在[具体日期]前，携带本人有效身份证件、学历证书、职业资格证书（如适用）、＿＿＿寸照片＿＿张、指定医院体检表等相关资料原件及复印件，至公司人力资源部办理入职手续。

　　我们将为您安排新员工入职培训，具体时间与安排将由人力资源部另行通知。

　　如有任何疑问或需要协助的地方，请随时与人力资源部联系，联系方式如下：

　　联系电话：[公司联系电话]

　　电子邮箱：[公司招聘邮箱]

图7-4　人员录用通知书

2）辞谢通知

辞谢通知需要以一种尊重、理解和关怀的方式向应聘者传达不被录用的消息，在撰写时，应考虑以下几点。

（1）直接而礼貌：以直接但不失礼貌的方式告知应聘者结果，避免使用模糊或含糊其词的表述。

（2）表达感谢：对应聘者申请职位并投入时间和精力表示感谢，肯定其努力和勇气。

（3）保持积极：虽然结果可能令人失望，但可以尝试以积极的方式结束信件，如鼓励应聘者继续寻找其他机会，或表达未来可能合作的愿望（如果适用）。

（4）提供反馈（可选）：如果可能且适当，可以简要说明未被录用的原因或提供一些反馈，以帮助应聘者改进。但请注意，反馈应具体且尊重个人隐私。

（5）保持专业性：无论结果如何，都应保持高度的专业性，避免任何可能引起误解或冲突的言辞。

招聘辞谢通知的方式应当既体现出对应聘者的尊重，又保持专业性和正式性。以下是一些常见的辞谢通知方式。

（1）书面通知（电子邮件或信件）。这是最常见且正式的方式。通过电子邮件或传统信件向应聘者发送辞谢通知，可以详细阐述决定，并表达感谢之情。在电子邮件中，可以使用公司的官方模板，确保格式规范、语言得体。如果是手写信件，则更能体现公司对应聘者的重视和尊重。

（2）电话通知。对于某些情况，特别是当应聘者与公司有较多互动或表现出特别的兴趣时，电话通知可能更为合适。通过电话，招聘者可以直接向应聘者传达决定，并有机会回答其可能的问题或疑虑。然而，电话通知可能需要更多的沟通技巧和敏感度，以确保信息的准确传达和应聘者的情绪稳定。

（3）视频会议通知（在线面试后）。如果招聘过程中使用了视频会议进行面试，那么在面试结束后直接通过视频会议向应聘者传达辞谢通知也是一个可行的选择。这种方式可以保持沟通的即时性和直接性，同时允许应聘者有机会表达自己的感受或进一步询问问题。

（4）自动化消息系统。如果应聘者数量巨大，公司亦可使用自动化消息系统来发送辞谢通知。这种方式虽然高效，但需要注意确保消息的个性化并体现对应聘者的尊重。避免使用过于机械化或冷漠的语言，应尽量在模板中融入一些人性化的元素。

最终选择哪种方式取决于公司的具体情况、应聘者的期望以及招聘过程的性质。无论采用哪种方式，都应确保信息的准确传达和对应聘者的尊重。

（5）辞谢通知的模板。在回复未被录用的应聘者时，公司宜采取书面通知的形式，并遵循统一的表达框架。此举不仅确保了公司对外形象的连贯性与专业性，更彰显了对应聘者个体的公平与尊重。统一设计的辞谢通知书模板不仅简化了操作流程，提升了工作效率，还通过标准化的沟通方式，为每位应聘者提供了清晰、一致的信息反馈。当辞谢信末尾附上人力资源部经理的亲笔签名时，这份正式文件便增添了一抹人性化的温暖。

相较于仅加盖公章的标准化回复，亲笔签名不仅传递了公司对应聘者个人努力的认可与感激，也体现了管理层对招聘流程每个环节的重视与关怀。这样的做法，往往能让收到通知的应聘者感受到更多的尊重与理解，从而在某种程度上减轻其未获录用的失落感。辞谢通知书的模板如图 7-5 所示。

辞谢通知书

尊敬的＿＿＿＿＿＿＿＿先生/女士：

　　您好！

　　感谢您在百忙之中申请我们公司的＿＿＿＿职位，并抽出宝贵时间参与我们的招聘流程。我们非常欣赏您的专业背景和应聘热情，也对您在面试/申请过程中展现出的能力和素质印象深刻。

　　经过全面而细致的评估和讨论，我们非常遗憾地通知您，本次招聘的＿＿＿＿职位，经过综合考量，我们决定不再进一步推进您的应聘流程。这个决定并非轻易做出，我们深知每一位应聘者的付出和努力，也理解这可能让您感到失望。

　　我们深知，每位求职者都在寻找最适合自己的机会，而我们也致力于寻找最适合我们团队的人才。虽然您未能成为我们团队的一员，但您的优秀表现让我们相信，在未来的职业生涯中，您定能找到更加匹配自己才华和志向的岗位。

　　再次感谢您对我们公司的关注和支持，也感谢您在招聘过程中给予我们的理解和配合。我们衷心祝愿您在未来的求职道路上一切顺利，早日找到心仪的工作，实现自己的职业目标。

　　如有任何疑问或需要进一步了解的地方，请随时与我们联系。您可以通过以下方式与我们取得联系：

　　联系电话：[公司联系电话]

　　电子邮箱：[公司招聘邮箱]

　　再次感谢您的理解和支持，期待未来有机会能与您合作。

　　祝好！

[公司名称]
[人力资源部/招聘团队]
＿＿＿＿年 ＿＿月 ＿＿日

图 7-5　辞谢通知书

2. 拒聘的处理

　　企业经常会遇到接到录用通知的人员不来就职的情况。在应聘者未按期报到时，首先应联系他们以确认原因，根据不同的原因采取相应的对策。如果是个人紧急情况或其他不可抗力因素，双方可以沟通协商调整报到时间；如果拒聘的人员正是企业所需要的优秀人员，则企业的人力资源管理部门甚至高层主管应该主动与之取得联系，采取积极的争取态度。如果候选人提出需要更多的报酬，企业应该而且必须与其进一步谈判。因此，在打电话之前，对于企业在这方面还能够做出怎样的妥协，最好有所准备。另外，即使应聘者未能报到，也应保持专业关系，因为他们可能在未来合适的时机成为公司的潜在应聘者。

　　企业应评估应聘者未报到对公司运营和团队的影响，如果应聘者的缺席对公司有较大影响，应考虑启动备选方案，如重新招聘或调整工作分配。如果在招聘活动中，企业被许多应聘者拒聘，就应该反思招聘过程可能存在的问题。另外，企业从拒聘的调查中，也可以获得一些对今后招聘有用的信息。

7.3.2　录用面谈

1. 录用面谈的重要性

　　录用面谈是招聘过程中的关键环节，它对于确定候选人是否适合某个职位以及与公司文化是否契合至关重要。

1）加强企业对新录用员工的进一步了解

新录用的员工虽然经过企业的层层筛选，但由于筛选过程中人数较多，考察的内容也较多，对员工更深层次的信息获取较少，通过录用面谈，可以让面试官深入了解候选人的专业技能、工作经验、性格特点、工作态度和教育背景，研判候选人的职业目标、动机和期望，以及是否能够融入公司的文化和价值观，以评估其是否符合职位要求。还可以对候选人在简历或职位申请表中提供的信息进行进一步核实，了解到新员工的家庭情况、婚姻状况、兴趣、爱好以及生活上有无困难等更多的在招聘面试中无法涉及的信息。

另外，招聘面试必须规避一些涉及隐私的内容，因此有些可以更深入交谈的话题在面试中被略去。录用面谈由于通常在两个人之间进行，话题可以比较深入，某些即使涉及隐私的问题，只要对方没有意见，双方也可一起探讨，如对爱情的看法、对纪律和自由的看法、对父母约束和干预自己的看法等。综合面谈中的观察和信息可以帮助招聘团队做出更加明智的招聘决策，选择最合适的候选人。

2）加强新员工对企业的了解

新员工虽然在应聘时已对企业作了一些了解，但这些了解是十分表面的。录用面谈时，气氛通常会比较融洽，双方可以互相询问一些自己关心的问题，如薪酬、福利、发薪日，各级领导的姓名、性格、为人，自己所录用部门的概况等。这些与自身利益相关的问题，由于应聘时心情紧张，并且当时以能被录用为主要目的，通常都不便直接询问。通过录用面谈，新员工可以对自己即将工作的环境有更深入的了解，并形成一个更清晰的认识。录用面谈是公司展示自身文化、价值观和工作环境的机会，有助于吸引合适的候选人，是建立雇主与候选人之间信任关系的开始，有助于候选人对公司产生好感。

总之，录用面谈是招聘过程中不可或缺的一部分，它有助于确保找到最适合公司和职位的人才。

2. 录用面谈的执行者

谁来执行录用面谈要根据录用岗位层级的高低来决定。通常录用经营管理层的高级管理人员，由董事长、总经理或人力资源专家顾问来执行；如果是录用中层管理人员，由分管的公司领导（副职）来执行；如果是录用基层管理人员，由部门主管或分管领导来执行；普通员工的录用则由人力资源部主管来执行。

录用面谈的执行者一定要心胸宽阔，关心爱护录用的人员，懂得换位思考，具有良好的沟通能力，能理解他人的困难并努力去帮助他们克服困难。

3. 录用面谈的场所

面谈通常在发起面谈的主动方的办公室进行，要根据被面试者的层次选择面谈场所，也可以选择休闲的地点进行，如到咖啡馆一起喝咖啡，或到公园一起散步交谈，还可以有许多更丰富的选择，如一起划船、登山等。

视频 7.4 录用面谈的内容

4. 录用面谈的内容和方法

录用面谈是招聘过程中的重要环节，其内容和方法应该精心设计，以确保能够全面评估候选人的能力和适合度。录用面谈通常包括以下内容。

基本信息核实：确认候选人的身份、教育背景、工作经历等基本信息。

专业技能评估：询问与职位相关的专业知识、技能和经验。

工作成就和经验：探讨候选人过去的工作成就、项目经验和解决问题的方法。

职业目标和动机：了解候选人的职业规划、加入公司的动机和期望。

团队合作和领导能力：评估候选人在团队中的角色、领导风格和合作态度。

压力管理：通过情境问题或候选人的过往经历，了解其应对压力的能力。

沟通技巧：观察候选人的语言表达、倾听和非语言沟通能力。

价值观和文化适应性：评估候选人的价值观是否与公司文化相匹配。

合规性和诚信：询问相关问题，评估候选人的职业道德和诚信度。

特殊要求和条件：讨论候选人对工作地点、工作时间等特殊要求。

录用面谈一定要在相当轻松的氛围中进行，通常负责面谈的主导者要表现出大家风范来，要同时作为师长、领导、同事等多元角色坦率地说出自己的想法，耐心地解答录用者提出的问题。如果没有特别的问题要互相提问，可以就今后的工作职责、工作思维和工作方法、企业目标、企业文化、价值观等展开讨论，也可以谈一些轻松的家庭琐事。总之，尽量让彼此互相了解，为今后协同工作打下一个良好的基础。

7.3.3 报到跟踪

候选人从通过面试考核到正式报到入职往往有一段或长或短的时间，尤其是校招。以秋招为例，学生从秋招获取 Offer 到去企业报到的时间间隔往往在大半年以上，在这样长的一段时间内，已录用的候选人可能会面临多种不同的选择，导致企业将会面临录用后候选人不到公司报到入职的风险，给企业造成不可挽回的损失。

就校招而言，应届毕业生可能会在被公司录用后继续选择考研、考公考编、"三支一扶"、西部计划、参军入伍、自主创业等，同时外部其他企业不断到学校招聘，如果公司已经录用的候选人面临其他更优的选择，候选人将选择违约。

就社招而言，求职者通常不会只面向一家企业寻求职业转换的机会，往往选择在转换期间向多家意向企业投递简历，所以候选人可能会手握多个 Offer，理性的求职者往往会做深入比较后选择一家合适的企业去报到，而不是哪家企业给的 Offer 时间早就去哪家；同时，有工作经验的社会人士在向原单位提交离职申请的时候，往往还面临原单位的盛情挽留，甚至加薪或升职挽留，可能导致跳槽行为中止。校招的时候毁约，候选人需直接与企业联系，寻求解除三方协议，企业尚能获得事后信息；社招候选人有新的选择的时候，往往不会主动告知，如果被动等待，直到约定的报到时间才发现原来录用的候选人不来报到入职，往往导致公司急需的人力缺口不能及时得到补充，如果这时候再重新启动招聘又将面临一个较长的时间周期，给企业用人需求部门的工作带来不可挽回的损失，同时也直接影响招聘工作绩效评价，有鉴于此，报到跟踪的重要性不言而喻。

报到跟踪是指企业招聘工作人员对已通过面试考核并发放 Offer 的候选人，在通过面试考核到约定的报到入职时间间隔期间，为及时掌握人员状态，多次与候选人沟通联络，收集报到与否及报到时间变动等相关信息，及时决策，并采取相应行动的过程。

　　报到跟踪往往由公司负责该项招聘工作的招聘专员直接操作,在约定的报到时间间隔内,定期多次与已录用的候选人进行沟通,一方面,了解掌握候选人目前的状态,确认候选人能不能来报到、能不能按约定的时间报到、会不会推迟或提前报到。对于不能来报到的,应及时启动重新招聘或通知递补人员录用;对于要推迟报到的,应与用人需求部门确认是否可以接受,如不能接受应及时通知候选人并启动重新招聘或通知递补人员录用;对于可提前报到的,应及时通知用人部门及相关部门做好准备工作。另一方面,通过与候选人的多次沟通交流,关心、关怀候选人(含节日问候,如春节问候、三八妇女节为已录用的应届女生快递鲜花问候等),让候选人对企业进一步产生好感,增强企业对候选人的吸引力,建立良性的心理契约;对社招人员则还需要了解离职手续办理中存在哪些障碍,并预判对方能否按时报到,以提前采取行动。

　　通过报到跟踪,及时研判候选人状况,可尽量减少招聘过程中的时间损失,有效提高招聘成功率和入职报到率。

7.3.4　签订合同

1. 签订劳动合同的基本原则

　　签订劳动合同是劳动者与用人单位之间建立劳动关系的重要法律行为,其基本原则主要包括以下几点。

　　1)平等自愿原则

　　平等,是指用人单位和劳动者在签订劳动合同时法律地位上的平等。自愿,是指订立劳动合同完全是出于双方当事人自己的真实意志,是在双方意愿达成一致的情况下,经过平等协商而达成协议,任何一方不得强迫对方签订合同。

　　2)合法原则

　　合法,是指订立劳动合同的行为不得与法律、行政法规相抵触,劳动合同的内容必须符合国家的法律、法规和政策。合法是劳动合同有效并受法律保护的前提条件。首先,订立劳动合同的主体必须合法,即用人单位必须具备法人资格或经国家有关机关批准依法成立,能依法承担履行劳动合同的责任;劳动者必须达到法定最低就业年龄,具有劳动能力、从事繁重体力劳动的,还必须年满18周岁。其次,劳动合同的内容合法,即劳动合同规定的各项条款,都必须符合国家法律、行政法规的规定。最后,订立劳动合同的程序与形式合法,即劳动合同应以法律规定的形式签订。

　　3)公平原则

　　公平,是指在劳动合同订立过程及劳动合同内容的确定上应当体现公平,保障双方的合法权益,不得有歧视性或不平等的条款。对劳动合同内容的约定,以及双方承担的权利义务中不能要求一方承担不公平的义务,而免除自身的法定责任。

　　4)诚实守信原则

　　诚实守信,是指双方在签订劳动合同时,应当诚实守信,不得有欺诈、隐瞒等不诚实行为。用人单位与劳动者在签订劳动合同时,应当真实地提供相关信息,互相如实陈述有关情况,不得以欺骗或诱导的方式,使对方违背自己的真实意愿而签订劳动合同。有欺诈行为签订的劳动合同,受损害的一方有权解除劳动合同。

5）协商一致原则

协商一致，是指劳动合同的内容或各项条款，在法律、法规允许的范围内，由双方当事人共同讨论、协商，在双方意愿达成一致的情况下签订，任何一方不得单方面决定合同内容。

另外，劳动合同条款还应当明确具体，包括但不限于工作内容、工作地点、工作时间、休息休假、劳动报酬、社会保险、劳动保护、劳动条件和职业危害防护等。劳动合同应当采用书面形式，以确保合同内容的明确性和可追溯性。

遵守这些原则有助于构建和谐稳定的劳动关系，保障双方的合法权益。

2. 新录用员工签订劳动合同的流程

在与新录用员工签订劳动合同时一定要遵守严格的流程，这样可以最大限度地降低用人单位的用工风险。

（1）审查新员工的主体资格。用人单位在与新进员工签订劳动合同前必须审查其主体资格，确保新员工具备签订劳动合同的合法资格，如新员工的年龄、身体健康证明、学历以及是否与其他用人单位建立了劳动关系。

（2）履行告知义务。用人单位在与新员工签订劳动合同时，应当如实告知其工作内容、工作条件、工作地点、职业危害、安全生产状况、劳动报酬，以及新员工要求了解的其他情况。同时，新员工有如实说明的义务，用人单位有权了解新员工与劳动合同直接相关的基本情况，这样可以有效防范员工录用环节中的法律风险。

（3）注意时效。根据《中华人民共和国劳动合同法》第十条的规定，用人单位应当自用工之日起一个月内订立书面劳动合同，避免产生劳动纠纷。

（4）用人单位应要求新员工先签署劳动合同，然后由用人单位统一对劳动合同进行签字盖章，这样可以防止空白劳动合同的流失，避免新员工单方面修改劳动合同。

（5）用人单位应在新员工签署劳动合同后办理入职手续，要求其进行入职登记、提交入职材料、交验各种证件（如学历证书、资历或资格证书等）、办理报到手续等。

（6）用人单位应当向新员工交付劳动合同文本并建立职工名册。在实践中经常会发生新员工与用人单位签订劳动合同后，用人单位以种种理由拒绝将属于劳动者本人的劳动合同交给新员工，一旦与用人单位发生劳动争议，新员工将处于举证不利的境地。

《中华人民共和国劳动合同法》第八十一条规定："用人单位提供的劳动合同文本未载明本法规定的劳动合同必备条款或者用人单位未将劳动合同文本交付劳动者的，由劳动行政部门责令改正；给劳动者造成损害的，应当承担赔偿责任。"为证明用人单位已经将签订后的劳动合同交付新员工，可以让新员工在用人单位持有的劳动合同上填写"本劳动合同一式两份，其中一份本人已签字并已取走"等字样并签名和记载签名日期。或是让新员工签署《劳动合同签收单》以证明劳动合同已交付的事实。用人单位还必须依法建立职工名册以备查。

思考题

1. 如何确保人员录用决策过程中的公平性和无偏见性？
2. 在双向选择标准下，企业如何平衡岗位需求与应聘者个人意愿之间的矛盾？
3. 补偿模式录用决策中，企业应如何确定哪些能力或特质是可以补偿的？

4. 在全球化招聘背景下，企业应如何处理跨文化差异对人员录用决策的影响？

5. 如何评估人员录用决策的长期效果？

6. 如何处理因人员录用决策不当而引发的法律风险？

7. 在快速变化的商业环境中，企业应如何灵活调整人员录用决策的标准和流程？

即测即练

自学自测　　扫描此码

案例讨论

一家全球知名的零售巨头计划进入新兴市场，为了更好地融入当地市场并提升顾客体验，该企业决定实施本土化战略，包括在管理层和关键岗位上招募本地人才。由于新兴市场的消费者偏好、文化背景和商业环境与总部所在地均存在着显著的差异，因此，企业需要招募深入了解当地市场的本地人才来指导业务运营和决策。

为此，企业制订了严格的选拔标准，包括语言能力、行业经验、领导能力以及对企业文化的认同度等。然而，在面试过程中，企业发现部分候选人虽然在专业技能上符合要求，但在文化适应性和长期稳定性方面存在疑虑。

经过多轮筛选，企业最终确定了两位候选人：候选人 C 是一位具有丰富国际零售经验的外籍人士，对新兴市场有一定的了解，但可能面临文化适应的挑战；候选人 D 则是一位本地资深零售人，对当地市场了如指掌，但在管理经验和国际化视野上略显不足。

案例讨论

1. 在实施本土化战略时，企业应如何平衡候选人的专业技能和文化适应性？

2. 如何评估候选人的长期稳定性和对企业的忠诚度？

3. 对于候选人 C 和 D 的选择，企业应如何综合考虑各种因素，做出最有利于企业发展的录用决策？同时，如何设计后续的培训和发展计划，以弥补候选人的不足并促进其成长？

第 8 章 招聘评估

本章学习目标

通过本章学习，学员应该能够：

1. 了解什么是招聘评估
2. 理解招聘评估的重要性
3. 理解招聘评估的指标体系
4. 掌握招聘评估的方法与工具

引导案例

亚马逊公司的招聘评估

亚马逊公司（Amazon.com，Inc.）是全球电子商务领域的巨头之一，其总部坐落于美国华盛顿州的西雅图。这家企业由杰夫·贝佐斯（Jeff Bezos）在 1994 年创立，起初以在线书店的形式面世，随后迅速扩展至各类商品的销售，包括电子产品、服装、家居用品及食品等。亚马逊现已发展成为一家多元化的科技公司，其业务版图覆盖电子商务、云计算、数字媒体、消费电子和物流配送等多个领域。

公司以客户为中心，推崇创新精神、快速决策和高效执行，其企业文化鼓励员工大胆提出创意，并宽容对待创新过程中的失败。亚马逊的领导力原则（leadership principles）强调了客户至上、深入实际、追求卓越和长远规划等核心价值观。亚马逊不仅在美国市场占据主导地位，其业务触角也延伸至全球多个国家和地区，包括欧洲、亚洲和南美洲等。通过收购本地电商企业、构建跨境物流网络和推出本地化服务，亚马逊实施了国际化战略。凭借不断的创新和扩张，亚马逊在电子商务和科技领域保持着领先地位，并对现代商业和消费者行为产生了深远的影响。

在招聘工作评估方面，亚马逊采取了一种系统化和强调数据驱动的方法，以确保招聘流程的高效性和透明性。以下是亚马逊在招聘评估中采取的关键措施：

一是通过关键绩效指标（KPI）来衡量招聘效果，包括招聘周期、录取率、留存率和候选人来源。

二是运用 HR 分析工具，深入分析招聘数据，识别趋势和潜在问题，如职位的高流失率或招聘渠道的效能问题。

三是编制详细的招聘工作总结报告，包括数据汇总、问题分析、成功案例分享和改进建议。

四是基于数据和反馈，动态调整招聘策略，优化流程，提高招聘效率和候选人体验。

五是通过候选人满意度调查收集反馈，根据反馈优化招聘流程和沟通方式，提升候选人的整体体验。

通过这些措施，亚马逊不仅提高了招聘效率，还优化了候选人体验，帮助公司吸引和保留顶尖人才。

（根据亚马逊公司相关资料整理）

完成招聘、面试、选拔及录用等一系列流程之后，对整个招聘过程进行细致的评估和反馈显得至关重要。通过系统的评估和审核，企业能够深入检验招聘成果与所采用方法的有效性，不仅帮助企业识别招聘过程中的不足之处，还能揭示所使用的招聘方法和渠道的优缺点。它使企业能够不断调整和完善招聘策略，在未来的招聘中更好地利用有利因素，同时规避潜在的不利因素，从而提升招聘工作的效率和整体质量。

8.1 招聘评估概述

8.1.1 招聘评估的概念及其作用

1. 招聘评估的概念

招聘评估是指在招聘工作结束后，对整个招聘活动的各个方面，如渠道选择、招聘面试考核方法、招聘结果、成本收益等进行系统性审查和分析，以评估其成效、效率、成本和方法等的过程。它旨在为企业的人力资源管理提供反馈，帮助改进和优化未来的招聘策略和活动，其目的是进一步提高下次招聘工作的效率。

招聘效果的评估可以帮助组织反思招聘过程中存在的问题，对招聘工作形成一个更加清晰的认识，从而总结经验、吸取教训，降低招聘成本，提高招聘效率，进而避免招聘工作的盲目性，合理配置企业资源。招聘评估的内容通常包括以下几个方面。

视频 8.1 招聘评估的含义

1）招聘结果评估

录用员工数量与质量评估：评估实际录用的员工数量是否满足企业的需求，以及这些员工的质量如何，包括其技能、经验、态度等方面。

招聘成本与效益评估：对招聘过程中产生的各项费用进行调查、核实，并与预算进行对比，以评估招聘活动的经济效益。

2）招聘方法评估

信度与效度评估：评估招聘过程中所使用的各种方法（如面试、测试、评估中心等）的信度和效度，即这些方法是否能够准确、有效地评估候选人的能力和素质。

招聘渠道评估：分析不同招聘渠道（如招聘网站、社交媒体、校园招聘、内部推荐等）的效果，以确定哪些渠道更适合企业的招聘需求。

3）招聘过程评估

招聘流程评估：对整个招聘流程进行审查，包括招聘需求的确定、招聘计划的制订、招聘信息的发布、简历筛选、面试安排、录用决策等环节，以发现流程中的问题。

面试官评估：对参与面试的面试官进行评估，包括他们的专业能力、面试技巧等方面，以确保面试过程的公平和有效。

拓展阅读 8.1 如何做好招聘评估

2. 招聘评估的作用

招聘评估是对整个招聘过程进行审视和改进的机会，有助于组织构建一个更加强大、灵活和响应迅速的人才获取机制。它能够确保招聘流程的有效性、合规性，并为组织带来长远的益处。招聘评估的作用具体体现在以下几个方面。

1）有助于改进招聘工作

通过评估招聘过程的有效性，包括招聘渠道的选择、面试方法的合理性、选拔标准的科学性等，可以及时发现并纠正存在的问题，从而优化招聘流程，提高招聘到的员工与岗位需求的匹配度，确保新入职员工能够迅速融入团队并创造价值。

2）有助于降低招聘成本

招聘评估还会关注招聘过程中的成本投入，包括广告费用、面试官时间成本、差旅费用等。有效的招聘评估能够发现成本控制的最佳实践，并指出哪些环节存在浪费。通过招聘评估中的成本与效益核算，能够使招聘者清楚费用支出情况，对于其中非应支项目，在今后招聘中去除，这有利于降低今后招聘工作的费用。如通过精确分析确定最有效的招聘渠道，避免在不合适的平台上浪费广告费用；同时，通过提高招聘效率，缩短招聘周期，也能间接降低因职位空缺带来的运营成本的增加。

3）有助于提升招聘工作效率

招聘评估可以分析招聘周期的长度，即从发布职位信息到候选人入职所需的时间。较短的招聘周期往往意味着招聘工作人员的工作效率较高，能够迅速填补岗位空缺。对比不同招聘人员或团队的招聘周期，可以评估他们的工作效率差异，并分析原因，从而为改进提供可能。

8.1.2 招聘评估指标体系

评估人力资源招聘工作的有效性，关键在于深入分析招聘目标的达成情况。在当今人力资源流动性增强、人才竞争愈加激烈的社会背景下，无论是组织还是个人，都面临着前所未有的机遇与挑战。组织在人力资源招聘方面所承受的压力也随之增加，这主要体现在对招聘成效的高度关注上，即对招聘成果进行量化和价值化评估的需求日益迫切。

不少学者认为，可以考虑用一些客观因素作为指标对招聘工作进行评价，这些指标包括不同来源申请人的招聘成本、不同来源申请人的素质、不同来源的新员工的业绩、不同来源的员工留职率以及不同招聘者招聘来的员工的业绩差异等，通过这些综合性的指标，组织可以更精确地评估招聘工作的成效，不断优化招聘流程，提高招聘质量，从而在激烈的人才市场中脱颖而出，吸引并留住优秀人才。例如，学者张一驰（1999）参考乔治·米尔科维奇（George Milkovich）和约翰·布德罗（John Boudreau）的观点构建了一个比较详细的招聘评价指标体系，如表 8-1 所示。

表 8-1 招聘评价指标体系[①]

指标类别	具体指标
一般评价指标	• 补充空缺的数量或百分比
	• 及时地补充空缺的数量或百分比
	• 平均每位新员工的招聘成本
	• 业绩优良的新员工的数量或百分比
	• 留职一年以上的新员工的数量或百分比
	• 对新工作满意的新员工的数量或百分比
基于招聘者的评价指标	• 前来面试的人员数量评价
	• 被面试者对面试质量的评价
	• 推介的候选人中被录用的比例
	• 推介的候选人中被录用而且业绩突出的员工的比例
	• 平均每次的面试成本
基于招聘方法的评价指标	• 引发合格申请的数量
	• 平均每个申请的成本
	• 从方法实施到接到申请的时间
	• 平均每个被录用的员工的招聘成本
	• 招聘的员工的质量（业绩、人员变动率、考勤等）

拓展阅读 8.2 评估招聘效果的 7 大指标

一些学者认为，所有评估体系的终极指向，都是在既定资源投入的前提下，确保为工作岗位挑选出最为适宜的候选人。这种适配性可通过多维度指标精准量化，包括但不限于合格候选人占全体申请者的比例、合格候选人数量与岗位空缺之间的匹配效率、实际招募人数与预设招聘目标的达成比率、新员工入职后的绩效表现水平、整体及分渠道的离职率等关键指标。

同时，企业应当深入分析未被录用者的数据，特别是聚焦于他们对薪资提议的接受度调研，掌握劳动力市场中薪资动态的微妙变化与求职者的真实期待。根据这些数据，企业不仅能够精准调整薪酬策略，增强自身在人才市场上的吸引力与竞争力，还能更加深刻地把握求职者的心理预期与行业趋势的脉搏，为企业在招聘策略的优化上提供坚实的数据支撑与前瞻性的指导，助力企业做出更加明智、高效且符合市场规律的决策。

朱军、夏童雨与旷开源（2006）在深入剖析招聘有效性的核心要素及其影响机制的基础上，系统性地构建了一套详尽的人力资源招聘工作有效性评估指标体系，详见表 8-2。他们指出，评估招聘工作的有效性，本质在于审视招聘目标达成的深度与广度。影响这一目标实现的关键因素涵盖了信息不对称、工作分析不完备、招聘体系标准化不足以及招聘手段的信度与效度问题等。具体而言，他们提出了以下 4 个维度的有效性评估框架。

（1）基于招聘结果的有效性评估：鉴于组织运营离不开稳定且适配的人力资源支持，招聘工作的直接成效便体现在空缺职位的有效填补上，包括填补的数量、速度以及

---

① 张一驰. 人力资源管理教程[M]. 北京：北京大学出版社，1999.

新入职员工与组织文化、岗位需求的契合度。理想的招聘结果表现为：空缺职位显著减少，填补迅速且精准，新员工能够快速融入并贡献价值。

（2）基于招聘成本的有效性评估：作为组织的一项经济投入，招聘活动必须遵循成本效益原则。这意味着在保证招聘质量的同时，需有效控制招募、选拔、录用及安置等各环节的成本，力求以最小的经济代价满足组织的人力需求。因此，将招聘成本纳入评估体系，是衡量招聘工作经济合理性的重要标尺。

（3）基于新员工质量的有效性评估：鉴于招聘初期对候选人的了解有限，组织往往依赖后续的员工表现来验证招聘决策的有效性。这包括新员工的专业技能、团队协作能力、工作适应性以及用人部门的满意度反馈等。据广泛调研，多数企业倾向于通过新员工质量、员工流失率及部门经理满意度等指标来综合评判招聘工作的成效，这些指标共同构成了衡量招聘有效性的关键维度。

（4）基于招聘渠道与方法的有效性评估：不同的招聘渠道与选拔方法，其效率与效果差异显著。从信息发布渠道的覆盖面到吸引的应聘者质量，再到面试筛选的精准度，每一个环节都深刻影响着招聘的整体效能。通过量化分析各招聘渠道与方法的效度指标，组织能够更科学地评估并优化招聘策略，确保以最合适的渠道与方法吸引并选拔到最优秀的人才。

表 8-2　招聘工作有效性评估指标体系[①]

指标类别	具体指标
基于招聘结果的有效性评估	• 招聘的员工数量和空缺职位比
	• 空缺职位填补的及时性
	• 员工与组织制度的匹配度
	• 员工与职位的匹配度
	• 员工与组织文化的匹配度
基于招聘成本的有效性评估	• 单个员工的招聘成本
	• 招募成本
	• 选拔成本
	• 录用成本
	• 安置成本
基于新员工质量的有效性评估	• 员工的道德素质水平
	• 员工的组织协调能力
	• 员工的专业技术能力
	• 员工解决问题和进行决策的能力
	• 用人部门对员工表现的满意度
	• 员工的流失率
基于招聘渠道与方法的有效性评估	• 招聘渠道的效度
	• 招聘方法的信度
	• 面试方法与招聘结果的关联度
	• 招聘周期和速度

---

① 朱军，童夏雨，旷开源. 招聘有效性研究[J]. 企业经济，2006(7)：79.

罗锡勇（2007）基于"平衡计分卡"的分析范式，构建了一个多维度的企业招聘管理评价模型。这一模型以全面和系统的方式，涵盖了财务、用人部门满意度、内部流程优化以及学习与改进这 4 个维度，如表 8-3 所示。

视频 8.2　平衡计分卡

该模型不仅整合了财务与非财务指标，还平衡了过程监控与结果导向的双重需求，为招聘管理提供了一个综合评估的强大工具。这个评价体系既涵盖了招聘管理的基础性评价指标，例如新员工的质量、招聘成本、效益和时间投入等，又包括了对人力资源部门招聘专员及业务部门参与者的评价，凸显了跨部门合作及人员专业能力的关键性。此外，这一体系还考量了内部沟通的充分性、环境影响等指标。这一体系不仅包含了企业招聘管理的即时评价，也体现了对长期改进的考量。在这个评价指标体系内，每个维度都可能对应一组细致的指标，每组指标都从不同角度反映了招聘管理的能力。虽然每个维度可能包含多个指标，但并非所有指标都需要被纳入考核。指标的选择应基于企业的战略方向，招聘管理的评价指标亦应遵循这一原则，确保评价体系的适用性和针对性。通过这种精心设计的评价体系，企业能够更精准地把握招聘管理的全貌，推动人才战略的有效实施。

表 8-3　企业招聘管理评价指标体系及权重[①]

核心	维度	指标
招聘管理	财务维度	单位招聘成本
		招聘的投资效益
	用人部门满意度维度	用人部门的满意度
		新进员工的留职率
		新员工质量
招聘管理	内部流程优化维度	计划的完备性
		方法的科学性
		时间的投入
		环境影响
	学习与改进维度	员工满意度
		员工的培训
		内部沟通程度

我们不难发现，各种观点在构建招聘评估指标体系时，均不约而同地聚焦于几个核心维度。一是评估招聘活动的成本效益，即衡量投入与产出的经济合理性；二是对招聘成果——所吸纳人才的数量与质量，进行全面而深入的考量。在实际操作中，这些维度构成了切实可行的评价基准，被广泛采纳并应用于招聘评估工作中。

8.2　招聘成本评估

招聘成本评估是对招聘过程中的费用进行调查、核实，并对照预算进行评价的过程。它有助于企业了解招聘活动的经济效益，从而优化招聘策略，降低招聘成本，提高招聘

---

① 罗锡勇：企业招聘管理评价体系研究，http://202.202.12.39/kns50/detail.aspx? QueryID=13&CurRec=1.

效率。通过招聘成本评估，企业能够清晰地认识到招聘投入与产出之间的比例关系，进而为制订更加精准高效的招聘策略提供数据支撑。当评估结果显示招聘成本得到有效控制，同时录用人员的素质与质量均达到甚至超越预期时，这无疑是招聘效率高的直接体现。反之，若成本高昂而人才质量不尽如人意，则直接揭示了招聘流程中可能存在的低效环节，为企业指明了改进方向。招聘作为一种经济行为，其成本应该被列为评价行为有效性的主要内容。

8.2.1　招聘总成本核算

在众多评估体系中，成本考量始终占据着举足轻重的地位，而招聘成本的管理也日益成为企业招聘策略中不可或缺的一环。招聘成本，作为贯穿于员工招募至入职全过程的综合性费用集合，涵盖了从招募启动、人才筛选、录用决策、岗位安置，直至新员工适应性培训等一系列环节的所有支出。此外，它还隐含了因招聘决策失误导致的员工离职成本，和为填补由此产生的岗位空缺而重新组织招聘活动所耗费的成本，即重置成本，也是招聘成本中不容忽视的一部分。

1. 招募成本

招募成本涵盖了从明确人才需求、发布招聘信息到成功吸引内外部候选人的全过程的费用。这些费用可以细分为几个部分：直接劳务费用，即负责招募工作的专业团队所享有的薪酬与福利待遇，是驱动招募活动的基本动力；直接业务费用，涵盖了招聘过程中的各项具体开支，如会议筹备与差旅、代理服务、广告宣传、材料印刷、日常办公消耗及水电等运营费用，它们是确保招募流程顺利进行的必要支持；间接费用，涉及行政管理的间接成本及临时性场地与设备的使用费，虽不直接关联于单次招募活动，但构成了招募总成本的重要背景；此外，还有预付费用，即组织为提前锁定潜在优质人才而预先支付的激励性支出，如针对高校学生的委托培养费、奖学金或签订就业协议后的定向培养费用等。

其计算公式为：

招募成本 = 直接劳务费 + 直接业务费 + 间接管理费 + 预付费用

招聘专员的工资、福利、差旅费及其他管理费用等这些发生在招聘者身上的费用也被称为内部成本。内部成本是企业进行招聘核算时最容易忽略的部分，而实际上它占有相当大的比重。在实际工作中，有时只通过一次招聘流程并不能招聘到合适的人选，需要重复两三次，所以内部成本不容忽视。

2. 选拔成本

选拔成本，即企业在鉴别并选择应聘者以决定是否录用过程中所产生的各项支出，涵盖了从初步筛选直至最终录用决策的一系列成本项。具体而言，选拔成本包括：初步筛选阶段的费用，如审阅申请材料、进行初步面谈等；对初选通过者实施的深入评估成本，包括深入面谈、心理测试、评价中心活动等；针对潜在录用者的额外成本，如组织答辩、进行详尽的背景调查；体格检查费用等。

选拔成本的高低受多重因素的影响。高级管理或专业技术职位的选拔，由于需要更为细致的评估标准和更为复杂的考核流程，自然而然地推高了整体选拔成本。在招募策略层面，虽然公开招募能有效扩大人才库，提升企业品牌吸引力，但伴随而来的是庞大的候选人基数，这显著增加了初步筛选与深入评估的难度与成本。而利用第三方机构虽然可以简化部分审查流程，但服务费用却构成了选拔成本中的另一重要组成部分。此外，选拔成本还因应聘者类型的不同而有所差异。相较于内部晋升，外部招聘因涉及新员工的培训培养与企业文化适应过程，其成本往往更高。

一般情况下，选拔过程通常包括：①填写求职申请表，并汇总候选人资料；②进行各种笔试、面试或操作考核，评定成绩；③进行各种调查和比较分析，提出考察意见；④根据候选人资料、考核成绩、调查分析考察意见，召开负责人会议讨论决策录用方案；⑤口头面谈，与候选人讨论录用后职位、待遇等条件；⑥获取有关证明材料；⑦通知候选人体检，在体检后通知候选人录取与否。

以上每一个步骤所发生的选拔费用都不同，其成本的计算方法也不同。

A. 面试时间费用 = $\sum$（每个面试前准备时间 + 每个人面试时间）× 面试官工资率 × 候选人数。

B. 汇总申请资料费用 = ［印发每份申请表费用 +（平均每人资料汇总时间 × 选拔者工资率）］× 候选人数。

C. 笔试费用 =（平均每人的材料费 + 平均每人的评分成本）× 参加笔试人数 × 笔试次数。

D. 心理测试评审费用 = 测试所需时间 × 考官工资率 × 测试次数。

E. 测试评审费用 = 测试所需时间 ×（人事部门人员工资率 + 各部门代表工资率）× 次数。

F. 体检费 =（检查所需时间 × 检查组织者工资率）+ ［检查所需器材费 + 药剂费］× 检查人数。

3. 录用成本

录用成本，即组织在完成对应聘人员的严格筛选与评估后，正式将其吸纳为组织一员的过程中所承担的经济支出。这一成本主要涵盖以下 4 种类别：

（1）录用手续处理费：此费用直接关联于录用流程的正式化操作，包括但不限于文件审核、档案建立、工本制作与分发等所产生的直接成本，旨在确保录用手续的合法性与规范性。

（2）合同解除与补偿费：针对那些来自外部且需解除先前雇佣关系的候选人，企业可能需支付必要的经济补偿或违约金，以协助其妥善解除前雇佣关系，实现无缝入职。此举不仅彰显了企业的人文关怀，也是确保新员工全身心投入新工作的必要举措。

（3）搬迁安置费：对于跨地区加入公司的新员工，企业慷慨提供包括搬家服务、个人物品运输以及临时住宿安排在内的全方位支持，旨在减轻其因工作变动而带来的生活压力，加速其在新环境中的适应与融入进程。

（4）差旅补助：为体现对远离工作地参与录用程序的候选人的尊重与重视，企业往往需要提供覆盖交通、住宿等费用的全方位差旅补助。这不仅是吸引并留住人才的重要策略，也是企业雇主品牌形象与文化软实力的一次展现。

值得注意的是，录用成本往往与被录用人员的职位层级紧密相关，高级职位的招募往往伴随着更为烦琐的流程与更为高昂的成本投入。相较之下，企业内部员工的职位调整，由于不涉及外部招聘的复杂流程，其成本主要体现在内部资源的优化配置与管理上，往往不会导致录用成本显著增加。录用成本的计算公式如下：

录用成本 = 录用手续费 + 调动补偿费 + 搬迁费 + 旅途补助费 + 其他费用

4. 安置成本

安置成本是企业在确保新员工顺利融入并有效投入工作岗位时必须考虑的重要经济支出。其规划的合理性直接关系到企业的招聘效率和员工的初始工作表现。安置成本主要包括：

（1）行政管理与服务费用：包括文件处理、证件办理、资料复印及行政手续费等，这些开支是确保安置流程顺畅进行的基础性成本。

（2）专业装备与工具配置费：根据岗位需求，为新员工提供必要的专业设备、工具及工作用品。这些前期投入对于提升新员工的工作能力和效率至关重要，构成了安置成本的主要部分。

（3）安置过程的时间与效率成本：安置新员工可能会暂时转移相关部门对其他工作的注意力，导致时间资源的消耗和工作效率的调整。这包括直接工时损失、加班补偿及潜在的生产效率波动等，都应计入安置成本。

合理的安置成本规划能够加速新员工适应岗位，促进其快速融入团队并发挥最大潜力，同时提升整体工作效率和团队凝聚力。如果安置成本投入不足，新员工在初始阶段可能会遇到障碍，影响其积极性和绩效，对企业的长期发展造成不利影响。值得注意的是，不同职位层次的员工，其安置成本的规模也会有所不同，高级职位往往需要更复杂和个性化的安置措施。因此，企业在规划安置成本时，需要综合考虑职位特点和员工需求，以确保新员工能够顺利地开始他们的职业生涯，为企业带来长远的价值。

安置成本的计算公式如下：

安置成本 = 行政管理与服务费用 + 专业装备与工具配置费 + 时间与效率成本

5. 适应性培训成本

适应性培训成本是企业对新员工进行团队融入和能力提升的战略性投资，它覆盖了从企业文化适应培训到专业技能培训的全方位费用。主要包括：

（1）人力薪酬成本：包括培训师、导师等专业人员的薪酬，以及新员工在培训期间的工资支出。鉴于培训期间员工可能无法完全履行其常规工作职责，其薪酬支出成为确保培训连续性与员工积极性的重要财务支持。

（2）生产效能调整成本：员工由于参与培训不得不暂时离开一线生产岗位，可能会导致生产效率的短期波动。这部分成本通过对生产率下降的评估来计算，反映了培训期间牺牲的即时产出价值。

（3）培训管理与运营费用：涵盖培训项目从策划、组织、协调到监督的全过程管理费用。这些投入确保了培训活动的有序性、有效性和针对性，是确保培训质量的关键。

（4）学习资料购置成本：包括为适应性培训量身打造的教材、教学辅助材料、专业书籍以及在线学习平台订阅等，为新员工构建了一个资源丰富、信息全面的学习生态，促进知识的深度吸收与技能的快速掌握。

（5）培训设施与设备折旧费用：如果培训使用了专用的教学设备或设施，相关的折旧费用也应计入培训成本。

科学合理的适应性培训投资，不仅是企业加速新员工融入、提升整体工作效率与质量的有效途径，更是打造企业人才竞争优势、增强员工归属感与忠诚度的长远战略。通过精心策划与执行适应性培训项目，企业能够吸引并培育出更多高潜力人才，为企业的可持续发展奠定坚实的人才基础。

适应性培训成本的计算公式如下：

适应性培训成本 =（导师、培训师平均工资率 × 培训引起的生产率降低率 + 新职工的工资率 × 职工人数）× 受训天数 + 教育管理费 + 资料费用 + 培训设备折旧费用

6. 重置成本与离职成本

人力资源的重置成本是指企业为了替换当前岗位上的一名员工，以维持或恢复该岗位原有的生产力或服务水平，所需承担的全部直接和间接成本的总和。这些成本涵盖了招募、选拔及培训替代者所产生的直接成本，同时也涵盖了因现有员工离职而引发的间接成本，具体表现为离职补偿金，因离职前工作效率下降所致的业绩差异成本，以及岗位空缺期间导致的生产力损失，即空职成本。据相关研究报告揭示，为弥补因招聘失误而流失的员工，企业所投入的成本往往惊人，可高达该员工年薪的 2～4 倍。这一数据凸显了优化招聘流程、提升招聘精准度与效率对于企业控制人力成本、维护运营稳定的重要性。因此，企业应当高度重视招聘策略的制定与执行，力求从源头上减少因招聘不当引发的重置成本，实现人力资源的最优配置与高效利用。

离职成本，又称为"风险成本"或"机会成本"，是指企业在员工离职过程中所承担的一系列经济和非经济的损失。它涵盖了多个方面，主要可以细分为以下几项内容：

（1）补偿成本：这是最直接且显而易见的离职成本。当企业解雇员工或员工主动离职时，企业需要按照法律规定或内部政策，向员工支付一系列费用，包括但不限于员工应得的至离职日为止的工资、奖金、津贴等，以及可能的一次性离职补偿金、未休假期补偿等。这些费用直接反映了企业在员工离职时需承担的经济责任。

（2）离职前业绩差异成本：这是一种间接但重要的离职成本。在员工离职前的一段时间内，由于各种原因（如工作交接不畅、责任感减弱、心态变化等），员工的工作效率和业绩可能会出现下滑。这种下滑不仅影响了企业的日常运营，还可能导致订单延误、客户流失等连锁反应，进而造成企业的经济损失。

（3）空职成本：空职成本是离职成本中最为复杂且难以量化的部分。它指的是员工离职后，由于职位空缺而给企业带来的直接和间接损失。直接损失包括因职位空缺而导致的生产力下降、管理效能减弱等；间接损失则更为广泛，可能包括因职位空缺引发的团队士气低落、工作流程中断、项目延期、客户不满等，这些都会对企业的长期运营和品牌形象造成不利影响。

（4）替代成本：虽然这一成本在某些定义中可能不直接归入离职成本，但它与离职紧密相关。企业在员工离职后，需要投入时间和资源来寻找、面试、培训和安置新员工以填补空缺职位。这一过程中产生的所有费用，包括招聘广告费用、面试官的时间成本、新员工的培训费用等，都属于替代成本的一部分。

离职成本是一个综合性的概念，它涵盖了企业在员工离职过程中需要承担的各种经济和非经济损失。为了有效控制离职成本，企业需要建立完善的员工离职管理制度，加强员工关怀和激励，提高员工满意度和忠诚度，从而减少员工离职的发生。同时，企业还需要在员工离职后迅速采取措施填补职位空缺，降低对企业运营的影响。

离职率的计算公式可以根据不同的需求和时间跨度来选择，以下是几种常见的离职率计算方法：

方法一：

离职率 = 期间内离职人数 / [（期初人数 + 期末人数）/ 2] × 100%

适用场景：适用于人力保持稳定或稳定增长的企业在中短期（如半年、季度、月）内衡量离职率。它选取了期初人数和期末人数的平均值作为样本，以反映期间内离职管理的效果。

方法二：

离职率 = 期间内离职人数 / 预算员工人数 × 100%

适用场景：主要应用于对年度离职率的衡量，其中预算员工人数代表企业年度人力维持的目标。它能够帮助分析员工离职对年度目标的偏离程度。

方法三：

离职率 = 期间内离职人数 / 期初人数 × 100%

适用场景：多用于短期（如月度）离职率的分析，其中离职人员往往是月初仍在职的员工。

方法四（综合离职率）：

离职率 = 当期离职总人数 / （期初人数 + 当期新进总人数）× 100%

适用场景：综合考虑了期初人数和当期新进人数，以更全面地反映离职情况。这种计算方法由于同时考虑到了分子和分母的累加关系，其信度相对较高，但在实际应用中仍需要与用其他方法计算的数据进行对比。

企业员工流失时，所产生的离职成本和重置成本非常高，所以必须对这两项成本进行认真核算。具体如下。

（1）直接离职费用包括的项目：

离职前的面谈费用包括由于面谈引起的面谈者和离职员工的时间耗费所发生的费用。

面谈者的时间费用 =（面谈前的准备时间 + 面谈所需的时间）× 面谈者的工资率 × 计划期间的离职人数

离职员工的时间费用 = 面谈所需的时间 × 离职员工的加权平均工资率 × 计划期间的离职人数

与离职有关的管理活动费用 = 人力资源部对每一离职事件的管理活动所需的时间 × 离职办理相关人员的平均工资率 × 计划期间的离职人数

其中，人力资源部门对每一起离职事件的管理活动所需的时间包括从工资单中删除离职员工的姓名、停止发放福利费、收回离职员工手中的公司器材设备等所花费的时间。

在某些情况下，如因企业原因导致的解除合同，根据当地劳动法规和员工的工作年限，公司可能需要支付经济补偿金或赔偿金。这通常是根据员工的月工资和工作年限来计算的。

（2）新员工补充费用包括的项目包含前面提及的招募成本、选拔成本、录用成本、安置成本和适应性培训成本。

8.2.2　单位招聘成本核算

单位招聘成本是企业在招聘过程中为获取一名新员工所花费的平均成本。然而，在实际操作中，我们时常会遭遇一些复杂的费用分摊挑战。以招聘广告为例，尽管偶尔能直接将广告费用精准地关联到单一新员工的招募上，但这种情况实属罕见。多数情况下，广告是为吸引多个岗位候选人而设计的，费用分摊因此变得错综复杂。面对如出纳、会计师及高级会计师等多岗位同时招聘的情况，广告费用的合理分摊尤为棘手。特别是当不同岗位录用人数各异，如最终确定录用 1 名出纳、3 名会计师、1 名高级会计师时，如何在这 5 名员工间公平且合理地分摊广告费用，便成为一个值得深思的问题。

简单地将广告费用 5 等分，虽然操作简便，却可能掩盖了不同岗位招聘难度的本质差异，出纳与高级会计师的招募难度等量齐观，这显然有悖于实际情况。为了更准确地反映招聘成本，我们需考虑采用更为精细化的分摊方法。此时，员工的薪酬水平或许能作为一个衡量其岗位重要性的参考指标。但具体是采用实际工资、最低工资还是平均工资，则需根据企业实际情况及分摊目的来谨慎选择。

在探讨平均雇佣成本时，上述问题显得尤为重要，因为它们直接关系到成本分析的准确性和有效性。为此，企业应当预先确立清晰、合理的费用分摊原则，以确保在不同时期、不同情境下都能保持分摊方法的一致性。缺乏统一原则或频繁变更分摊方式，将导致成本数据在不同期间失去可比性，难以准确识别成本变动的真正原因，从而削弱了成本控制的有效性。因此，组织需要事先制订一个基本原则，这样费用分摊问题就比较容易解决；如果没有特定的原则可循，就需要保持费用分摊方法的一致性，否则，此期间以这种方式分摊，下个期间又以另外一种方式分摊，那么，两个期间的结果就没有可比性。对比不出结果，也就很难找出成本升降的原因，无法进行成本控制。

拓展阅读 8.3　HR 如何进行校园招聘的成本和效益分析？

招聘成本分为内部成本、外部成本和直接成本。内部成本包括企业内招聘专员的工资、福利、差旅费支出和其他管理费用。外部成本包括外聘专家参与招聘的劳务费、差旅费。直接成本包括广告、招聘会支出，招聘代理、职业介绍机构费用，员工推荐人才奖励金，大学招聘费用等。

1. 影响招聘成本核算模式的人力资源指标

美国人力资源管理协会（SHRM）曾进行的一项调查揭示了企业在招聘过程中的核心关注点，按优先级排序依次为：录用质量、顾客满意度、时间投入、成本。当前，发达国家正积极采用一系列新颖的人力资源评估指标,这些指标不仅为优化招聘成本核算提供了宝贵参考,还从动态与全局视角深入剖析了内部成本、外部成本及直接成本 3 大维度,成为构建高效招聘成本核算模式的关键要素。其中应用比较广泛的指标主要有以下几种:

(1)职位的平均流动率:反映职位的稳定性和招聘的重复性。

(2)招聘工作人员的配置:评估招聘工作的人力资源配置情况。

(3)职位的未来年薪:预测招聘难度及所需渠道的投入。

(4)职位的平均接受率:衡量招聘工作的吸引力和有效性。

(5)职位的平均填补时间:考查招聘的效率和响应速度。

(6)职位的安置成本:评估因异地招聘或派遣而产生的额外费用,如搬迁、家庭安置、探亲和交通补贴等。

猎头公司的服务报价往往综合了这些参数,将平均年薪、流动率、接受率等指标的量化差异纳入考量,这些差异因工作性质、职级、地理位置等因素而异,成为衡量人力资源工作的关键指标。美国大型求职网站 Glassdoor 曾发布 2023 年"最佳工作场所"榜单,其主要评价指标是根据公司的职业机会、薪酬福利、文化、管理、工作与生活平衡等指标作为评价标准。因为这些指标能够架起从定性到定量的桥梁,且反映出职位、成本和招聘渠道的影响和变化。

由于招聘对象和招聘渠道的多样性,单位招聘成本构成也非常多元化,所以往往难以归纳出一个统一的单位招聘成本计算公式,但我们可以从招聘对象和招聘渠道两个方面考虑其对单位招聘成本的影响。

2. 单位招聘成本的计算

单位招聘成本的计算方式通常是将招聘活动所产生的总成本除以实际录用的人数。以下是单位招聘成本的计算公式:

$$单位招聘成本 = 招聘总成本 / 实际录用人数$$

1)单位招聘成本计算示例

假设某公司在一次招聘活动中,共花费了以下费用:

广告费用:5000 元

招聘会费用:3000 元

猎头费用:20 000 元(针对高级职位)

面试费用:5000 元(含场地租赁、面试官时间成本等)

评估与测试费用:2000 元

内部员工薪资:10 000 元(折算为招聘期间的工作时间成本)

管理费用:3000 元(办公、通信、差旅等)

合计招聘总成本 = 5000 + 3000 + 20 000 + 5000 + 2000 + 10 000 + 3000 = 48 000 元

若此次招聘活动最终录用了 10 名新员工,则:

单位招聘成本 = 48 000 元 / 10 人 = 4800 元/人

2)核算单位招聘成本时的注意事项

(1)精确记录:在招聘过程中,应准确记录每一项费用的发生,确保数据的准确性。

（2）成本分摊：对于间接成本，需要合理分摊到每个招聘活动中，以避免重复计算或遗漏。

（3）定期评估：企业应定期对招聘成本进行评估，分析成本构成，寻找降低成本的有效途径。

（4）综合考量：在计算单位招聘成本时，除了考虑直接成本外，还应综合考虑间接成本、机会成本等因素，以全面评估招聘活动的经济效益。

3. 招聘总成本的构成

招聘总成本通常包括以下几个方面。

1）直接成本

广告费用：包括在各种媒体上发布的招聘信息费用。

招聘会费用：参加招聘会、校园招聘等活动的费用。

猎头费用：通过猎头公司招聘高级人才时支付的费用。

面试费用：包括面试官的时间成本、面试场地的租赁费用等。

评估与测试费用：对应聘者进行能力测试、心理测试等产生的费用。

2）间接成本

内部员工薪资：人力资源部门及其他参与招聘工作的员工在招聘期间所花费的时间成本，通常按照他们的薪资比例折算。

管理费用：招聘过程中产生的办公费用、通讯费用、差旅费用等。

机会成本：由于招聘活动占用了企业内部资源，可能导致其他业务机会的损失。

在人力资源招聘实践中，不仅要树立成本效益观念，争取以最小的成本获得最大的组织效益，还要在降低成本的过程中，对构成招聘成本的各个因素区别对待。为了降低招聘成本，在人力资源管理实践中，不仅要做好招聘工作，还要做好激励、培训员工和绩效考核等其他方面的工作。

8.3　录用人员评估和招聘人员工作评估

8.3.1　录用人员评估

录用人员评估是指根据招聘计划对录用人员的质量和数量进行评价的过程。这一过程对于确保招聘的有效性、提升组织绩效具有重要意义，通过评估录用人员的素质和能力，确保他们符合企业的岗位需求和文化要求，从而提高招聘的整体质量。根据评估结果，企业可以更加合理地安排录用人员的工作岗位和职责，实现人力资源的最优配置。通过定期评估，企业可以及时发现招聘过程中存在的问题和不足，从而调整招聘策略和流程，提高招聘效率。

录用人员评估包括数量和质量两个方面。

1. 录用人员数量评估

录用人员数量评估是指在招聘过程中，对最终录用员工的数量进行的系统性评价。这一过程旨在确保企业招聘到的员工数量既符合当前的业务需求，又不过度超出资源限制。

录用人员数量评估主要通过以下几个指标来衡量：

①录用比

$$录用比 = 录用人数 / 应聘人数 \times 100\%$$

这一指标反映了招聘活动的选拔效率。录用比越小，可能意味着录用者的素质相对较高，因为他们在众多应聘者中脱颖而出；反之，则可能表示录用者的素质相对较低，或者招聘标准较为宽松。

②招聘完成比

$$招聘完成比 = 录用人数 / 计划招聘人数 \times 100\%$$

此指标用于评估招聘计划在数量上的完成情况。如果招聘完成比等于或大于100%，则说明在数量上全面或超额完成了招聘计划；反之，则说明招聘计划未能完全实现。

③应聘比

$$应聘比 = 应聘人数 / 计划招聘人数 \times 100\%$$

应聘比反映了招聘信息的吸引力和发布效果。应聘比越大，说明招聘信息的效果越好，同时可能意味着有更多的高素质人才参与到招聘过程中，从而提高录用人员的整体质量。

此外，在进行数量评价时，还可以将本次招聘的录用员工数量与历次招聘活动情况进行对比，分析招聘数量的变化趋势，以便为未来的招聘计划提供参考。

2. 录用人员质量评估

录用人员质量评估是指根据招聘计划，对最终录用员工的专业能力、综合素质、工作绩效等方面进行的系统性评价。录用人员质量评估的目的是衡量录用员工是否满足岗位需求，是否具备所需的技能、知识、经验和态度，以及预测其未来的工作表现和发展潜力。通过评估，企业可以了解录用员工的整体素质，为后续的培训和职业发展提供依据，同时也有助于优化招聘流程，提高招聘效率和质量。

录用人员质量评估一般采取以下方法。

（1）能力测试与考核。

笔试：通过专业知识测试、技能测试等方式，评估录用员工在特定领域的理论水平和实际操作能力。

面试：采用结构化面试、行为面试等方法，深入了解录用员工的经验、能力、态度和价值观，考察其与岗位的匹配度。

（2）绩效评估。在试用期或入职初期，对录用员工的工作表现进行定期评估，包括工作成果、工作态度、团队合作等方面。这有助于及时发现和解决潜在问题，确保录用员工能够胜任岗位工作。

（3）等级排列。根据招聘要求或工作分析中的结论，对录用员工进行等级排列。这种方法类似于绩效考核，通过设计一定的评分标准或指标体系，对录用员工的各项素质和能力进行打分或评级，从而确定其质量水平。

（4）长期跟踪评估。除了短期的评估外，企业还可以对录用员工进行长期跟踪评估。这包括观察其工作表现、职业发展、离职率等方面的变化，以全面评估其质量。长期跟踪评估有助于企业了解录用员工的稳定性和忠诚度，为未来的招聘和人才管理提供参考。

8.3.2　招聘人员工作评估

招聘人员工作评估是指对招聘过程中涉及的人员（包括招聘团队、面试官、招聘专员等）的工作效率、工作质量、专业能力以及招聘结果的综合评价。这一过程旨在确保招聘活动的有效性和效率，提升招聘团队的整体绩效，并为企业吸引和选拔到合适的人才。

招聘人员工作评估主要关注以下几个方面。

（1）工作效率：评估招聘团队在规定时间内完成招聘任务的速度和效率，包括简历筛选、面试安排、录用决策等各个环节的时间管理。

（2）工作质量：评估招聘过程中各个环节的质量，如简历筛选的准确性、面试评估的专业性、录用决策的科学性等。

（3）专业能力：评估招聘人员的专业素养和技能水平，包括行业知识、招聘技巧、人际沟通能力等。

（4）招聘结果：评估招聘活动的最终成果，包括录用员工的质量、数量以及招聘成本效益等。

招聘人员工作评估可以采用多种方法进行，以下是一些常见的方法。

（1）定量评估。

①成本效益分析：通过计算招聘总成本、招聘单位成本以及招聘收益成本比等指标，评估招聘活动的经济效益。所有新员工为组织创造的总价值除以招聘总成本，得到的数值即为招聘收益成本比，比值越高说明招聘工作越有效。

②数量评估：分析实际录用员工数量与计划招聘数量的对比，通过录用比、招聘完成比和应聘比等指标来评估招聘活动的完成情况。

（2）定性评估。

①满意度调查：通过向应聘者、新员工和内部员工发放问卷或进行访谈，收集他们对招聘流程、面试官表现、招聘结果等方面的满意度反馈。

②绩效评估：将招聘人员的绩效与企业的招聘目标进行对比，评估他们在实现这些目标方面的贡献和成果。

（3）综合评估。

①360度评估：从多个角度（包括上级、同事、下属和应聘者）收集对招聘人员的评价，以获得更全面、客观的评估结果。

②案例分析：选取典型的招聘案例进行深入分析，评估招

视频 8.3　员工满意度

聘团队在处理复杂情况、解决问题和做出决策方面的能力和表现。

8.4 招 聘 总 结

招聘评估的最后步骤就是对整个招聘活动进行总结，对招聘的实施、招聘工作的优缺点等进行回顾分析，撰写招聘总结报告。招聘总结是对招聘活动进行全面回顾和分析的过程，旨在总结经验教训、发现问题并提出改进措施，为未来的招聘工作提供参考和指导。招聘总结报告要作为一项重要的人力资源管理资料存档，为以后的招聘工作提供信息。总结报告是整个招聘及评估工作的书面体现，不能有丝毫马虎，要为下一次成功的招聘打好基础。

8.4.1 招聘总结的主要内容

招聘总结的主要内容通常涵盖以下几个方面。

1. 招聘概况

（1）招聘周期：总结招聘活动的时间跨度，如某年度或某季度的招聘工作。

（2）招聘目标：概述招聘的主要目的，如补充关键岗位空缺、扩大团队规模、储备人才等。

拓展阅读 8.4 某重型机械制造有限公司春季招聘总结

2. 招聘成果

（1）招聘数量：统计实际招聘到岗的人数，与招聘计划进行对比，分析目标完成情况。

（2）岗位分布：列出招聘的主要岗位及人数，反映招聘工作的重点方向。

（3）招聘质量：评估新员工的整体素质和能力水平，可以通过面试表现、入职后的绩效等指标来衡量。

3. 招聘渠道与策略

（1）招聘渠道：总结使用的招聘渠道，如网络招聘（智联招聘、前程无忧等）、现场招聘会、校园招聘、内部推荐、猎头公司等，并分析各渠道的招聘效果。

（2）招聘策略：概述招聘过程中采取的策略，如精准定位目标人群、优化招聘流程、提高招聘效率等。

4. 招聘成本与效益分析

（1）招聘成本：统计招聘过程中的各项费用支出，如广告费、面试官时间成本、差旅费等，并计算单位招聘成本。

（2）招聘效益：分析招聘成果对企业运营和发展的贡献，如新员工带来的业绩增长、团队结构优化等。

5. 招聘过程中遇到的问题与解决方案

（1）问题总结：回顾招聘过程中遇到的主要问题，如招聘周期长、优秀人才难觅、候选人爽约等。

（2）解决方案：针对问题提出具体的解决方案或改进措施，如优化招聘流程、扩大招聘渠道、加强候选人沟通等。

6. 未来招聘规划

（1）招聘需求预测：根据企业发展战略和业务需求，预测未来的招聘需求。

（2）招聘策略调整：基于招聘总结的经验和教训，提出未来招聘策略的调整方向。

（3）招聘团队建设：强调招聘团队的重要性，提出加强招聘团队建设和培训的计划。

7. 其他注意事项

重点关注合规性审查，对招聘过程是否符合相关法律法规的要求进行审核，如平等就业、反歧视等，确保无明显瑕疵，避免因此影响企业形象。

8.4.2　招聘总结报告撰写的原则

招聘总结报告的撰写应由招聘工作的主要负责人执笔，报告应该真实、客观地反映招聘计划、招聘进程、招聘结果、招聘经费、招聘评估等重要内容，不掩盖缺点和不足，不夸大成绩，对取得的成绩和不足之处做出客观的评价。

一个高质量的招聘总结报告应当遵循以下原则。

（1）客观性原则：总结应基于实际发生的招聘数据、面试反馈、候选人表现等客观信息，避免主观臆断或夸大其词。确保所有结论都有事实依据，以便他人能够验证和参考。

（2）系统性原则：总结应涵盖招聘流程的各个环节，包括需求分析、职位发布、简历筛选、面试安排、录用决策、录用通知及入职跟踪等。同时，要保持系统性，按照逻辑顺序组织内容，使总结条理清晰，易于理解。

（3）数据驱动原则：利用统计数据来支持分析，如招聘周期、人均招聘成本、面试通过率、候选人来源分布、满意度调查等。数据能够帮助识别问题、评估效果，并为未来的招聘策略提供数据支持。

（4）问题导向原则：在总结报告中，不仅要肯定成绩，更要勇于指出存在的问题和不足。通过深入分析问题的原因，提出具体的改进措施，为下一次招聘活动提供借鉴。

（5）前瞻性原则：结合公司战略、业务需求及人力资源规划，对未来招聘趋势进行预测，制订合理的招聘计划和策略。同时，思考如何优化招聘流程、提升招聘效率和质量，以适应不断变化的市场环境。

（6）保密性原则：在撰写总结报告时，要注意保护候选人隐私和公司机密信息，避免泄露敏感数据。

（7）可读性原则：总结报告应言简意赅，突出重点，避免冗长和复杂的表述。通过图表、列表等形式，使信息更加直观易懂，提高阅读效率。

遵循以上原则，可以撰写出既具有深度又具有实用价值的招聘总结报告，为组织的人力资源管理工作提供有力支持。

8.4.3 针对竞争对手的招聘总结

收集竞争对手的招聘工作情报，分析竞争对手的招聘工作情况并进行总结，不仅能帮助企业理解竞争对手的招聘策略，还能为企业的人力资源规划和招聘策略提供有价值的参考。

撰写针对竞争对手的招聘总结时，需要立足于客观、专业且聚焦于学习与提升自身竞争力的角度。在引用竞争对手的信息时，注意保护其商业机密和个人隐私，确保整个分析过程符合相关法律法规和商业道德规范。

以下是一个针对竞争对手的招聘总结撰写框架和要点。

1. 引言

目的阐述：简要说明进行此次竞争对手招聘总结的目的，比如，是优化自身招聘流程、提升人才吸引力或识别市场趋势等。

范围界定：明确分析竞争对手范围，可以是行业内的主要竞争者、业界标杆企业或具有特定优势的公司。

2. 竞争对手概况

公司简介：简要介绍竞争对手的基本信息，如成立时间、主营业务、市场地位等。

行业地位：分析竞争对手在行业中的位置，包括市场份额、品牌影响力等。

3. 招聘策略分析

渠道选择：列出并分析竞争对手使用的招聘渠道，如在线招聘平台、社交媒体、校园招聘、内部推荐等，评估其效果。

职位设置：分析竞争对手的岗位设置、职位描述、任职要求等，识别其人才需求和岗位特色。

薪酬福利：比较竞争对手的薪酬结构、福利待遇（如股票期权、健康保险、弹性工作制等），评估其吸引力。

雇主品牌：探讨竞争对手如何构建和宣传雇主品牌，包括公司文化、工作环境、员工发展机会等方面。

4. 招聘效果评估

招聘效率：基于公开数据或行业报告，评估竞争对手的招聘周期、候选人转化率等关键指标。

人才质量：分析竞争对手吸引和保留的关键人才类型，评估其人才队伍的综合素质和专业能力。

市场反馈：收集并分析市场对竞争对手招聘活动的评价和反馈，包括候选人、员工及行业观察者等多方面的声音。

5. 启示与借鉴

经验学习：总结竞争对手在招聘过程中的成功经验和亮点，思考如何将其应用于自身招聘实践中。

问题反思：分析竞争对手可能存在的问题或不足，同时反思自身是否也存在类似问题，提出改进建议。

策略调整：基于上述分析，提出具有针对性的招聘策略调整建议，以增强自身在人才市场的竞争力。

6. 结论与展望

总结要点：概括竞争对手招聘策略的主要特点和启示。

未来展望：结合行业发展趋势和公司战略，展望自身招聘工作的未来方向和目标。

思考题

1. 如何设计一套全面且有效的招聘过程评估体系，以确保招聘活动的各个环节都能得到充分的评估和改进？

2. 不同招聘渠道的效果如何评估？如何根据评估结果调整和优化招聘渠道策略？

3. 招聘过程中的成本控制与预算管理如何进行？如何确保在预算范围内实现招聘目标？

4. 如何评估录用决策的质量？录用后员工的绩效表现与招聘过程评估之间有何关联？

5. 如何根据招聘过程评估的结果，制订具体的改进措施并跟踪执行效果？

6. 随着招聘技术的不断发展，如何利用新技术和新工具提升招聘过程评估的效率和准确性？

即测即练

自学自测　　扫描此码

案例讨论

某金融科技公司，专注于利用大数据和人工智能技术为金融机构提供风险管理解决方案，公司近期计划扩大数据分析团队，以支持更多复杂项目的开展。公司决定招聘一名高级数据分析师，要求候选人具备深厚的统计学背景、精通 Python/R 等编程语言、熟悉大数据处理框架（如 Hadoop、Spark）以及具备金融行业数据分析经验。

公司为此组织了以下招聘过程：

需求分析：公司 HR 与业务部门紧密合作，明确了高级数据分析师的岗位职责、技能要求及期望的工作成果。

简历筛选：收到数百份简历后，通过关键词搜索和初步阅读，筛选出符合基本要求的候选人。

在线技能测试：为候选人提供了一套包含编程题、数据分析案例题和统计学理论题的在线测试卷，以评估其技术能力。

初步面试：由 HR 和技术团队的一名成员共同进行，主要考察候选人的沟通能力、职业规划及对公司文化的理解。

深入技术面试：由数据分析团队的多位资深成员组成的面试小组，对候选人进行一对一或小组面试，深入探讨其技术深度、项目经验和解决问题的能力。

背景调查与录用：在候选人通过所有面试后，进行背景调查并发送录用通知书。

尽管公司采用了多种评估手段，但在入职后，发现候选人在实际工作中的表现与面试时展示的能力存在一定差距，特别是处理复杂的金融数据和解决突发技术问题的能力有所欠缺。

案例讨论

1. 分析公司在招聘过程中可能存在的评估不足，特别是在技术能力和项目经验方面的评估上。

2. 探讨如何优化评估流程，以更准确地预测候选人在实际工作中的表现。例如，是否可以引入更真实的案例分析或模拟项目来评估候选人的实战能力。

参 考 文 献

[1] 年志远, 王新乐. 国有企业员工招聘制度与解聘制度匹配性研究 [J]. 财经问题研究, 2018 (5): 140-145.

[2] 李燕萍, 齐伶圆. "互联网＋" 时代的员工招聘管理: 途径、影响和趋势 [J]. 中国人力资源开发, 2016 (18): 6-13, 19.

[3] 肖克奇. 员工招聘的 "三个匹配" [J]. 企业管理, 2015 (9): 90-93.

[4] 贾建锋, 王国锋, 王英男. 创业导向型企业高管胜任特征研究——基于创业板上市公司招聘广告的内容分析 [J]. 东北大学学报 (社会科学版), 2012, 14 (4): 318-324.

[5] 杨德胜. 关于企业对新员工招聘甄选的方法研究 [J]. 中国商贸, 2011 (21): 61-62.

[6] 田启东, 刘军胜. 如何避免员工招聘风险？ [J]. 企业管理, 2010 (10): 76-79.

[7] 林朝阳, 吴婷. 基于胜任力的员工招聘探讨 [J]. 企业经济, 2010 (3): 66-68.

[8] 刘小莉, 余元春. 高星级酒店一线员工招聘风险防范对策 [J]. 中国商贸, 2010 (Z1): 106-107.

[9] 李晓玲. 员工招聘中的知觉归因偏差及规避策略 [J]. 中国流通经济, 2008 (9): 71-74.

[10] 吴艳丽, 应晓跃, 文建秀. 企业员工招聘虚拟管理的风险与规避 [J]. 企业经济, 2008 (3): 82-84.

[11] 杨泉, 马力. 若干国家和地区员工招聘模式比较 [J]. 中国人力资源开发, 2008 (3): 52-54.

[12] 宋典, 茆汉成. 企业招聘质量评价指标的构建和监控 [J]. 中国人才, 2008 (3): 84-85.

[13] 孙敬延. 增强基层供电公司员工招聘的自主性 [J]. 中国人才, 2007 (17): 79-80.

[14] 余刘军. 企业员工招聘问题浅析 [J]. 人口与经济, 2007 (S1): 79-81.

[15] 邓显勇. 构建员工招聘的 "3Q" 素质模型 [J]. 中国人力资源开发, 2006 (6): 76-78.

[16] 孙文静. 员工招聘中的若干博弈问题研究 [J]. 安徽农业科学, 2006 (16): 4181-4183.

[17] 王相平. 现代企业员工招聘对策 [J]. 中国市场, 2006 (23): 18-19.

[18] 周斌. 基于胜任特征的员工招聘系统 [J]. 中国人力资源开发, 2006 (4): 60-62, 66.

[19] 杨海波, 白学军, 沈德立. 模拟员工招聘过程中的有意遗忘效应 [J]. 应用心理学, 2006 (1): 30-35.

[20] 吴艳丽. 企业员工招聘虚拟管理研究 [J]. 商场现代化, 2006 (7): 205-206.

[21] 肖峰. 员工招聘与组织结构、组织文化的关系 [J]. 甘肃社会科学, 1999 (4): 86-87.

[22] 罗伯特·D. 盖特伍德, 休伯特·S. 菲尔德. 人力资源甄选: 第 5 版 [M]. 薛在兴, 张林, 崔季明, 译. 北京: 清华大学出版社, 2005.

[23] 侯典牧. 人力资源经理 360 度全程序工作手册 [M]. 北京: 中国经济出版社, 2006.

[24] 刘照宇. 体育科学定量研究中测验的信度与效度分析 [J]. 体育成人教育学刊, 2010, 26 (6): 35-37.

[25] 萧鸣政. 现代人员素质测评 [M]. 北京: 北京语言学院出版社, 1995.

[26] 郑日昌, 蔡永红, 周益群. 心理测量学 [M]. 北京: 人民教育出版社, 2004.

[27] 黄希庭. 人格心理学 [M]. 杭州: 浙江教育出版社, 2002.

[28] 徐世勇, 陈伟娜. 招聘与人才测评 [M]. 2 版. 北京: 中国人民大学出版社, 2021.

[29] 徐世勇, 陈伟娜. 人力资源招聘与甄选 [M]. 北京: 清华大学出版社, 北京交通大学出版社, 2008.

[30] 王露, 简单于, 冯建新. 伍德科克-约翰逊成就测验的发展演变与临床应用 [J]. 现代特殊教育, 2020 (6): 56-63.

[31] 张晓楠. 拓宽对自我导向搜寻量表（SDS）解释的理论探索——基于 Holland 的职业兴趣理论［J］. 职业教育研究，2011（12）：71–72.

[32] 张爱卿. 人才测评［M］. 北京：中国人民大学出版社，2004.

[33] 黎恒，王重鸣. 结构化面试研究新进展［J］. 人类工效学，2003，12（9）：30.

[34] 孙健敏. 人员测评理论与技术［M］. 长沙：湖南师范大学出版社，2007.

[35] 田效勋. 面试类型及其组合方式［J］. 人事天地，2006（10）：36–37.

[36] 刘小平，邓靖松. 现代人力资源测评理论与方法［M］. 广州：中山大学出版社，2006.

[37] 萧鸣政. 人员素质测评：第 4 版［M］. 北京：高等教育出版社，2020.

[38] 理查德·格里格. 心理学与生活：第 20 版［M］. 王垒，朱滢，沈政，等译. 北京：人民邮电出版社，2023.

[39] 王垒. 实用人事测量［M］. 北京：经济科学出版社，2002.

[40] 苏永华. 人才测评操作实务［M］. 北京：中国人民大学出版社，2011.

[41] 吴吉屏. 无领导小组讨论题目设计［J］. 合作经济与科技，2007（19）：28–29.

[42] 冯江平，张世娟. 角色扮演测评技术用于管理人员选拔的模拟研究［J］. 心理学探新，2011，31（4）：348–353.

[43] 张世娟，冯江平. 角色扮演测评技术的研究与发展［J］. 教育研究与实验，2009（3）：89–92.

[44] 殷雷. 评价中心的基本特点与发展趋势［J］. 心理科学，2007（5）：1276–1279.

[45] 毛翠云，陆婷婷. 脑象图测评技术在人才招聘中的应用研究［J］. 中国人力资源开发，2016（6）：47–54.

[46] 李志，谢思捷，赵小迪. 游戏化测评技术在人才选拔中的应用［J］. 改革，2019（4）：149–159.

[47] 朱伟. 在招聘中应用 AI，当心法律及伦理［J］. 人力资源，2019，（13）：83–85.

[48] 杨振芳，孙贻文. 游戏化招聘：人才选拔的新途径［J］. 中国人力资源开发，2015（24）：45–50.

[49] 郑文智，陈晓琛，吕越. 国外社交网络招聘研究述评：基于个体网络大数据的人才甄选［J］. 华侨大学学报（哲学社会科学版），2017（4）：46–59.

[50] Holland, J. L.A Personality Inventory Employing Occupational Titles［J］. Journal of Applied Psychology，1958，42：336–342.

[51] Holland, J. L. Vocational Preference Inventory（VPI）Manual［M］. Odessa，FL：Psychological Assessment Resources，1985.

[52] Holland, J. L. Making Vocational Choices. 3d ed［M］. Odessa，FL：Psychological Assessment Resources，1997.

[53] 陈琳，高悦蓬，余林徽. 人工智能如何改变企业对劳动力的需求？——来自招聘平台大数据的分析［J］. 管理世界，2024，40（6）：74–93.

[54] 李玉栋，张世倩. 人工智能时代大学生应对变革的能力——基于互联网招聘信息的研究［J］. 高等工程教育研究，2022（5）：93–98，110.

[55] 袁毅，陶鑫琪，李瑾萱，等. 基于招聘文本实体挖掘的人才供需分析——以人工智能领域为例［J］. 图书情报工作，2022，66（14）：101–118

[56] 李勇，陈晓婷，黄格. 基于招聘数据的人工智能人才画像与培养对策［J］. 重庆高教研究，2021，9（5）：55–68.

[57] 何达，喻惠敏，石瑛，等. 我国医疗行业对人工智能相关人才的需求分析——基于两网站招聘信息的调查［J］. 中国卫生政策研究，2019，12（7）：59–64.

[58] 许艳丽，吕建强. 面向人工智能的高职毕业生技能需求研究——基于近万条网络招聘信息的调查分析［J］. 高教探索，2019（7）：97–102.

[59] 杨真，陈建安. 招聘面试人工智能系统的框架与模块研究［J］. 江苏大学学报（社会科学版），2017，19（6）：73–80，92.

[60] 王义华，贾志永. 中小银行行长胜任特征及影响因素实证研究——基于监管者视角的分析［J］. 西南交通大学学报（社会科学版），2013，14（6）：7-13.

[61] 李苑凌，张皓，夏芳. 中国基层政府统计员胜任特征模型的实证研究［J］. 重庆大学学报（社会科学版），2012，18（4）：42-49.

[62] 贾建锋，赵希男，孙世敏，等. 大学生就业胜任特征结构模型的实证研究［J］. 高等工程教育研究，2011（6）：92-97.

[63] 颜立，杨东. 从胜任特征视角对 IT 类硕士研究生素质的实证研究［J］. 教育探索，2011（10）：78-82.

[64] 王是平. 高层管理团队胜任特征对并购整合效能影响的实证研究［J］. 北京工商大学学报（社会科学版），2010，25（2）：73-78.

[65] 冯江平，李昌庆，李丽娜，等. 高级营销经理胜任特征的实证研究［J］. 心理学探新，2008，28（4）：71-75.

[66] 高建设，王晶，宁宣熙. 航空高科技企业经营决策者胜任特征推导模型实证研究［J］. 航空学报，2007（6）：1527-1531.

[67] 高建设，王晶，杨燕绥. 航空高科技企业经营决策者胜任特征推导模型实证研究［J］. 经济纵横，2007（22）：74-76.

[68] 李志，李苑凌. 专业技术人才胜任特征模型的实证研究［J］. 中国科技论坛，2007（1）：131-134.

[69] 冯明，付茂华. 制造业工程技术人员潜在管理胜任特征之实证研究［J］. 科技管理研究，2006（9）：160-163.

[70] 薛倚明，孙亚丽，时勘. 煤矿企业基层管理者的胜任特征模型构建［J］. 现代管理科学，2014（6）：27-29.

[71] 王桢，苏景宽，罗正学，等. 临床医学学科带头人胜任特征模型建构——量化与质化结合的方法［J］. 管理评论，2011，23（5）：70-77.

[72] 时勘. 企业高层管理者胜任特征模型的评价研究［J］. 管理评论，2009，21（1）：2.

[73] 梁建春，李朗，时勘. 基于因素分析的制造企业核心胜任特征模型［J］. 科技管理研究，2008（6）：355-357.

[74] 时勘. 基于胜任特征模型的人力资源开发［J］. 心理科学进展，2006（4）：586-595.

[75] 仲理峰，时勘. 家族企业高层管理者胜任特征模型［J］. 心理学报，2004（1）：110-115.

[76] 时勘，王继承，李超平. 企业高层管理者胜任特征模型评价的研究［J］. 心理学报，2002（3）：306-311.

[77] 万玺. 海归科技人才创业政策吸引度、满意度与忠诚度［J］. 科学学与科学技术管理，2013，34（2）：165-173.

[78] 万玺. AMO 理论视角下中国绿色人力资源管理初探——一个微观研究视角［J］. 中国人力资源开发，2012（10）：9-13.

[79] 万玺. 中英大学生就业期望与失业保障制度差异分析［J］. 西南石油大学学报（社会科学版），2012，14（3）：38-43.

[80] 万玺. 国防人力资源退役安置的绩效评价方法［J］. 统计与决策，2012（6）：77-79.

[81] 万玺，白栋. 国防科技人力资源胜任特征评估模型研究［J］. 科技管理研究，2011，31（1）：147-149，163.

[82] 顾宏波，万玺，龙勇. 国防科技人力资本价值评估模型研究［J］. 科技管理研究，2010，30（5）：115-117.

[83] 万玺，雍歧东. 信息产业核心人才绩效评估方法研究［J］. 科技管理研究，2008（2）：64-66.

[84] 万玺，雍岐东，林世岗. 油料保障人员胜任特征评价模型研究［J］. 后勤工程学院学报，2008（1）：70-73，78.

[85] 万玺，雍歧东．核心技术人才胜任特征评价模型研究［J］．价值工程，2007（9）：125–127.

[86] 万玺，李生智．电信企业人才分类以及管理模式选择［J］．沿海企业与科技，2006（10）：57–58.

[87] 万玺，李生智．人力资源绩效评估方法研究［J］．重庆工商大学学报（社会科学版），2006（4）：51–53.

[88] 万玺，雍歧东．组织信息化评估中人力资源评估方法研究［J］．工业技术经济，2006（2）：48–50.

[89] 彭剑锋．新一代人工智能对组织与人力资源管理的影响与挑战［J］．中国人力资源开发，2023，40（7）：8–14.

[90] 张琪，林佳怡，陈璐，等．人工智能技术驱动下的人力资源管理：理论研究与实践应用［J］．电子科技大学学报（社科版），2023，25（1）：77–84.

[91] 陈鼎祥，刘帮成．人工智能时代的公共部门人力资源管理：实践应用与理论研究［J］．公共管理与政策评论，2022，11（4）：38–51.

[92] 罗文豪，霍伟伟，赵宜萱，等．人工智能驱动的组织与人力资源管理变革：实践洞察与研究方向［J］．中国人力资源开发，2022，39（1）：4–16.

[93] 张建民，顾春节，杨红英．人工智能技术与人力资源管理实践：影响逻辑与模式演变［J］．中国人力资源开发，2022，39（1）：17–34.

[94] 周卓华．大数据和人工智能时代企业人力资源管理策略探析［J］．领导科学，2020（12）：98–101.

[95] 赵宜萱，赵曙明，栾佳锐．基于人工智能的人力资源管理：理论模型与研究展望［J］．南京社会科学，2020（2）：36–43.

[96] 蔡启明，朱美芳，唐红．基于人工智能的企业人力资源战略管理系统构建与应用［J］．领导科学，2019（24）：80–82.

[97] 肖兴政，冉景亮，龙承春．人工智能对人力资源管理的影响研究［J］．四川理工学院学报（社会科学版），2018，33（6）：37–51.

[98] 耿文秀．基于代理的虚拟面试系统研究与实现［D］．济南：山东大学，2020.

[99] 王雪．虚拟现实暴露疗法对大学生面试焦虑的干预研究［D］．北京：北京林业大学，2015.

[100] 许苏玲．跨文化虚拟团队中人格物质、招聘面试评估和工作绩效评定的研究［D］．上海：华东师范大学，2011.

教师服务

感谢您选用清华大学出版社的教材！为了更好地服务教学，我们为授课教师提供本书的教学辅助资源，以及本学科重点教材信息。请您扫码获取。

》 教辅获取

本书教辅资源，授课教师扫码获取

》 样书赠送

企业管理类重点教材，教师扫码获取样书

清华大学出版社

E-mail: tupfuwu@163.com
电话: 010-83470332 / 83470142
地址: 北京市海淀区双清路学研大厦 B 座 509

网址: https://www.tup.com.cn/
传真: 8610-83470107
邮编: 100084